丁曦林 著

颠覆与创造

DISRUPTION AND CREATION

文汇出版社

奚志勇从来不怕冒险，花甲之年还去南极。

奚志勇与"世界首富"、著名慈善家比尔·盖茨。

从左到右依次为莫迪（印度著名慈善家）、奚志勇、王振耀。

"四君子"，从左到右依次为奚志勇、张文康、周星增、王正泉。

"税务专管"奚志勇。

恋爱中的奚志勇和姚桂仙。

奚志勇(后排右一)与父亲奚洪钦、母亲邱娟莲以及弟弟妹妹。

青年时代的奚志勇。

生活中的奚志勇,酷爱旅游,足迹遍布国内外许多地方。

奚志勇与亲和源会员、老艺术家牛犇。摄影 / 金鑫

奚志勇与中国作协副主席叶辛一起参加活动。摄影 / 金鑫

奚志勇（右三）与亲和源会员乔榛（左三）、唐国妹（左二）夫妇等。

《编辑部的故事》里的"牛大姐"童正维与丈夫马科是亲和源会员。

奚志勇与亲和源会员们。

奚志勇与亲和源会员们。

奚志勇与夫人姚桂仙一起慰问老年会员。

奚志勇为老艺术家秦怡过生日。

印度国际美术学院学生赠送给奚志勇一幅肖像作品。

奚志勇与长江商学院 EMBA 老师同学外出参观。

奚志勇参加中印文化艺术夏令营。

奚志勇和宜华健康董事长陈奕民为亲和源资深员工颁奖。

奚志勇满心期望老龄事业在自己的家族得以传承，一代代深耕不止。

三代同堂。奚志勇与妻子姚桂仙、儿子奚晓昕、儿媳周璇、孙子奚宇宙、周宇曦。

献给所有会变老又心不老的朋友

一个长者是否幸福,得看他到了退休后的年纪,是不是依然没有失去理想和激情,是不是像过去一样热爱生活,享受生活。

——奚志勇

　　人老了,不可怕;心老了,却是最可怕的!养老公寓首要的服务,是帮助老人重拾信心,对"明天"充满期待,相信每个太阳照常升起的日子,都有快乐等在前方。

——奚志勇

目 录

001　引 子

029　第一章　出发地
农家子弟 / 招商干部 / 遇到周星增

041　第二章　长江商学院
王均瑶举荐 / 认识自我 / 弃官下海

051　第三章　激情燃烧
发现新大陆 / 寻求地皮 / 股东信心 / "四君子" / 破土动工

070　第四章　士气高涨
投奔理想 / 变革，变革 / 头脑风暴

085　第五章　至尊之家
颠覆与寻求 / 归还自由 / 完整的家 / 柔性开放 / "魔鬼细节"

102　第六章　市场炼狱
热闹与寂静 / 早期争议 / 走出煎熬

116　第七章　会员制
全国首创 / 身份荣耀 / 会员制灵魂

128	第八章　独创模式
	永远的 6001 / 秘书，秘书 / 事无巨细 / "亲吻"可否

141	第九章　养老转型
	思想探索 / 建构"体系" / 重塑伦理 / 家文化

152	第十章　信息化
	生活模型 / 得力助手

159	第十一章　老年价值
	亲和学堂 / 释放天性 / 用进废退 / 兴趣小组

180	第十二章　和为贵
	惊动高层 / 理事自治 / 亲和义工 / 论理"无理"

197	第十三章　亦师亦友
	王振耀 / 马伊里 / 乔榛 / 老领导

209	第十四章　医养结合
	改变"两张皮" / 健康是"1"

217	第十五章　养老政策
	福利局限 / 呼吁"补贴"

223	第十六章　乐龄文化
	"研究中心" / "高参"王志纲 / 发掘需求 / 消费增值 / 老人财富

237	第十七章　形态"研发"
	"大不同" / 牛犇的家

248	第十八章　基金会
	终身养老 / 中印夏令营 / 老人是宝 / 丛林战士 / 情系蓝天 / 玫瑰人生 / 暮年"芳华"

277　第十九章　"黄埔军校"
　　迎战痛点 / 披荆斩棘 / 道路尴尬

290　第二十章　心碎至极
　　并肩战友 / 心中的劳模

295　第二十一章　文养交融
　　歌唱老年 / 庆典综艺

300　第二十二章　高知老人
　　"老圣约翰" / 清华同学会 / "沪上四大"

311　第二十三章　智力输出
　　首创 2.0 版 / 养老真经

320　第二十四章　纠结与迷茫
　　试水融资 / 宜华收购 / 八年对赌 / 护理楼之痛

331　第二十五章　不断探索
　　自觉学习 / 跳出窠臼 / 大胆畅想 / 超现实

341　第二十六章　仰望星空
　　学会告别 / 寻找力量 / 怎么活

353　第二十七章　寻求突破
　　内外变化 / 终身用户 / 孕育"亲和谷"

366　第二十八章　迈向明天
　　未来已来 / 活多久 / 阻击大疫 / 在路上

382　跋

引子

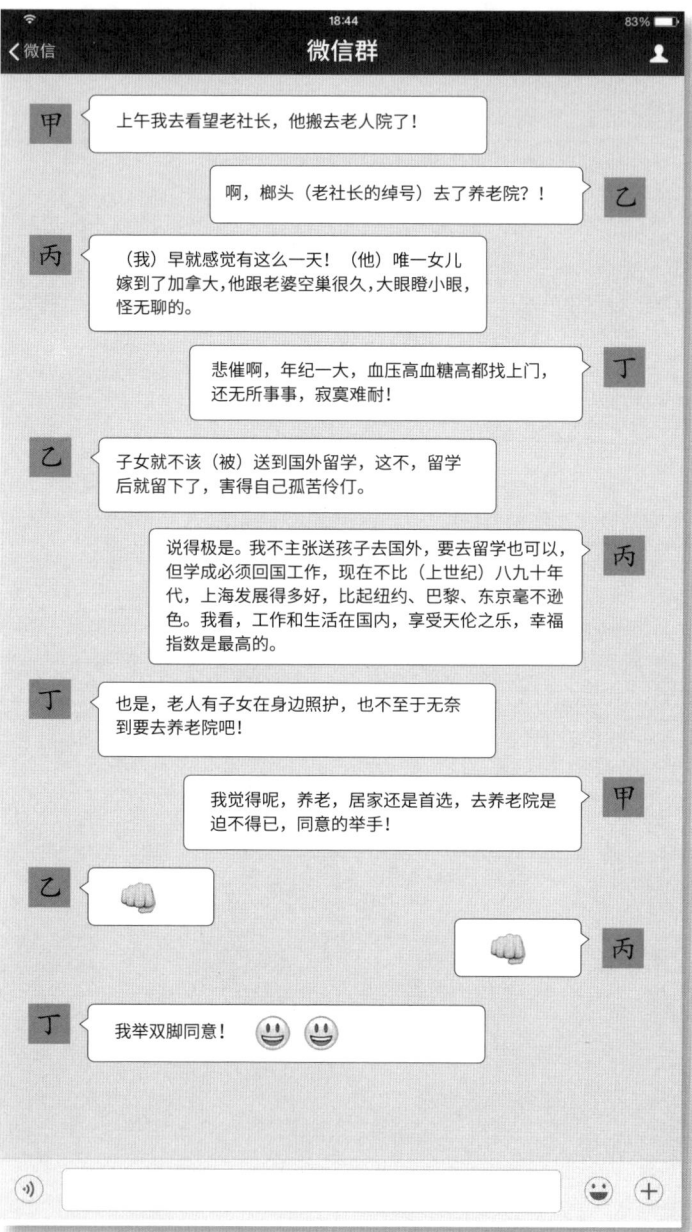

闲聊所折射的观念，在中国比比皆是。

"重点"是，后来发生的变化——

前不久，一个阳光明媚的秋日，几个"六〇后"老家伙在办公室落地窗边"吧啦吧啦"地说个不停，话题"开无轨电车"，说到哪儿算哪儿，聊到了高级记者老李毅然卖掉市中心住房，搬进了老年公寓。要是搁以前，有人肯定吐槽，说什么：住养老院，七八人一间，空气污浊，环境嘈杂，个人隐私一点儿没有，像被圈养的动物，悲凉；还有人发誓：打死我也不去苦哈哈的老人院！

可是现在呢，话锋大幅度掉转，眼光都变阔了！

这一回说到老李的选择，多少人"馋吐水嗒嗒滴"，年轻人还羡慕嫉妒恨呢。

可不！来自北方的"九五"后帅小伙王骏，一边在电脑前码字，一边眉毛一扬，嘟嘟囔囔："天呐，你们又聊老年公寓？！我都不敢跟你们对话了，我连胶囊公寓都租不起，你们却大谈特谈什么酒店式老年公寓，真嘲讽……什么世道啊？"

大伙儿听了，不禁莞尔。

当下，似乎不得不承认，置身同一职场，人跟人的"阶层差异"无关乎职业、岗位和收入，而在于精神性和有没有房。对于精神性，我不在这里展开说，只想表明一点：人与人的"阶层差异"与精神的富有或苍白有深层的关联。至于每天是住一间只够放一张小床的租房还是住一套宽敞自由的产权房，是显性现象，"一套房的悬殊"，使得人的生活品质截然不同。

我，"六〇后"，传媒"老"人，身上有多重角色叠加，譬如前社长、传记作家、纪录片策划者、艺术收藏顾问，一对健康老人的儿子、几位姊妹的兄弟、妻子的丈夫、男孩的父亲等等。每种角色，所尽的责任和义务不同。我生活的社会场景，日复一日，是喧闹上海的某个区域,四周是鳞次栉比的高楼,每天一出门便穿行在熙熙攘攘的人流里,无论地铁还是街头,身边永远是潮水般急速涌过的商务人士、匆匆过客和附近居民;而上班所在的办公楼耸立在城市CBD,也算地标建筑,一说那儿,出租车司机立即表示"晓得"。但是,我内心有着另一种生活,是别人看不清的,于我却是更重要的,它由阅读、赏画、听音乐、看电影、逛博物馆、发呆等构成,极大地满足了我的"存在"意识:我活着,许多乐趣来自心灵的活动,它与我身体上所有感官能感受的一切,形成了有趣的对立与统一。

这是我的日常,我的舞台。我任职的单位,人的心境总体而言都"宽敞明亮"。时代不同,职业倦怠多少都有,但生活总要向前、向前。因此,无论是官是民,钱多钱少,人人迎着每天的新鲜阳光,昂首阔步走来上班,以能力论资历,做"力所能及"的事情,细微的差别是,每个人的日子"混法"各有千秋。有人见风使舵,到什么山头唱什么歌,有人则特立独行,坚守个人的思考和判断;有人爱穿定制的别致且修身的服饰,有人则喜欢"无印良品""优衣库"的范儿,自然而宽松;有人在办公桌下备了健身服,逮住机会溜去"一兆韦德"或"威尔士"撸铁流汗,有的则在桌上、墙上摆挂着自己心仪的绘画和雕塑,有空即去逛逛画廊、博物馆。如此职场,按照自身的轨道运行,照理与老人生活是浑身不搭的。

但是,办公室里围绕老人、老年公寓的闲聊变多。而且很明显,态度与立场,一天天在变化。从不屑到怀疑,再从好奇到向往,说明了一个"非常重要"的事实:

在我们的时代,养老变时尚了,成了令人向往的生活方式!

这是自一千五百多年前陶渊明写成《桃花源记》后,从未有过的事情。

养老居然能成为时尚，还能成为诱人的产业，是许多人想都不敢想的。当"六〇后""七〇后"奔向"低龄老年"行列，也就是说，再过五年、十年，中国的老龄化人口接近30%，而其中的"六〇后""七〇后"将是全球规模最大的高净值群体，他们对高品质养老生活的需求，将促使和支撑养老服务以及老龄产业有望取代房地产，一举成为中国第一大消费产业。谁也无法扭转这一趋势。

这一"预言"，极大地刺激了各方神经。许多资金、能人、商业模式竞相冲入养老领域。万科、恒大、绿地、保利、平安、泰康等地产或保险界的大鳄都重视布局养老，有的处于试水，有的开始深耕。从公开的主流媒体丰富报道分析得知，中国养老业出现如此万马奔腾的景象，与一个上海男人息息相关，与这个上海男人在中国率先探索市场化会员制养老并取得成功息息相关。

这个人叫奚志勇，他创办了会员制养老模式"亲和源"。

我还是先聊聊同事们关切的"老李"。

我与老李是老朋友，他长我十多岁，却与我相谈甚欢。

有一天，在上海报业集团一楼大堂，他一把抓住我，神秘兮兮地告诉我：我马上要搬进养老院了。我十分惊诧：真的？他肯定地点点头，说：蹩脚兮兮的养老院，我绝对不会去住的，我试住十多家养老院后，才决定选择了其中一家。他得意扬扬地透露，如果我继续住在原先的房子里，这一轮房价上涨的红利就只是浮盈，无法真正享受。如今卖了商品房，变现1000多万元，我靠房产发展的红利实现了"养老革命"，小半收益买会员卡获得终身照护，餐餐自助式丰富菜肴，让人只恐惧无法减肥，24小时随时能找秘书服务，以后会员卡还能让孩子继承，更重要的是，大部分收益落袋为安，用作稳健型理财。

"我得到了我想要的安心和自由。"他说。

我去看过那家老年公寓，公寓底楼的阅览室，漂亮得像总统套房，里面的几千册藏书，都是从老李家里搬过去的。老李决定去之前，曾犯愁，家里顶天立地的书橱里摆满的图书如何打发，这可是形影不离的"沉默伙伴"啊，能唤起他对以往岁月的美好回忆。

万万没想到，所有的藏书竟被允许随他一道搬入老年公寓，不仅满足他朝夕相伴的需求，也可供老人们分享。

"最近他和太太出国旅游了！他们一年四季在旅行中。"

众人一听，眼乌珠弹出，有人幽幽地说：

瘫在床上，其实是等死；自由自在白相，才叫养老！

无人反驳。养老院再也不像以前，令人闻风丧胆。

养老，养老，社会约定俗成，是对老人生活状态的日常用词，多少带着无可奈何、等待别人照护的意味。为什么别的年龄段的生活状态，无须强调一个"养"字，唯独老人需要？！

显而易见，老人是弱势群体。我一度这样认为。

后来，我有幸成了亲和源老年社区、康养公寓的"观察家"，得以长驱直入，在那里度过许多时光。不得不说，我的观念发生了180度的转弯。我以前跟大多数人一样，对于老年世界是个十足的"小白"，因为从心底里觉得那很"平凡"，平凡得像司空见惯的菜市场、便利店、超市、旅馆等，故而对于自己所居住的城市冒出的新型老人公寓，极不敏感。但有幸深入其间后，我恍然，这是一次颠覆观念的旅行，老年公寓故事多，"风景"挺精彩。

当同事追问：提供时尚生活的老年公寓在啥地方？

我俨然以知情人身份，手指浦东方向，说：在那里。

一帮同事顺着我指的方向引颈张望，当然只有一个结果：茫然！

多年以来，他们对老人、老人世界的认识或瞭望，也像如今，间隔很远的物理距离,也间隔不一样的观念。这样能看清什么?此时此刻,站立于38层办公室一排硕大落地窗面前,落入他们眼帘的,哪里有什么老年公寓,不过是一幅永不落幕的画面:建筑远远近近、鳞次栉比,像极了水泥和玻璃构成的茂密森林,一望无边;眼皮底下的屋顶和窗,密密麻麻,数不胜数,宛若数以万计蒙德里安几何抽象作品拼成的画面,在阳光的映照下一闪一闪。

除此之外,视野里什么也没有!

众人沉默,各怀心思,我猛然想起米兰·昆德拉的一句话:

老人说来什么都懂,其实他们是对老年一无所知的孩子。

诚然。你和我,所有人,对老年、老境、老人公寓,又有多少了解呢?

老年,是一个自然的生理阶段。细究"老年",大约还可以分出活力期、介护期、临终期等阶段。每个阶段的生理、心理表现各有不同,具体到每个个体,更是千差万别,五花八门。

然而,一提及老年,人们脑海里的反应笼统而模糊,往往偏向简单、片面甚至极端的概念化,下意识地以为,老年是少年、青年、中年的自然延续——随着步入退休年龄,智力和能力迅速下降,再也干不了大事,生活方式主要是"看电视",残存的价值是替儿女买菜做饭,照顾孙辈。有的还以为,老年等同风烛残年,满脸皱纹的他们面临失智失能,开始肌萎缩、骨质疏松、心血管堵塞、渐渐失忆,是很快将需要别人照顾的"负担阶层",其实是将活力期与介护期、临终期混为一谈了……林林总总的认知里,压根儿没有人想:噢,老年人,那是人生所有年龄段里智慧最多、经验最丰富的一群人,是奋斗大半辈子后最有资格尽情享受自由的一族,而这,便是奚志勇竭力倡导的快乐养老,主要针对国际学界所称的"第三年龄"。

所谓"第三年龄",特指人由中年向着老年衰老过渡的一段时期,也可以称是活力期,短则十年,长则二十余年。世界上已有一些国家,根据"第三年龄"的理论,积极开发和使用老年人才,试图通过一些制度安排,鼓励老龄创业、老龄创作、老龄运动等。

目前,普通大众的老年观,是将"第三年龄""第四年龄"混为一谈,而且不怎么鼓励老年人走出小家,去追求丰富多彩的自由,甚至有人表示,老年人过于活泼,是"老不正经",正经的老人应该安分守家。我们这一代上海人,大多在石库门长大,从小看着阿奶、外婆帮着生煤炉、做饭,也见惯了阿爷、外公骑着自行车载着孙辈上下学,他们无一例外都是平平淡淡地在家慢慢变老,直至远行。在这过程里,我们接受了先被老人照顾,然后再照护老人,很少琢磨或反思,老年还有别的活法吗?还有什么更有意义的活法吗?

颇具讽刺意味的是,不法商人以及骗子们,整天琢磨老人的需求,他们围绕老年人群打转转,装出一副比亲人更舍得花时间陪伴老人的嘴脸,在公园里、大楼下、社区里,与老人促膝长谈,嘘寒问暖。当然,他们的足够耐心是为换取老人信任,一旦瞅准机会,就给老人"下套"。还有人不是医生却爱穿白大褂,借助"养生沙龙",提供免费量血压、搭脉搏等,引诱老人买保健品。等到老人买了一房间的保健品,白大褂立即失联;有的为老人举办理财讲座,撺掇老人买他们听不懂却"高回报"的金融品,以致血本无归的消息屡见报端。

像老李那样的"第三年龄",在老年世界为数更多。他们有钱有闲有精力,观念开明,"拎得清世面",他们也需要"养老",却压根儿不是一个简单的"养"字能概括,这个阶层养成了自己喜好的life-style,一种比较考究的生活方式。

但适合他们的、比较考究的养老生活方式究竟是什么?

市场、社会对这方面的研究少之又少!

衣食住行,如何升级换代?互联网、5G、大数据、人工智能等催生层出不穷的新经济和新服务,而满足"第三年龄"内心需要的养老服务又有哪些?

说起这些,不甚了了。

我感到,随着移动网络的深入发展,可能很快带来共享住房的流行;人工智能产品也将超级丰富,更加人性化地介入社会生活。未来已来,我想说的"重点"是:养老是养老,养老又不是养老,时代变了!人们将越来越羡慕老年,羡慕养老生活。

为什么?新中国的生育高峰有两次,其中一次是1962—1972年。而生于20世纪60年代、70年代的"第三年龄",人口基数大,相比前辈,是更幸运的一代。他们赶上了全国高考制度恢复,赶上了改革开放和市场经济,赶上了新时期商品房带来的财富增长,也赶上了可以"说走就走"的出国政策,他们整体上是"不差钱的一代",成为退休大军一员时,有能力也有自信获得更多选择,实现优雅地老去。而时代科技迅猛发展,"养老的天空"越来越奇妙,只有你想不到,没有你找不着。养老产业迎来了少有的春天!

只是有一点毋庸讳言,他们整体遭遇了传统"孝文化"的消解,他们的子女——"独生子女一代",简称"独一代",无力于"床前明月光,照护老人家"。

站在"六〇后""七〇后"角度看,似乎这是缺憾,却是大力发展市场化养老的驱动力。而站在"八〇后""九〇后"立场看,他们的心声或许是:从传统孝文化里获得了历史性的解放。

不管怎么说,养老观的分水岭因此而显现了。

说到传统"孝文化"的消解,不得不说说"居家养老"。

这一养老方式可谓源远流长,它发端于农耕时代,至今仍然影响深远!

小时候,学校老师、父亲母亲灌输的,都是小辈必须孝敬、赡养老人的思想，亲友、邻居的尊老习俗也让人耳濡目染。古人刘恒、曾参、仲由、江革等恭敬长辈的故事，在幼小的心灵里镌刻了无论帝王将相还是贩夫走卒，孝是不分贵贱的天下大道。而小农经济时代，以及物资短缺的工业化时代，中外的养老模式显得差不多，因受财富积累不足、经济无法独立的羁绊，一个人老了，老到无力日出而作、日落而息，那么留守照顾孙子孙女，便成为一种普世的养老生活。居家养老，千百年来都是不二选择，身为壮劳力的子女是老人生活的唯一靠山，必须要给老人以经济补贴，生活照料，精神慰藉。

故而，自古以来，中国人格外崇尚"孝文化"，"多子多福"的说法即含有"老有所依"的意蕴。《尔雅·释训》中，对于孝，直接就解释为"善事父母"。

《孟子·梁惠王上》曰："老吾老，以及人之老；幼吾幼，以及人之幼：天下可运于掌"。一个"孝"字，演绎出绵延不断的孝文化。千百年来，无论历史枭雄、文人墨客，无不以"孝"为旗帜。天理人伦，孝道无疆，不孝养父母者，被斥为"禽兽不如"！

德国哲人马克斯·韦伯在一百年前称：中国的"所有人际关系都以'孝'为原则"。

晚清政治家曾国藩也曰："读尽天下书，无非一孝字。"话失之偏颇，却道尽了数千年中国传统文化之根本。毫不夸张地说，没有"孝"，便没有儒家文化。

悠悠岁月，欲说当年"孝文化"，尴尬又困惑。随着20世纪80年代、90年代出生的独生子女一代集体步入叔叔、阿姨的年纪，居家养老模式愈发窘迫，变得难以为继。这并非因为人间失格，伦理道德断崖式下滑，主要是传统家庭结构彻底瓦解了。

"孩子是块宝，只生一个好"，标语口号清晰如昨，转眼间，诞生在计划生育国策下的一代人，也加入了上有老下有小的中年大军。他们纵是有三头六臂的超人，谁敢说自己能像历史上的孝子，刻木事亲，行佣供母，守护病榻，喂饭端药？试看这一代的家庭结构：

> 一个10岁左右的孩子上面，是两个35岁左右的中年夫妇；两位中年夫妇上面，是四个大约60岁出头的祖父祖母、外祖父外祖母；四位祖父母、外祖父母上面，往往还有若干80多岁的曾祖父母、曾外祖父母……

在平均寿命早已超越80岁关隘的上海，四世同堂不再罕见。

身处壮年的"八〇后""九〇后"小爸爸、小妈妈们，一旦遇到家里几个老人不约而同因病住院，都急需他们陪着挂号、配药、在病床边端屎端尿，他们不崩溃才怪！

今天，孝道精神仍然残存，但其表现，却不得不异于以往。

时代步入了人口老龄化阶段。所谓老龄化，反映了人口出生率和死亡率的下降，后者还意味着人口寿命的普遍增长。它带来一系列新问题：社会人口结构变化，老年成为核心角色；普遍的"六二一""四二一"家庭结构，迫使延续几千年的伦理思想不得不应变；养儿防老的模式彻底崩塌，新生代对待老人的思想和认知与父辈存在一定的代沟。

即便独生一代内心依然是敬老爱老的，若以传统"孝道"苛求他们像前人那样去侍奉老人，实在太不现实。

"养儿防老"不合时宜，那么靠政府的福利养老，行吗？

真相是——僧多粥少，爱莫能助！

福利养老资源，远非人们想象得那样源源不断，实际早已捉襟见肘。它只能集中力量服务于"民生托底"，照护老年人群里很小一部分的孤老以及失智失能者。今天的人口老龄化浪潮犹如滔天巨浪，为数更多的健康老人当然有权利分享福利，但公共财政力不从心，只能将有限的"福利"分配给一部分人，施惠于那些最需要的人。

更多的老人养老依靠谁？

从个体而言，靠人不如靠己；从社会而言，唯有发动市场的力量，鼓励创办针对不同层次的养老服务机构，才是目前银发浪潮得以"疏导"的解决之道。

我们还需看到，"从前慢"，世界太大太大，人们生活在很小的半径里。今天呢，地球也不过是个村，浪漫的唐宋诗人做梦也不会想到，中国好多家庭能稀松平常地在上海－纽约，或北京－巴黎，或广州－开普敦等双城之间飞来飞去。

如果老人抱守居家养老之理念，岂不与时代逆行？

中国是世界上老年人口最多的国家，60岁以上的老年人口是世界老年人口总量的20%，是亚洲老年人口的50%。增势凶猛的白发浪潮，"倒逼"养老政策与时俱进，催生各式各样的适老化建设和服务。2030年抑或2050年，老年福利院、老年公寓会变得怎样？不要再说"遥远"，其实近在眼前。在中国，在上海，有人雄心勃勃，已经大胆地预测并构建项目。在浦东新区，一个名叫"三灶"的地方，"未来版"老年公寓正在悄悄地建设。暂时不能说更多秘密，能说的是，未来养老的核心是——让老人快乐，快乐，再快乐。即便老人心脏安装了支架，身体里带着肿瘤，依然不失对于每个太阳照常升起的新鲜日子的期盼。他们研究创造的新型老年社区，是"长者迪士尼"？是"生命学院"？是"新型社交小镇"？

任何比喻都不够贴切。它是它——亲和谷。

关于亲和谷的故事，得从亲和源说起。

2017年秋天起，我无数次从市中心乘出租车或地铁，去20多公里外的秀沿路。

对于成长在上海黄浦区，入职后始终在老静安工作的我而言，地处浦东康桥的秀沿路，是不折不扣的"郊野"。可不，那里长着大片大片的稻谷和蔬菜，乡村气质浓郁。

当然，城市的发展变化日新月异。随着上海市区开发建设四处扩展，秀沿路两边的田野沟渠也以惊人的速度消失，前不久还见的路边农田，过几个月再去，变成了工地，渐次取代农田的是国际品牌"代工"企业、商品住宅、私立学校，而超市、餐馆、发廊、水果店……各种店铺也首尾相接，聚拢了滚滚人流，空气里弥漫着快速生长的躁动气息。

秀沿路2999弄，乍一看其门庭，在那一带属于少有的气派，往里张望，错落有致地矗立着12幢弧形的住宅楼，园内小桥流水，鸟语花香，与新时期商品住宅小区的格调并无二致。不同的是，住在里面的多数上海人，以及只爱听越剧、淮剧或黄梅戏、河北梆子、"二人转"的外省人，已经拿到美国、英国、澳大利亚等"绿卡"的华侨等，他们清一色是被世人归类为"老人"的长者。这个地方，起了个古雅的中国名字——亲和源，一眼让人联想陶渊明写的《桃花源记》。它是中国第一个大型养老社区，以"规模最大的居家式老年公寓"，曾获上海吉尼斯总部授予的"大世界吉尼斯之最"（中国之最）称号。

我至今记得，头一次去那儿，在大门口，远远地看见一辆黑色轿车无声无息从身边滑过，停在离我不远处。随即，一位头戴礼帽、身材颀长的"老克勒"与一位身材姣好的银发女士优雅地下车，"亮瞎"我的眼睛。我连忙问身边人："那位老先生，好像眼熟嘛？"

"乔榛呀，旁边是他太太啊。"身边人说，"伊拉屋里住勒此地（沪语：他家住在这里）"。

噢，我目送他们的背影，心里顿生好奇。

我被引到一幢有着挑空门厅的老年会所。一进玻璃门，首先吸引我目光的，是右手边一座宽敞的室内游泳池。隔着一堵墙般的落地玻璃,看到几个老人鱼儿似的挥臂畅游,还有几个头发灰白、只穿泳裤的老伯伯站在泳池边,互相说笑,似乎在攀比肌肉……

那天,我还不期然遇见一批当年受教会大学熏陶的老头老太,聚在一块儿高唱 You Raise Me Up、Whispering Hope 等经典老歌,他们唱得那么忘我,曲调悠扬而温暖;在阅览室,不少老人神情专注地读书看报,显然,书籍报刊于他们一代是小小手机屏无法替代的精神食粮。我还听到蛮多的趣事,譬如,出入其间的七八十岁老太,不少是不屑去外面跳广场舞的,要跳只跳交谊舞,此为"雅";她们会结伴去千里外的海边,穿比基尼在沙滩撒欢,此为"潮"。呵呵,意想不到的是,在那儿还见识了养老社区自印的"钞票",老人完成一些事情,会得到"虚拟货币"的奖励。

如此养老生活,看得我一愣一愣的,惊讶不已。

难怪,各地同行或老年人组团络绎不绝前往"一日游"。高鼻子、蓝眼睛也有。

美国商务部前助理部长黄建南及其夫人一行也去参观访问,很好奇中国的养老水平提高之快。韩国知名媒体 KBS 曾特地安排资深制作人兼导演金正中一行专程来到上海亲和源,探究"中国式养老"模式,全方位拍摄了亲和源的环境设施和老人的"幸福生活"。

参观者最多的一天,有上千人,熙熙攘攘。

有个外省人告诉我,"上海牌"养老服务跟过去上海产的自行车、手表、缝纫机等一样,引领生活时尚。不少外国人也跷起大拇指,连连夸赞,中国养老走在了世界的前沿。

入住其间的一些老人不乐意了,说:这儿成什么了?像公园或博览会!

抱怨归抱怨,当参观者问这问那时,他们回答的口气里沾着自豪。

老人来参观或试住后,立即成为"迷粉"的不在少数。有的参观后恋恋不舍,央求子女送他们迁居于此;也有的参观后,果断放弃境外的优胜美地,不远万里迁到这里。

我呢,不用别人邀请而一去再去,是想弄明白,它究竟是个怎样的小世界?

社区里的老人居住空间,绝对私密,是不允许外人冒犯的。但公共空间、文娱配套并不设防,健身房、阅览室、棋牌室、医院、茶室等,处处可遇怡然自得的老人。从衣着和风度看,他们身上少了些市井烟火气,多了一份自信、自在的气度和气质。那里的"人",才是真正的魅力所在。在那里兜转,不经意间会遇到"牛人",有昔日燕京、圣约翰、沪江等大学的学霸,有从复旦大学、上海交大、同济大学等离退休的知名教授、研究员,有难得一遇的抗战老兵,新中国第一代飞行员,抗美援朝部队文工团里"芳华"式人物,中国第一艘潜艇艇长,等。有些是能一眼认出、耳熟能详的艺术家,如电影艺术家秦怡、牛犇,配音艺术家乔榛与唐国妹夫妇,女歌唱家任桂珍与声乐教授饶余鉴夫妇,京剧导演马科与影视双栖演员童正维夫妇,电影里经常出现的"老太太"陈奇,还有作家叶辛,等等。

各行各业大咖、达人、明星,呼朋引伴,聚集于此。我想,这里一定存在非同寻常的东西吧。去多了,所见所闻也多了,我越来越感受到:

> 我身在老人社区,老人社区也在我心里。

什么意思?以前我对老年以及老年公寓的"无视",起了变化!我对老年社区变得兴味盎然。

以往,老年世界于我像遥远的撒哈拉沙漠。我们太过于沉浸在自己的生活里,很少真正去关注、关心老年人,对他们一知半解,甚至还存在一些误解。

当然,原因很多。整个社会在走向老龄化,人们的心理年龄却普遍比过去年轻。拜时代所赐,我的心理年龄在三十多岁时发生停顿。我像刚过而立,不怕放弃旧我重启新的道路,敢于尝试未知。2015年秋天,我毫不犹豫地辞去杂志社社长、主编一职,不为别的,主要是仍然愿意探索"未知",重拾孩童时代的梦想:去远方,去远方,去远方!

在我的童年,乘飞机是不敢想象的人间奢侈。偶尔,天上飞过一架飞机,会令我和同伴引颈仰望好久。那时,名叫"十六铺"的浦江码头是梦想的出发点。到了不惑之年,突然感到"看世界"不那么难了,于是游历不少国家,体验不同肤色、民族的活法,琢磨"别处"与自己国家或城市的不同。令我入迷的地方很多,譬如,有一座树林面积比建筑占地大得多的北欧小城,人们热衷骑自行车或开旧车出行,夜晚七点后大街小巷就静寂了。那里不存在"996"工作制,要是有,是工作狂自己的选择,多数人则活得十分闲适。偏偏在那个国土面积只相当于我们一个省份的地方,在电子、音乐、设计、汽车等领域出现了好几个跨国企业巨头,都是在高福利的情况下普及全民高等教育,由灵感和创造力激发出来的。据说,那里的人们丢失了攀比心,羞耻于谈论谁挣多少钱,谁住的房子更大,比谁穿的服装更为"大牌"。他们的生活态度是亲近自然,保护环境,保持求知欲,一旦选择了自己真正感兴趣的工作,哪怕平凡如小学教员、护士、火车司机,也投以专注精神。

这是不是我的错觉呢?或者是我在远方的"道听途说"?说不清楚。我写这些,无非想说,我小时候理解的"共产主义社会"似乎就接近于此;还想说,如今人们的心理年纪普遍年轻,以致我像30多岁一样向往"别处",对"老年"所知甚少。我得承认,我一度只是从书本上感受老年如同"孤村落日残霞、轻烟老树寒鸦、一点飞鸿影下"的萧索气息;或像盲人摸象,将局部观察到的少数老人活力衰退、容易健忘、步履蹒跚、表情呆萌、躺在病榻插着鼻饲、双目呆滞地望着天花板等,视作老年整体都必然会发生。

这一切,也多少受到传统的"老年"定义和老年文化的影响。

老年,是一种客观存在。

生、老、病、死,是自然规律,不会以人的意志而转移。

但老年究竟是包袱,还是财富?是自然淘汰的对象,还是享受自在的阶段?

不同的"老人观",影响、左右着人们对待老人的行为。

怎样定义"老人"?怎样评价"老人"?很长一段时期,我是不够乐观的,甚至思想认识上有些灰色。是奚志勇的一番话,让我茅塞顿开,豁然开朗。

奚志勇有一说一,态度鲜明。他拒绝以达尔文"适者生存"理论出发,将老人视作"弱者"以及面临"自然淘汰"的对象。他斩钉截铁地多次表示:

> 以野生动物界的"眼光"看待老年,是极其普遍却严重错误的认知。

我听了,一惊。

那么,究竟如何定义"老年"?应该建立怎样的老年文化?

奚志勇探究这些问题的时候,所谓"第三年龄"理论尚未传入中国。但他早就抱持的"新老年观",与几年后从法国传入的"第三年龄"一说,在很大程度上不谋而合。

他很早就认识到:传统社会看待老人"笼统了""片面了"。一说老年,只聚焦"活力残存的小部分",国家政策、公共服务也都倾向于"衰老的极少数",实际上忽视了"健康的大多数"。"健康的大多数"不属于老年吗?不需要提供养老服务吗?当然不是,只是他们的需求并非世俗养老观里的基本生活照料和保障,而在于文化、心理、品质等方面。

在奚志勇看来,所谓老年人,大多是灰白头发的"壮小伙"或"爱美的姑娘"。

他进一步解释:中文的词语体系里,一个"老"字,常常与优秀或智慧相联系,譬如,"老成""老练""老实""老到""老师""老辣"等。这里的"老",都没有衰老的意思。对于刚刚告别职场、有着十年、二十年活力期的人们,别唱衰他们。要看到,他们在拿到退休证的那一刻,意味着拿到"自在自得俱乐部"的入场券,有资格开启崭新旅途——

> 一切从身心愉悦出发,享受生命的更多美好。

他说,一个人的"自然年龄"受之于父母,无法改变。但其生理年龄、心理年龄不是不可改变的,个人的职业训练、身心发展、意志锻炼不同,差异会很不同。

不得不承认,他的思维是非常开阔的,犹如天马行空。

他想为老年人做的事情,不只是生活服务那么简单,而是让老年人获得更多。

何为更多?记得他说过一件事儿:有人问丘吉尔的母亲,是否为自己当首相的儿子感到骄傲。丘吉尔的母亲说:"是的。但我还有一个儿子,此刻正在农田里挖土豆,我一样也为他骄傲。"他还说过:南非黑人领袖曼德拉婉拒连任总统的挽留,坚决走下宝座时说:"我老了,我要回家!"说明什么呢?说明职业生涯不是人生的全部。人的一生有许多光荣、梦想,价值实现并不只是在职业上,也可以在其他方面。一个人活着,无论做什么,都要活出自由而高贵,自由且自在,平视权威,心里装着真正的"现代精神"。

听其一番话，不能不感慨。

他的思想和观念，是博大的，开放的，也颠覆了老年的自我认知。

我走进亲和源，仿若走进了谜一样的世界，有那么多"不了解""想不到""很奇妙"……我越来越感到，深入探究奚志勇这个人，带引读者走出观念中的熟悉地带，去领略"陌生的老年"，了解以往所不知道的新鲜事儿，是一桩有意义的事情。

先说说奚志勇"老年观"有啥与众不同？

他怎么看待老年与少年、青年、中年的区别。

人，自呱呱坠地，经过婴幼儿、儿童少年、青年、壮年，在漫长而又短暂的道路上奋斗和奔忙数十年后，所进入的阶段，便是人们常说的"老年"。众所周知的是，婴幼儿，主要任务是身体发育，情感培育；儿童少年处于长身体、长知识、学技能、养道德的阶段。青年、壮年有学习任务，更重要的是回报社会，养儿育女。经历了这一切，当步入了退休旅程，迎接你的是什么呢？是梦想远离、不再有新的追求？是被人视作"弱势"给予特别照顾？

"不同的观念，决定了不同的老年命运！"奚志勇说。

社会老龄化，是人类文明进步的结果。以前，战争频仍，灾难不断，瘟疫猖獗，物资短缺，科技和医疗水平低下，人的平均寿命只有四五十岁，有的时代或地区，平均寿命更短。现在，21世纪，和平与发展是时代的主题，营养丰富，医疗发达，人的平均寿命普遍提高，退休后还有二三十年的漫长岁月。你若消极，这二三十年便显得灰暗；你若积极，它便会岁月静好，自由自在。恰恰，奚志勇反对消极的老年观，尤其是模糊、笼统、片面地将不同的老年阶段眉毛胡子一把抓。他主张将老年阶段"细分"，活出每段的价值。

聊起"孝老"，他分析道，古时人们倡导"孝老"，是含有对老年价值尊重的，不仅仅是伦理。那时的农耕社会，生产力长期处于同一水平,生产劳动主要依靠经验,所以老人凭着经验积累,受到小辈依赖和尊重。现代社会呢,科技发展一日千里,发展靠创新,传统的"孝老"逐渐偏向伦理层面,长此以往必然日趋式微。故而,他经常思考,如何为今天的老年赋能,发掘老年的更多价值。他十分推崇美国思想家霍桑说过的一句话:

> 人生只包含两大部分:过去和未来。过去是一个梦,未来是一个希望。

这是我见过得最积极的老年观,奚志勇说。

他是一个一旦认准目标就钻研不止的人。他阅读了不少身边人听都没听过的书,然后毫无保留地与他们津津乐道。他赞成将人的年龄归类为四种。

一是生命年龄(life age),是每个个体从出生到目前,按年月计算的数字年龄。二是生理年龄(physiological age),是以正常的个体生理学和解剖学的发育状况为尺度确定的年龄分段,涉及细胞、组织、器官、生理功能等。三是心理年龄(mental age),根据每个人的心理活动的程度、特征和功能确定出不同个体之间的差异,也有人称之为"智力年龄"。四是社会年龄(social age),是根据个体与他人交往过程中的角色表现及其作用来确定年龄。奚志勇认为:人的四种年龄并不同步,表现在不同的个体身上,生理年龄、心理年龄、社会年龄,差异很大,需要区别对待。

聊到年龄,我的确也意识到,心理心态堪值玩味。

有的人十七八岁,或三四十岁,心态上已接近老年,自我暗示之下,对新鲜的事物、美味的食物、远方的冒险、热烈的性爱,失去了追逐的动力。他们余下的漫长岁月,充盈着猪的快乐和迟钝,吃喝拉撒,上班下班,几乎是惯性使然,生命运动像钟摆;而有的人,七八十岁,甚至更大,却保持好奇,以致他们的头发、皮肤、身体器官,虽然也长"锈迹",却比别人衰老得缓慢。他们通过自己的心理和心态,让衰老来得迟缓。这些老人,每天会晨跑或做其他锻炼,出门将自己打理得"山清水秀",退休了还坚持上班,途中照常买杯现磨咖啡,融入步履匆匆的上班人潮。从精神气质上看,他们一点儿也不显老。这些老人,七十岁不怕开始学外语,八十岁照样谈恋爱,九十岁还驾驶跑车,常常来一场说走就走的旅行。

"老了,那又怎么样?"这是奚志勇的口头禅。

住在亲和源的老人们,似乎真的忘记了年龄,或被时间忽略了,一个个都是"老青年",继续带着活力和玩趣,雄赳赳、气昂昂、"疯癫癫"地追逐、享受种种快乐。

当我一次次目睹和感受"众乐乐"的老人生活图景,接触到并非了无生气躺于病榻的可怜可悯,而是优哉游哉,延续着自己的兴趣和爱好,一切都那么体面而有尊严,尤其,崭新的"老年观"使得我不仅不再迷茫于所谓的"退休",甚至还隐隐地向往提前退休,搬进老人社区,不必担心孩子奔忙在世界各地而不能陪伴照料自己,更不用担心寂寞和孤独,像亲和源的老人那样,整天面对笑容可掬的"秘书",想吃什么点什么;想唱歌或玩牌,想运动或购物,想找人上门按摩或闲聊,吩咐"秘书",立刻统统搞定。

"世上若有天堂,大概不过如此吧……"我想。

我一次次去亲和源,还想看清"理想国"表面之下的东西。说白了,它是怎么既为老人做好事,又站着挣到钱的!

亲和源,中国养老业最早出名的"头部企业",报刊电视报道持续不断。但它有一点,政府的态度是"既支持又不支持"。此话怎讲?从道义上,政府部门一向给它宽容和支持,领导批示,出席论坛,给予奖牌等,给了企业很多精神鼓舞;从政策和财政上,政府部门对于会员制养老项目的态度是"极度克制"的,非公机构创办的"高端养老",不予任何养老实质性贴补。这一点,只要跟福利型养老机构一比较,奚志勇便愤懑、委屈、长叹,一副"你不懂我"的怅然。在政府官员看来,公共财政相当有限,主要承担"民生托底",何况福利院的公益性与资本与生俱来的营利性,是跑在两条道上的车。而奚志勇认为,放眼全球,福利的本质是"公平",既然称是福利,无论高端养老还是低端养老,每个老人应该分享公平的补贴,发放给老人群体的福利,理应跟着老人走,老人到哪儿养老,补贴也跟到哪儿。

嗯,按养老机构档次区别对待老人,"福利"变味了,成了给少数人的"分配"!

观念的鸿沟始终存在。

在此,我不做高下评判。令我好奇的是,会员制养老模式率先在上海生根后,尽管不缺质疑声,带着实验性,却硬生生从一颗种子长成了参天大树,且引发各地模仿者大行其道。

这是中国养老产业发展中值得记述的一笔。

在我的有限认知里,实验性电影、实验性绘画,是个别人的探索,无论怎么创新,怎么折腾,"后果"严重不到哪儿去。而实验性的养老模式呢,不可同日而语,弄不好会造成群体事件。譬如,长沙"爱之心"养老项目,一度被贴上"涉嫌非法集资"的标签。

作为"上海牌"的亲和源,一度也备受争议,但总体而言,一路走来比较稳健,社会方方面面给予较多"积极肯定"。政府领导、主流媒体等对它的开拓襃扬有加,将突破"一张床"思维所创建的现代养老社区,提高到"体现一座国际化城市文明"的高度。

这一点,从主流媒体大量的报道文献可资证明;从会员制养老模式引致央企、保险资本纷纷效法,在全国各地遍地开花,也被充分证明。

一条可复制的"上海经验",被奚志勇和团队硬闯出来了。

亲和源，一个公司身份的法人机构，高举大爱大孝的旗帜，若没有真切的大爱，哪里可能留住经历风雨、见过世面的老人？作为真正意义上的市场主体，一个财务透明的上市公司子公司，它开拓的会员制经营模式及其品牌，开枝散叶，遍布多地。

这是激发我去深究的一个谜。

谜底，看似在奚志勇身上，其实在所有持会员卡的老人身上。

老人有需求，并且得到相当程度的满足，符合国家、老年、企业三方的利益。

有关这点，整本书的叙述都与此有关，且等我慢慢层层剥笋。

不得不说说奚志勇这个人了。

头一次跟他打交道的时候，聊一小会儿，我便心想："呃，这个人有意思！"。

长期从事新闻采编，给了我接触各行各业"大咖"的机会。眼前这位个子不高、略显肥壮的中年男人，似乎天生是做养老事业的。他很懂老年，也很爱老年，一说起老年、老年公寓、老年心理、老年未来等等，立刻神采飞扬，滔滔不绝，像一部活的老年百科。

中外著名杂志《福布斯》《创业家》等曾深度报道他的人生经历和养老思路。

还有不少媒体试图发掘，创建会员制养老的中国"第一人"，是如何将世界上会员制养老规模最大之一的亲和源项目，打理得这么"趣味盎然"，深得老人欢心。

奚志勇也是中国养老产业联盟首任会长。十多年以来，他在全国性养老高峰论坛多次作专题演讲，他的思想，不仅仅涉及创业发展、企业责任等一般企业家关注问题的层面，而且显著地体现在对于整个养老行业发展的推动。他专注于老年问题研究，发表或出版了不少由实践总结出的研究性专著，譬如《中国养老》《至尊老人的家》《亲和源养老管理与服务》等。他的所有神经似乎都通往养老中枢，不做好养老，好像就失去了人生航标。

故而，别人习惯叫他"企业家""董事长"，有些员工公开或私下叫他"老板"。在我看来，他是老年领域的思想者、颠覆者、创新者。他的贡献，既体现在凭前瞻眼光和魄力，率先创建了一批而不是一座现代"老人乐园"，引燃了中高端社区养老在中国呈井喷式发展，还体现于他在"下海"之初，并非单纯地奔着做一个企业家。他思想里流淌的公共服务基因，使他一脚踏入商海的时候，就矢志不渝地去探索和构筑先进的养老文化。

他也是社会活动家，利用一切机会和场合，传播和普及"快乐养老"思想，为未来城市社会经济发展确立以老年为重点之一的发展战略不停地鼓与呼。这在今天仍旧是"前卫"的。目前，主宰养老发展的还是"福利"思维，官员对于市场化养老仍然"不放心"，不相信资本的逐利本质与养老的公益属性之间能够获得平衡，因而，民办养老机构无法像能源、IT等行业发展那样被视为战略产业，得到土地、财政、税收、金融等政策倾斜。有关支持养老业发展的政策，在民营企业看来，"只听打雷，不见下雨"。从现实看，以奚志勇为代表的养老产业探索者，继续处在被"观望"状态，于夹缝中生存和挣扎。即便如此，奚志勇仍然顽强地、坚定地追求心中的太阳，苦苦等待有一天能得到政策的实质性扶持，让天下的老人平等地享受福利的普惠，也推动养老产业成为社会经济发展支柱的思想，能得到更大范围认可。

十多年如一日，他在中国步入老龄化过程中创造性提出的"养老是生活方式""老年成就公益""以老年产业发展拉动未来GDP"等思想或观念，渐入人心。

许多同行从内心认可他是"探路者"和"先行者"。

目前，中国市面的老年社区、老年公寓之丰富，与十年前不可同日而语。

雨后春笋般冒出的老人公寓，商业形态五花八门，有的凭借央企和险资背景，规模发展得更快。但毋庸讳言，它们或多或少都受到奚志勇以及中国第一座养老社区的启发和影响，带有模仿、借鉴亲和源的痕迹。而奚志勇从2003年布局养老，并不满足于一时的辉煌，与生俱来的先锋意识和开拓精神，促使他一心一意做养老，绞尽脑汁去突破，执着于创新引领，走研究型发展道路。其过程，充满荆棘和坎坷。

他有时跟我这个"局外人"情不自禁地感叹：干养老这行，特别难，特别难……他却没有因此而停歇探索的步伐。

所谓"特别难、特别难"，究竟难在何处？

老人公寓，或养老企业，与多数企业既相似，也有本质不同。

1949年新中国建立后，很长一段时期，它都以"福利院"的性质存在。1992年邓小平南方讲话后，市场经济日益活跃，官员成批下海经商，民办企业风起云涌。然而在2003年亲和源酝酿创建之前，我查尽各种资料，没有查到有人专注于从事养老产业的。我期待有人提供这方面的案例。从我收集到的市场实践资料分析，养老是多么的特殊，似乎压根儿就不属于产业。谁想立足养老实现"既做成好事又挣到钱"，几乎是痴人说梦。

亲和源是养老产业的"第一个吃螃蟹者"，创业之初鲜明地提出"代天下子女尽孝，替世间父母分忧"。实际运营中，企业的道德水准和爱心温度，也必然要比一般性企业高出一截。"你怎么孝待父母，就怎么孝待会员"，奚志勇是这样要求员工的。

任何企业，一旦开始创业，开弓没有回头箭。更何况是一个以社会服务为主业，又得不到政策实质性扶持的企业。我从奚志勇十多年跌宕起伏的征程里看到，船已出港，风雨兼程，他率领员工遇到了许多艰难险阻，却都"闯"过来了。有时候，我看奚志勇是企业家，钻研商业模式，为营收焦头烂额；有时候，我看他像社会工作者，身上没有"唯利是图"的资本家味儿,热衷于慈善和公益,满腹爱心。他是老年社区里爷爷奶奶信得过的"首席管家""超级秘书"。无论遇到什么棘手问题,会员们都问"老奚怎么说""去问问老奚"。仿佛奚志勇是他们的亲儿子,还有"三头六臂"。一些文化老人,包括秦怡、牛犇、乔榛等艺术家,或知名教授、科学家、战斗英雄,跟我聊起奚志勇的好,会情不自禁地掉泪。

他被老人们如此依靠、信任,让我感受到:老人们从内心需要和爱戴为他们抵御风寒、创造快乐的人。而这样的人,一定是一个真正的理想主义者,有了目标,绝不三心二意,而是矢志不渝。

中国的老人大多愿意帮助照料孙辈,甚至以此作为晚年生活的重心。但奚志勇最不忍看到老人被下一代的家务事缠绕,聊起这些,常常一脸惋惜地说:孙辈是孙辈,祖辈是祖辈,爷爷奶奶可以享受隔代相聚的天伦之乐,却大不必包揽为婴儿洗尿布、擦屁股、送孩子上幼儿园、买菜做饭等琐碎事务,在"保姆"岗位虚掷晚年。他主张老人们不要在意年龄、身体,奉行用进废退的科学精神,去追求未曾实现的梦想。

"梦想,无论新的旧的,只要去追,什么时候出发也不晚"。他说,"哪怕想做画家,想拍电影,想做,可以立即行动!"至于老年人喜欢喝酒、跳舞、唱卡拉OK、周游世界、享天下美食、再涉爱河等,更是不在话下。所有不违道德且内心快乐的事情,想做马上做,是老年享有的"特别"权利。

"再不做,更待何时?!"

他就是如此,一个替天下老人开辟快乐道路的理想主义者!

"老了,那又怎么样?"

日本作家渡边淳一长篇小说《复乐园》里的一句法语"Et Alors"(那

又怎么样),成为他的口头禅,也一直激励他去践行。养老产业,的确是一个特殊行业。亲和源看是企业又不尽然,它犹如走在"平衡木"上,难度系数在于怎样在社会化服务和利润目标之间保持"高超的平衡"。

从当年孤独地走"平衡木",到十多年后的今天,群雄逐鹿于"平衡木",奚志勇不变的思考,是如何"领跑"。目前,他的引领思想,似乎更多地落驻老年精神塑造以及老年心灵抚慰。他想让居住在老年公寓的会员们在生命的最后一程,不仅享受到无穷无尽的自由和乐趣,也让他们在告别世界的时刻,不复恐惧,不留遗憾,而变得安然,怡然。

一晃,奚志勇从创业初期一头黑发,变成了如今满头灰白,抬头纹也深了,留下一道道岁月刻痕。身为"准老人",他正将聪明才智、激情梦想继续倾注于"快乐养老"的探索和创造。从他的创业经历里可见,中国式养老,从农耕时代、工业时代、信息时代到今天的智能时代,经历万般曲折,却有着美好的现实和令人期盼的未来。而观察、研究他的思想轨迹和发展主张,使我看清了他对中国养老趋势的研判,他对探索会员制养老方面的贡献,他对"人,应该怎么活、活多久"的思考。从他在率先创建集居家养老、机构养老、社区养老为一体的养老社区、医养结合公寓,提出"养老改变生活""公益成就老年价值""文养交融"等理念,采用俱乐部会员服务模式确保养老的专业化、个性化、人性化与品质化,推出全方位秘书式服务、搭建系统与专业化分工的养老平台、创建会员自治管理以及行业内首个养老"特训营"等方面看,他无愧于中国"养老先驱"的称号。

上海市民政局曾发起并组织专业力量编撰的《大城养老》一书,认可亲和源拥有一系列的"首创",包括会员制养老的商业模式,持有型养老住区的整体运营、适老化建设和日常服务的细节,并表示:

亲和源都为后来者提供了借鉴。

从服务的独创、实践的成功以及影响的广泛等维度看，奚志勇无疑是中国养老产业的领袖人物。目前，中国养老事业和产业呈现千帆竞发的景象，未来还可能出现更多新的发展变数，但我们无法忽略中国探索市场化养老之初，一位社会型企业家对于与"快乐养老"相关的各个方面所做出的有益探索。

奚志勇在老年研究、老年事业发展以及老年产业开拓中的努力和贡献，在同行以及相关的圈子里名声昭著，但并不是所有人都了解他的颠覆与创造。

没有被报道的新闻不是传播意义上的新闻；没有写出来的历史也不会是传之久远的历史。

我写他，解读他，是为了千千万万正在老去的父亲母亲！

第一章 出发地

农家子弟

一个大约八九岁的瘦削少年，在空旷的田野上一边奔跑，一边扯动风筝绳线。

这是多少次，在我脑海里浮现的电影般的情景。

奔跑中的男孩，出生在远离市区的南汇，世代耕田种地，过着清贫的日子。

他的父亲奚洪钦，是世代务农家庭里洗掉泥腿上岸第一人，当过兵，上过大学，后来成为江苏民政系统的一名干部。按理说，有公务员父亲，奚志勇就不属于农家子弟，但奚志勇坚称自己是"都市里的乡下孩子"，因为从小生活在农村，母亲邱娟莲也一直务农，担任过大队支书和妇联干部。他从田野和农舍里长大，继而走向社会。他是家里三个孩子中的"老大"，懂事早，被人唤作"男小囡""志勇"的时候，就帮助父母照顾弟弟妹妹。父母也带他去转过繁华市区，石库门、新式里弄、洋房以及外滩、淮海路、人民公园、第一百货商店等，离他虽然遥远，与生长地隔着广阔的农田，还隔着一条黄浦江，但他的成长环境却不同于中国腹地的乡村和山区，他的故乡记忆是"都市里的村庄"。他的文化基因，犹如一条纽带，一头连着城市的喧闹，一头连着田园的宁静。他至今隐约记得，童年时代的黄浦江，泛着一股铁腥味，江上偶尔有大货轮通过，多数时候则可见小货轮和轮渡船来往，水面上的江鸥飞来飞去。

之所以特别说一说黄浦江，是因为滔滔江水和水上船只，总将他的思绪带向远方。远方，有他朦朦胧胧的向往和憧憬。当然，自家附近的老镇、集市、庙宇、碉堡等现实环境，令他更觉得真切好玩，与小伙伴在一起有无穷的乐趣。

小志勇天资聪颖，少年时向往成为雷锋、邱少云那样的英雄，学习成绩不用父母操心，课余时光大多消磨于看书。当年可以看的书很少，偶尔借到一本《水浒传》《三国演义》或《安娜·卡列尼娜》《钢铁是怎样炼成的》，会被他翻得稀巴烂。

他念小学、中学的时候，一场轰轰烈烈的"文化大革命"，搞得学校忙于应付，课桌都不安稳，老师压根儿无书可教，学生也无书可读，师生忙于"学工""学农"。高考制度取消了，中学念完接受统一分配，分配去向与学习成绩以及个人志愿毫无关系，而是按政策划定的"档次"。或被动员上山下乡，去农村，去边疆插队落户；或分配去工矿企业，国有或集体所有制的，从车间工人做起；或幸运地被选拔入伍，胸佩大红花，在敲锣打鼓的欢送中光荣地奔赴陆海空的大熔炉。

所以，整个学生时代，他与农田天然地亲近，看到的人生"风景"，是插秧、除草、施肥、收割和养猪养鸡，这让他从骨子里懂得土地的意义。那个年代的养老，朴素得像屋前宅后的树木，一切都是自然而然，家家户户的老人都住在家里，所谓养老，仍然是带领一家人忙碌于农活，从来不得清闲，直到有一天倒下。成长在淳朴的环境里，父母没有寄希望于他能做什么大事，只因他积极上进、懂得孝顺，爷爷奶奶都说过"希望志勇一直能留身边"。

一晃，很多年过去了，长辈谁也没有料到，昔日的小志勇在乡镇小伙伴里脱颖而出，无心播下的一颗孝心种子，发育成长为一棵遮风挡雨的"大树"——因为他的颠覆和创造，中国市场化养老模式得以破茧，养老生活变得丰富而时尚，老人受益于"快乐养老"的服务模式，也受益于"老年成就公益"的崭新观念，人生获得了不同往常的新意义。

生于1960年的奚志勇，十足的"农家后代"。

他的祖祖辈辈都在上海南汇郊区种田打鱼，要说有啥值得骄傲的，有一点不容置疑：2500万上海常住人口里，绝大多数是来自外省的移民，往上查籍贯，大多来自浙江、江苏、山东、广东等地，而奚志勇呢，地地道道的"南汇本地人"。上溯三代，我陡然发现南汇的命运：南汇，长江三角洲冲积平原的一部分，成陆于唐朝，陆地由西部一带逐渐向东南延伸，至宋元时期，沧海变桑田，清雍正四年（1726），正式取名"南汇"。

1949年，解放军占领的南汇县，隶属江苏松江公署管辖。1958年，上海行政区划"大变"。1月里，先是江苏省的嘉定、宝山、上海三县被划入上海辖内，同年11月，江苏省的川沙、南汇、奉贤、金山、青浦、松江、崇明七县又被划入。由此，上海市域面积"胖"了十倍，由原先的617.95平方公里变为6340平方公里。

奚志勇如果早生两年，便是"江苏南汇人"。他的祖辈之祖辈可能有渔民基因，以致他至今对大海充满深情，对海上渔业生活感到"一点儿不陌生"。命运一度也将他抛向了大海，使得他风里来浪里去，成为一名拿奖状拿到手软的模范"渔业工人"。

话说1976年，中国大地发生了不少大事儿，缔造共和国的三个伟人周恩来总理、朱德委员长、毛泽东主席相继去世，其间还发生了震惊中外的"四五运动""粉碎四人帮"等。在那个多事之秋，一脸青春稚气的奚志勇从中学毕业了。

16岁的他，积极响应政府号召，回乡务农。

后来的命运一波三折。因为根正苗红，他先是被抽调当上"渔业工人"，洗净泥腿离开了水田，却奔赴了更加颠簸的大江大海。所幸有一个"工人"编制，当年也是令许多人眼馋不已的。奚志勇格外珍惜渔业岗位，风里来，浪里去，与海浪相伴的十年里，屡遇险情，有一次甚至掉入大海的漩涡里。也算冥冥之中有老天护佑，他屡屡逃过劫难，之后娶妻生子，奉调回乡，在县政府机关，当上了一名机动车驾驶员。那时的奚志勇十分满足于陆地上的新岗位，那年头，能天天驾驶一辆轿车实属风光。但隐隐约约，他内心又不免惆怅，按照国家的政策，工人编制的他，与公务员编制的机关干部之间，存在一道巨大的鸿沟。工人若想进步而转到干部岗位，首先需要一纸文凭。可是，奚志勇哪有什么文凭呢？

命运的转折点，在20世纪80年代下半叶，奚志勇获得机缘去读中专。在那所财会学校里，他如饥似渴，像海绵吸水一样拼命读书，掌握了财会初级知识。拿到文凭的时候，恰巧遇到县财政局紧缺知识型人才，奚志勇有幸得到提拔，成了一名税务专管员。

昔日田舍郎，一朝登庙堂。这一回，奚志勇有了"公家人"身份，有了"事业编制"，全家欢欣雀跃。奚志勇也暗暗发誓，要对得起组织的栽培，在新领域有更大的作为！

招商干部

20世纪八九十年代，经济改革在中国大地春潮涌动。繁衍生息八亿农民的村落乡间，出现了一批乡镇企业。有的是政经合一的村级带头人，有的是社队工厂或作坊的负责人，有的是乡镇个体劳动者。他们在改变自己命运的同时，也参与了改革开放和经济崛起的过程。他们壮观，曲折，也充满争议，其中有华西村的吴仁宝、大邱庄的禹作敏、横店的徐文荣、芜湖的"傻子瓜子"年广久、海盐的"衬衫大王"步鑫生，等等。

"农村能人"成为新时期乡镇企业的领头羊，受到报纸广电的追踪报道，在坊间被人们津津乐道。沪郊的南汇祝桥，也出现了民办的羊毛衫加工厂、领带和鞋袜加工厂等，还有一些外来的企业，规模不大，却着实给一派田野气息的祝桥带来一股虎虎生气。

身为税务专管员，奚志勇兴奋地融入了乡镇振兴建设。他整天忙碌，去大小企业查账。以前看不懂的企业经营报表、损益数据分析等，他很快搞得滚瓜烂熟。他勤奋钻研，学以致用，将基层税务业务掌握得格外熟稔，是南汇祝桥的一名得力的税务骨干。

凭着勤快踏实，他不久就赢得组织赏识，从税务专管员调至县财政局。

这一调，尽管都是与数字打交道，却是从微观迈向宏观的一次跨越。在县财政局的两年左右时间里，30多岁的奚志勇，因为在参与招商引资工作中表现出色，实现了"两级跳"，先后被提拔为副科长和科长。1998年，他再度受到组织的器重和选拔，走上了乡镇政府领导岗位，职务是副书记兼副镇长，分管乡镇经济，主要职责是招商引资。

1998年东南亚发生金融危机。一股突如其来的飓风将泰国打得猝不及防。香港经济也是伤痕累累，一片哀鸿。受金融危机的影响，内地新时期刚刚建立的经济体系也面临极大的挑战，乡镇企业跌入低谷。正是那个时候，奚志勇临危受命。

组织给他的任务是想方设法帮助乡镇经济渡过难关，加大招商力度，找到新的增长点。

如何出手？何去何从？早已走遍乡镇大小企业的奚志勇，将目光瞄准了浙江温州。

彼时，以私营经济为特征的温州模式，声名远扬。

有一种说法：

地球上无论哪个旮旯，如果有中国人，十之八九是温州生意人。

虽然夸张，却道出了一个事实：

温州，一个神奇的地方，地处浙南，三面环山，一面临海，境内地貌由山地、丘陵、平原、岛屿四部分构成。它没有值得炫耀或令人垂涎的矿产、石油等天然形成的经济资源，也没有依江傍海、四通八达的交通优势，但是这个地方的人敢冒险，哪怕兜里没有几个钱，一群温州人抱团将数量不多的资金集中到一块儿，便形成一股合力。就像一根筷子容易被折断而一把筷子拢在一起很难被折服一样，温州人凭着团结精神和坚忍不拔，顽强地崛起，在饱受争议的过程中，涌现了温州正泰的南存辉、温州德力西的胡成中、温州奥康的王振滔等企业家。"温商"，成了当年中国老板群落最有影响力的代名词之一。

身负招商引资的使命，奚志勇迈开双腿，深入温州四下拜访。

温商眼里的奚志勇，脸颊丰满，举止稳重，谈判时善论天下，酒桌上从不扭捏。一个温州企业家告诉我：我们走南闯北，创办实业，最怕遇到"脸难看，事难办"的地方官员。他们的态度也是需要考量的"经商环境"。有的地方官员，满嘴大话套话，一看不好应付，商人就会敬而远之；有的乍一接触就像老友，真诚可信，大家就会多打交道。奚志勇属于后者，企业家跟他接触后，立刻被其赤诚所吸引。他将偏于上海一隅的南汇康桥的经商环境和招商政策讲得头头是道，清晰实在。精诚所至，金石为开。在短时间里，温州客商纷纷北上，直奔上海的南汇康桥，扎堆投资兴办各种企业。经过奚志勇牵手落成的温商企业有王均瑶兄弟的"均瑶集团"、周建成的"美特斯邦威"、钱金波的"红蜻蜓"、周星增的"建桥集团"……外人看不明白了，康桥为何一夜间成了南汇经济"龙头老大"？

为此,《解放日报》发表了标题为《康桥有个"温州热"现象》的报道。

事业风光不言而喻。奚志勇成了地方招商引资的一位功臣。

温商的信赖,不是靠奚志勇一时的"巧言令色",而是靠他的实际行动。

当年,投资创办企业,手续之烦琐众所周知,少不了去工商、税务、银行等窗口单位兜兜转转,填表敲章。由于服务意识淡薄,"窗口"办事员高高在上,对于前来办理手续的人常常是一副爱搭不理的冷面孔,客商为补充材料多跑几趟冤枉路稀松平常。一大堆烦心事儿,令一些客商望而却步。当年,招商引资"一门式"服务闻所未闻。各个"窗口"分属于不同的机构,怎么可能集中到一块办公?奚志勇十分果敢,要求多个"窗口"变被动为主动,甚至上门提供服务。这一点,比后来上海乃至全国推广"一门式"服务提早了十年。

奚志勇敢"化繁为简",是因为懂得:吸引八方客,服务"第一条"。

招商引资,说服和打动老板们从老大远跑来投资创业,奚志勇也会"拍胸脯"的。但他并非拍胸脯将人家招来立项就完事了,而是想方设法将服务落实到全程。

当察觉创办企业手续烦琐时,奚志勇出面召集各个职能部门,协调招商引资的服务流程,将"拖拖拉拉"的审批手续变得直接高效。

他的努力远远不止于此。谁家孩子上学,谁家老人看病,生活中遇到各种问题都可以给他们的"老奚"打电话,而奚志勇毫无官架子,"来者不拒"。

凭着真心实意,"老奚"成了众多温商值得信赖的好朋友。

由于奚志勇一心扑在工作上,经常奔波在外,家里根本顾不上,对妻子、儿子以及身体欠佳的高龄父母无法照顾,这令他不时心生内疚。

有一天,正在温州出差的他,接到长途电话:母亲病了,急需安排住院治疗。

身在外省,怎么分身?万分焦急之时,他想到了将父母送到养老院照护。

这样的念头像闪电般在脑海里一出现,便再也忘不掉了。

回到上海后,奚志勇便四处打听养老院,郊区的,市区的,路近的,路远的。凭着孝心和韧劲,他几乎寻遍大小养老机构。未打听时,他多少有点儿舍不得送父母去。打听一圈后,他更加不忍心送了。准确地说,他对自己亲眼所见的一些"养老院"失望至极。

在很长一段时期,市面上存在的大大小小的养老院,清一色属于福利性质。他们只收治身体瘫痪后无人照顾的独居老人,或那些濒临死亡、需要临终关怀的失智老人。当奚志勇身临福利性养老机构的服务现场,满目尽是病歪歪躺在床上或浑身插满急救管子的老人,彼此毫无隐私,他的心该有多么矛盾和挣扎。

父母身体尚好,奚志勇怎么也不忍心送他们去拥挤不堪的"等死之地"。

养老,为什么只是有一张"床"的护理模式?健康老人不需要养老服务吗?

无数问号变成思想的野马,在他头脑里奔腾起来。

从那时起,他由琢磨父母的照护问题,渐渐萌发了创办养老院的念头。

奚志勇憧憬的养老院,能满足父母的生活方式、个人兴趣、社交活动。这样的养老院哪儿有呢?如果要创办,需要多大规模,开设多少房间,需要提供哪些服务?

一切只是梦。虚无缥缈，一如海市蜃楼。

但这样的梦真实地在做。他晚上做，白天也做。

每天，他从机关下班回家，看着年迈的父母存在种种生活不便，心底便浮起了养老院梦。继而，在办公室、在休息的间隙、在出差的途中，他不仅一个人胡思乱想，构思和幻想着老年公寓，而且遇见熟识的朋友，不管三七二十一，也拉住别人讨论讨论。

出乎他意料的是，许多人谈及现实中的养老院，都一脸无奈和悲凉，绝对不想去，但对未来的养老不约而同地充满向往。他们梦想的高级养老生活，无非是希望与"门当户对"的老同学、老同事、老朋友等抱团养老，可以一道"搓搓麻将""打打扑克""嘎嘎山湖（沪语聊天之意）"。对于未来养老的形态和文化，他们头脑里则一片空白，压根儿没个影子。

想象力如此乏味，跟当年社会经济发展水平是相一致的。

彼时，已经迈入了21世纪，城乡消费仍然比较粗鄙。年轻人结婚以拥有电视机、电冰箱、洗衣机等"三大件"为荣，城市婚房大多挤在父母家，盼着单位福利分房。

在这样的背景下，整个社会的养老服务也维持在"初级"水平。

所谓"初级"，即处于自然养老状态。在广袤的中国大地上，养老都停留在农耕时代沿袭下来的"居家模式"。即便在北上广深，民政部门主导创办的养老机构，也基本沿袭计划经济时代对孤寡老人、低保老人、失能老人的照护方式，思想和行动的落足点是"床位"。

我也记得真切，那时"养儿防老"观念深入人心，人老了，身边有孩子照料，便是老人最为普遍的期盼。如果老人身体康健，莫不以"三代同堂""四世同堂"为荣耀。在同一个屋檐下尽享儿孙绕膝，天伦之乐，这几乎是幸福老年的"标准"图景。

斗转星移，跨过2000年门槛。奚志勇发现，幸福养老的"标准"动摇了。自己的父亲母亲，乃至天下更多的老人，渐渐萌生了内心渴望却未必敢想的"向往"。他们真的只满足一日三餐的照顾？只想要自己孩子的陪伴？如果只看到这些，太狭隘了。身体状况尚好、有着自己兴趣爱好的老人，谁也不想成为他人特别照顾的"负担"。他们需要儿女陪着说说话，一道吃顿饭。其实，他们还渴望精神的自由和富足，想按照自己的意愿去过每天，享受自尊、自信、自在。

老年，不只是我们表象上所了解的老年。

奚志勇说，一厢情愿地以为老年人最多的需要只是生活照护，这简直是浅薄透了，十足的"小白"。现代养老，仅靠现有的经验和一鳞半爪的知识，是远远不够的。

在奚志勇脑子里，未来的养老院既要有各种适老化照顾，也要有许多老人喜闻乐见的娱乐。这是服务的内核。那么，究竟创建怎样形态的养老院，满足老人哪些精神需求呢？

奚志勇模模糊糊有了方向。而促成种子萌芽且破土而出的，是周星增。

遇到周星增

周星增，一个气质儒雅的温州企业家。

来上海闯荡的温州老板，大多学历不高，但周星增与众不同。他受过全日制大学的完整教育，毕业后做过教师，其言谈举止洋溢着一股"知书达理"的气息。

春节时期温州老板纷纷回乡省亲。有一年，奚志勇乘长途汽车去温州，想趁传统节假"逮住"老板们，不会像平时那样经常扑空。在那里，他第一次见到周星增。

后来，一来二去，彼此熟络起来。

1999年12月,一个风雨交加的夜晚,在上海浦东康桥一家招待所的简陋客房里,周星增与奚志勇再次把酒叙谈,几乎聊了一个通宵。酒酣耳热之际,周星增的一番话,让奚志勇感动不已,也激发了他对传统行业里催生一个新产业契机的敏感。

原来,豪饮之后的周星增,提及了含辛茹苦的母亲。母亲一直叮咛儿子:做人要像一座桥,渡世间一切方便;做事也要像一座桥,成天下百物通济。她有两个希望:一个是希望儿子创办一所民办大学,让考不上名校的孩子在这里"长成";另一个是替世间父母分忧,创办现代老人公寓。周家母子两人的公共情怀,深深地打动了奚志勇。

时任地方官员的奚志勇,热情鼓励周星增先投资创办民办大学。

今日名气不小的上海建桥学院,当年从申请项目,到办理各种手续,奚志勇使出浑身解数,竭诚提供帮助。他意识到,这不仅仅是帮助周星增一个人,也是帮助"天下人"。

奚志勇的努力,赢得了周星增的信任和赏识。

周星增暗暗将建桥集团总裁位置虚位以待,专门预留给奚志勇。

过了一些时日,瞅准机会,周星增向奚志勇抛出"橄榄枝",拉他下海。

原本,奚志勇心里已经有了梦想,但真要跨出一大步,放弃公务员生涯,仍旧是犹豫的。在没有下定决心之际,他不仅对周星增,也对其他热情拉他入伙的温州企业家解释:"这是不可能的,我在政府部门做得很好,也干得很愉快。"

这显示了奚志勇那时的真实心思。

奚志勇承认,自己真心觉得受到组织的器重和栽培,一开始不想"下海"。他心里还存在一道障碍是,自己以往的阅历,毫无经商方面的锻炼,也就缺少"下海"的底气。

不过,周星增的真诚邀请和极力怂恿,于他心海激起了层层涟漪。

尤其当周星增推心置腹地讲到,母亲叮嘱自己的两大心愿,一个已经实现了——创办一所民办高校,另一个希望得到奚志勇的合作,创办全国第一家民办养老社区。

周星增的养老公寓梦,与奚志勇出于孝敬父母的想法,产生了"共振"。

命运似乎也在推着他下决心。

不久,王均瑶鼓动和举荐奚志勇去长江商学院深造。在那所创业精英荟集的商学院,奚志勇眼界大开。他反复思考,综合考量了自己的年龄、性格、学历等因素,意识到与其四平八稳地在机关守着"金饭碗",不如去市场经济大海里搏击一番。

他决定急流勇退,挑战自我,辞职下海,投身于周星增的麾下。

他认为,"下海博一记",更可能有一番大的作为。

第二章 长江商学院

王均瑶举荐

有人告诉我：奚志勇将王均瑶拉进了上海，王均瑶将奚志勇拉进了"长江"。两人之所以能成为好朋友，好兄弟，全在于惺惺相惜，彼此成就。

说起长江商学院，对于奚志勇而言，的确是人生道路的重要路标。

"我们都有一个家，名字叫长江。"

这首被"篡改"的歌曲，与亚洲设计之父陈幼坚设计的蓝色LOGO，深深植入每个在长江商学院学习过的人心里。由李嘉诚基金会捐资创办、突出"教授治校"的这所学院，在北京和上海设有校区。他们以"培养未来杰出的商业领袖"为目标，致力于为企业以及社会培养具有全球视野与全球资源整合能力、人文关怀、社会担当以及创新精神的"帅才"。

据校友介绍，学院初创伊始，李嘉诚对EMBA学员亲授成功的心法，即奉献二字。

天然的公益基因，使得长江商学院创造性地将人文课程、公益实践与商业管理教育交织在一起。他们强调的公益学时制度，与贯通中西享誉全球，有着哈佛大学、普林斯顿大学、芝加哥大学、哥伦比亚大学等常春藤名校学术背景的教授团队，以及马云、李东生、牛根生等一大批敢闯敢试、敢为天下先的商界校友一起，使得学院在世界"独树一帜"。

彼时的长江商学院 EMBA，入学门槛非常之高。通常，拥有八年以上管理工作经历、不少于五年的高级管理经历以及拥有大学本科及以上学历，只是基本硬件，而德才兼备、处于企业核心决策层、具有领导才能和进一步发展的潜力，才是他们考察、考试的重点。

没有本科文凭的奚志勇，原本是无缘迈入长江商学院门槛的。冥冥之中，有一股力量在他身后"猛推一把"，令人不得不感叹，好人有好报。

当年，在"一杯牛奶强壮一个民族"的感召下，商界少帅王均瑶，投身乳业经营，在全国建立了乳业生产基地，销售网络遍及各地。他还涉足宾馆业、出租车服务业等。他遇到奚志勇后，后者竭力说服他进军上海，称"上海将成为均瑶集团的真正福地"。

果然，均瑶集团将总部迁至上海，视野、格局更大了。

他们在浦东拿下 200 亩土地，事业如虎添翼。2002 年 3 月，王均瑶以 18% 的股份入股东方航空武汉有限公司，成为新中国第一家投资国家民航主业的民营企业。

王均瑶是长江商学院首期 EMBA 学员。他敏锐地感到"老奚"身上既有市场嗅觉，也有突出的公共服务精神和社会担当意识，这都是经商成功的良好素质。他也了解到"老奚"想做养老的心思，也真心看好市场化养老具有成长性，于是向长江商学院力荐一位"来自康桥镇的招商干部"。奚志勇因此而顺利地通过学院招生办专项讨论，被"破格录取"了。

奚志勇与王均瑶友情笃深，由此可窥一斑。

我从多位朋友处得知，王均瑶曾多次感慨，自己自温州北上，闯入上海滩,有幸遇到了一位全心全意为创业者保驾护航的乡镇干部。而奚志勇也感恩、感慨于自己下决心弃官下海,与企业家王均瑶热情鼓励,且有力地推了一把密不可分。正是由于在长江商学院深造,在那里掌握了商业思维和企业家精神,奚志勇才意识到自己身上未被开掘的经商潜力。

人生的快乐莫过于遇到知己。他俩每次见面都有说不完的话。

天有不测风云。

2004年11月,王均瑶因过劳且身患肠癌,年仅38岁英年早逝。奚志勇闻之深感悲痛。

之后的每年清明之际,他都会专程去地处奉贤的上海海湾寝园,为年轻的"师兄"祭扫,与他隔着阴阳倾诉衷肠。"在我心里,王均瑶仍然活着……"奚志勇说。

长江商学院对于奚志勇的"破格录取",证明了学院的魄力——"不拘一格取人才",大胆录取仅仅有中专学历的乡镇干部。而奚志勇无比珍惜在长江商学院的深造机会,发奋努力,因长江商学院而由衷地自豪,且努力为它增添一抹独特的养老光辉。

"以商业模式做公益",是长江商学院的思想灵魂。

奚志勇将这样的思想灵魂在亲和源养老实践中发挥得淋漓尽致,诠释了商业与养老、公益、慈善的内在联系。我想,长江商学院也会以拥有这样的杰出校友倍感欣慰吧。

2003年春天,奚志勇开始了长江商学院EMBA学习。

宽敞的教室里,同学中多数是企业核心管理层,有着董事长、总经理头衔的超过大半,还有政府部门的官员和央企的高管。人文第一课,讲"学以成人",令他有点儿意外。

"心之何如,有似万丈迷津,遥亘千里,其中并无舟子可以渡人。

除了自渡,他人爱莫能助。"台上的著名教授侃侃而谈如何树立鸿鹄之志,如何脚踏实地"做人"……

谆谆教诲,令在商海里扑腾已久或于官场沉浸多年的学员感到眼前霍然一亮。

奚志勇入脑入心,像被烙印在意识的深处。他不仅听明白了,灵魂也被触动了:人要有出世精神才可以做入世事业,要在饱食暖衣、高官厚禄之外,有更纯粹、高尚、怡情养性之企求。有关术、道、势的课程,使他仿佛久旱逢甘霖,大呼"够劲"和"过瘾"。

在长江商学院,除了人文课和公益课,学员心里烙下印记的还有"顶级公开课"。

所谓"顶级公开课",是由这些大咖执教:Facebook 首席运营官谢丽尔·桑德伯格面对面讲述如何培养职场领导力;经济学人(The Ecomomist)集团首席执行官安德鲁·拉什巴斯近距离分享经济发展趋势;前国际货币基金组织副总裁朱民亲口告诉你中美贸易战的本质;宾夕法尼亚大学沃顿商学院最受欢迎的教授图尔特·戴蒙德亲授"谈判"之秘诀……邀请世界不同领域的顶级专业人士讲授公开课,怎么不令学员们疯狂追逐呢?

教育的本质是什么?

一棵树摇动另一棵树,一朵云推动另一朵云,一个灵魂唤醒另一个灵魂。

奚志勇求知若渴,拼命吸收新鲜的公益思想和商业营养。

他是敏锐的,也是敏感的。在那里,他被唤醒、被影响、被改变。他的商业视野日渐开阔,知识结构日趋饱满,以前没有机会接触的"宏观经济学""战略管理""品牌建设""营销学"等课程的知识和观点,使他倍感充实。耳濡目染的"长江精神"和"长江气质",也无声地影响着他的思想行为。

他雄心勃勃,意识到天降大任,需要他们运用商业的力量去改变社会。他也感受到,身边这群人,代表了一个阶层的境界,思想极其活跃,富有社会担当,以敢于创新为荣,胸怀公益慈善之心。

精神上的满足,使得奚志勇感到无比幸福。

他喜欢校园的氛围,一种由新知识、新观念、知名老师、优秀同学、活跃课堂等构成的象牙塔的氛围。在校园里,他似乎比谁都更为专注,也是经常举手提问的人。

有人说,世界上取得辉煌事业的人,无一不是理想主义者或带有理想主义的基因。他们身上掩饰不住一种光辉,即以"改变社会""改造社会"为己任。他们还有这样的豪迈之气:"没有机会就创造机会,找到机会就全力搏击。"

可以说,长江商学院重新塑造了奚志勇。

认识自我

在长江商学院,奚志勇积累的自信,使他对于"下海"从犹豫变得坚定。

同窗都是企业董事长、总经理,外资企业高管,政府机关和事业单位的头头脑脑。奚志勇的身份,一开始是康桥镇党委副书记、副镇长,后来是上海康桥实业发展有限公司总经理,头衔不寒酸,也不显赫。官级比他高的、企业比他大的比比皆是。他的微微腆起的"将军肚"有时被同学"取笑",他"呵呵"容下,跟大伙儿打成一片。

在这样的环境下,他无数次坦诚地将自己的养老创业梦和盘托出,主动征询老师同学的建议或看法。他告诉大家,中国是世界第一人口大国,人口基数大,老龄化人口数量惊人。在老龄人口比重上,中国不是世界最高,排在世界首位的是日本,其次是意大利、德国、希腊等。即便如此,基于中国有世界上最多的老龄人口、市场化养老机构完全不成气候、基本没有超越"一张床"式的快乐健康养老机构,所以他有志于去填补空白,做探路者,筹建中国第一座高品质的养老住区。他的"梦想"赢得师生们一致称赞。

在同学们设计探讨各种创业项目的过程中,奚志勇拿出的是"亲和源服务模式"。有一天,"亲和源项目"引发了热烈讨论。大家意识到,"养老"原来有那么多门道和迷津,也第一次了解到,政策法规以及市场机制在提供老年服务方面是多么滞后。

当然,国家的"方针政策",对保护老年人权益一向是重视的。

譬如,1996年10月,中国颁布了《中华人民共和国老年人权益保障法》,对老年人的赡养扶养、社会保障、参与社会发展及法律负责等,做出了明确的法律规定;各省、自治区、直辖市也都制定了维护老年人合法权益的地方性法规。在具体的老龄事业任务上,《中国老龄工作七年发展纲要(1994—2000)》和《中国老龄事业发展"十五"计划纲要(2001—2005)》,将老龄事业纳入国民经济和社会发展规划。中共中央、国务院于2000年8月发出《关于加强老龄工作的决定》。按照奚志勇的理解,这些法律、文件构成了促进中国老龄事业发展的政策体系。社会的"痛点"是,对于"六个老有"(老有所乐、老有所学、老有所为、老有所教、老有所养、老有所医),在社会化、产业化服务方面明显存在缺失。

奚志勇曾派人调查了上海社会力量参与养老机构建设的情况。

有一家名叫"上海大华福利院"的机构,被称为"上海首家社会资本规模投资的养老项目",投资方为上海大华汽车服务有限公司,全额出资2000万元,于1999年创建,当时还被列为上海市政府重点实事项目。福利院占地7600平方米,设有床位290张,绿化环境也不错,还注重护理员的专业技能培训,护理员持证上岗率达到百分之百。与此同时,大华汽车公司还在内部企业职工里招募志愿者队伍,组织他们定期赴福利院免费提供各项适老服务,一时备受好评。但它的创建,只是对举公共财力扩建"床位"做了增量。

奚志勇的想法与他们完全不同。

他构想的市场力量提供机构养老服务,是想在"一张床"思维之外找到新的疆域,去发掘和满足潜伏存在的需求。对于这些,他侃侃而谈,火花四溅,激起了阵阵涟漪。

长江商学院的师生给了他能量满满的鼓劲。众人的研判在其他创业项目上意见不一,但在"亲和源项目"上几乎趋于一致:会员制服务模式极富可行性,然而能否成为"风口上会飞的猪",取决于社会养老观念的转变;延续千百年的居家养老模式不是一朝一夕能够改变的。

不得不说,师生们站在不同角度提出的意见,是中肯的。

奚志勇每每谈到长江商学院,由衷地感叹:他们的支持和鼓励,对我非常重要。

重要在哪儿呢?一言以蔽之,即自信心的建立!

每个人都是一座山。世界上最难攀越的山,其实是自己。因为人人都习惯在自己面前画一根线,提醒自己:不要越线去冒风险。但奚志勇这一次实现了超越。

"别人并不比我更聪明啊。"奚志勇跟同学聚会打趣,说了"真实的感觉"。

这是一句玩笑话,却也是长江商学院带给他的乐观、自信、积极、坚定。这一点,恰如当年一句广告词"我能!"奚志勇真的感谢师生给他的信心,他不再怀疑:

只要自己够努力,是完全可以在商海有所作为的。

一些同学跟我聊起他们的"奚老大""老奚",谈出了各种"印象"。

"他是学兄,榜样,学习认真,容易亲近;他思想活跃,思维跳跃,做事情很有韧性,是一个有意思的人。"长江商学院有同学这样形容他。

"他思想特别活跃,将快乐养老描绘得出神入化,深深吸引了我们。"

"他是'长江人物',这可不是人人评得上的,属于少数几个。"

"他还挖走学院不少同学呢,口才了不起!"

……这些,是我从他的长江商学院同学那里听来的。

不论怎么说,我意识到,奚志勇能跨出"辞官"这一步,并在日后将养老产业搞得风生水起,与少年时代的慧根养成有关系,更与在长江商学院炼成的企业家思想息息相关。

他的理想和意志,都不会是一种偶然。

弃官下海

2003年5月,奚志勇在长江商学院EMBA班学了没几个月,决定从政府岗位上辞任,应周星增邀请,赴任上海新建桥集团总裁。

那一年,他43岁,正是政坛上一颗光芒闪烁的新星。

尽管1992年前后,在中国发生过一波机关党政干部的"下海潮",但真正下海的人还是少数。所以,当身为康桥镇党委副书记兼副镇长的奚志勇辞官下海的消息传开后,不仅在区县机关系统备受瞩目,在他的"朋友圈"也引起不小的震动。

有人惋惜,年纪轻轻,仕途看好,怎么轻言放弃呢?

有人非议:信仰丧失,一味奔钱去了!

耳边传来种种闲言碎语。

奚志勇呢,压根儿不在乎别人嚼舌根。燕雀安知鸿鹄之志?!

他是心气很高、眼光深远的人。他遵从内心，走自己的路。那时的他，正身处长江商学院，耳濡目染企业家精神。与此同时，招商工作中结识的那么多温州企业家一再召唤和真诚激励，令他心里积蓄的创业能量越来越足。他的全部身心都被一个伟大的梦想、真切的项目牢牢俘获，那就是养老，颠覆传统的养老，前所未有的高品质养老！

乡镇政府的组织部门对他积极挽留。他感谢组织多年栽培，表示要去做的事情，也是公共服务，不同的岗位，一样的目标。他的诚意和坚决，得到了理解。

有个熟悉他的老朋友告诉我，奚志勇有过从政的经历，对他做养老很有帮助。而他的确适合"下海"。他属于性情中人，自己喜欢的工作，他会没日没夜地扑上去，将工作视为生活。对于自己不那么喜欢的工作，如果以一张A4纸调令将他安排他处，他未必能发挥才干。

还有一位朋友分析，在升官做事的道路上，步步走高、青云直上者，往往不属于纯粹业务型干部，更轮不到以钻研业务自傲的人，而属于跟对上峰、善辨方向、言语谨慎、滴水不漏的"理性人"。他举例说，他所在系统得到快速升迁的，大多是业务表现"不上不下"，却善于将工作总结得头头是道，像说排比句那样应用宣传式语言的人。奚志勇偏"感性"，做基层税务官时，天天在中小企业里奔跑；负责乡镇招商则常常出差踏访，满足于"干实事"。

种种议论和分析勾勒出的奚志勇，不完全是他自我认识中的形象，而是一幅"众人眼里"或"他人眼里"的奚志勇。在他们心目中，奚志勇热衷于战略思考，做事激情充沛，也在"改革开放、经济工作的最基层、最前沿"拥有丰富积累。他告别仕途去新建桥集团任总裁，甚至可以说，是一种幸运和回归！因为那里更能成就他"成为自己"。

之前税务官、乡镇领导的历练，给了他精通财务的能力和鲜明的公共服务意识，有助于他去构建和创造一种新的养老文化。特别是他在官场积累的人脉和人缘，使得他在探索市场化养老服务的过程中，善于掌握政策。须知养老业属于非典型性企业，不像生产服装、鞋子、机械装备、电子设备那样纯粹，它面向社会"弱势群体"——老人。它必须深刻领会政策意图，必须以"高尚的道德文化"善待服务对象，真正为老人创造价值。否则，像会员制养老这样在中国属于"超常规"、非常先锋的商业服务，不仅很难获得立足之地，而且会招致许多意想不到的"麻烦"。所幸，他脚下的土地是上海，是浦东，是观念先进且崇尚务实的改革热土。亲和源能够生存并壮大，是养老业的传奇，也是上海的传奇。

当然，这是后话，容我后面慢慢再述。

第三章 激情燃烧

发现新大陆

奚志勇弃官"下海",还有个动力,是他看清了趋势。

什么趋势?——十年后,二十年后,我们身处的社会、世界将发生的变化。

随着人口老龄化的日益严重,也随着中国改革开放后经济的迅猛发展和老百姓财富的大幅度增长,养老生活必将发生深刻的变革。这种变革,是当时的人们"不知不觉"的。

2003年的时候,上海乃至中国,养老业态呈现怎样的水平呢?

我从资料上查到一句有趣的话,令上海人引以为傲:

> 假如一个人在上海老去,只要他有需要,就该拥有一张养老床位。

平心而论,这是了不起的"城市宣言"!

上海,中国经济最发达的国际化都市。只有它,做过这样的庄严承诺。

庄严承诺的背后,意味什么呢?

一座城市的责任担当!

上海是从 20 世纪八十年代全面启动公办养老机构建设的。

须知,这在当年是走在全国前沿的。那时的建设步伐迈得并不算快,养老"床位"一直比较紧张。我记得我家有一位亲戚,因脑梗瘫痪在床,想安排去养老院,却一床难求。

不得不在家卧养,家人压力之大无处言说,生活质量一降再降。

那时"床位"紧张,城市的养老工作怎么开展呢?

在我任职的《文汇报》上可以查阅。1992 年,上海市政府首次将送餐、定期送医上门、新增养老床位等为老服务项目列入了政府"实事项目"。这在全国是领先的,令人温暖。又过了六年,1998 年,《上海养老机构管理办法》出台。这是新中国成立以来第一份有关养老的地方标准和规范文件。那时的养老院数量也不多。之后的五年时间里,上海使出很大的气力投入养老建设,重点是——千方百计增加床位。至 2005 年底,据政府公开的数据,上海的养老床位数迅速增加至 5 万张。到"十一五"末期,也就是 2010 年,养老床位数翻了一番,增加至 10 万张,报纸对此做了突出报道。据上海人民出版社出版的《大城养老——上海的实践样本》一书,2010 年新增的 5 万个床位,相当于之前五十多年建设总量。

即便如此,"一床难求"依然没有缓解,而且演变成一种"社会性焦虑"。

因为上海这座城市"老"得太快了,而公共服务供给只能拼命地追赶其需求。

这段时期,几乎相关的文件、报道,一谈养老,必谈"床位"。床位数量,是养老公共服务的显性指标,也是牵引人们认识老龄社会和老龄服务的重要路标。

"床位追逐战",生动地体现了彼时上海这座国际化城市应对老龄化社会的图景。

床位究竟有多紧张?公开出版的资料显示:

上海某区社会福利院,一共有600张床位,平均每年"离开"的老人有五六十人。他们走了,空出的床位才可以接受新来者。直到2014年6月,申请等待入住福利院的老人有1400多名。如果不算其他发展解决的情境,做一道算术题,便知"排队"排到了二三十年后!

老龄化人口疯狂增长,负有民生"托底"责任的政府,想到的是集中和调动资源,确保养老床位增速,与渴望申请到"一张床"的社会需求相匹配。所谓"匹配",当年的上海确立了领先于全国的养老格局——"9073",即90%的老人居家自己照顾,7%的老人享受社区居家养老服务,3%的老人可以获得"一张床",进入养老机构。为此,建设床位的指标层层分解至各个区县。所有区县想方设法挖掘潜力,有的将辖区内快捷酒店改造成老年福利院,有的将商务办公用地改为养老项目,还有的利用老旧厂房改造,等等。

真实的情况是,需要"床位"的老人潮水般上涨,政府也无力包办。

其间,上海曾为"一张床的公平性问题"争论不休,说的是:一个家境富裕而瘫痪在床的60岁老人和独居孤老却身体硬朗的八旬老人,谁更应该先获得福利院的"一张床"?

类似的"公平性"问题牵绊着政府力量,其实还有更大的"不公平"——

占据老龄人口90%的"健康老人",算不算老人?

对于他们,公共财力不应该提供适老化服务吗?谁敢提这个话题,很可能被"敲麻栗子"(沪语训诫之意)的。应付"床位"已经左支右绌,怎么还提"拎不清"的话题呢?

不得不说,上海福利性养老,在"一张床"式服务上可圈可点,也在居家养老方面屡出新招。2000年,上海部分街镇发行一种纸质有价证券,经过街道以及居委会审定有资格领取的老人,凭此服务券可以请"助老员"上门打扫卫生,或去附近理发店理发,也可在洗衣房送洗衣物,或去里弄食堂换取餐饭。这在全国居家养老服务上开创了政府引导市场开展养老服务的先河。从那时起,上海的社区普遍开展养老服务项目。很多受益老人感叹"赶上了好时候"。据了解,彼时"自上而下"对居家养老的概念都比较模糊,明确的只有两点:一是服务对象为困难老人、特殊贡献老人、百岁老人和80岁以上失智失能老人等四种;另一是服务内容:运用公共财政专项拨款,帮助老人解决"基本生活照护"。

本质上,与保姆、钟点工做的事情差不多。

类似的服务,先是由少数街镇"零星尝试",后经媒体宣传和政府推动,服务覆盖面进一步扩大。上海还出台了《关于全面推进居家养老服务工作的意见》和《关于进一步推进深化居家养老服务工作的通知》,将服务对象从社会孤老、困难老人、高龄老人等五类人群扩大到70周岁以上的低收入且生活不能自理的老人,以及70周岁以下享受低保且生活不能自理的老人。

政府力量引导的居家养老,还包括一些助老服务站的设立。譬如,上海静安寺街道创办的"乐龄家园",相继推出上门助餐、洗浴、理发、洗衣、抈脚(沪语修脚之意)等服务。

总之,政府、社区相结合,探索实践了创新性养老服务模式。由于政府将社区居家养老列入政府实事项目,而且与2004年开展的"万人就业项目"联动,服务经费也被"首次"列入公共财政预算,所以,整个上海很快建立了居家养老服务网络。

这些是奚志勇和周星增开创市场化养老的基础和背景。

应该说,彼时的上海,无论"一张床"式的福利院养老,还是政府补贴、遍布街头巷尾的居家养老之社区服务,在整个中国都是做得非常棒的。而且，随着社会经济的发展，两种"养老模式"不断深化改革，服务内容不断增加，水平也"芝麻开花节节高"。

恰恰这个时候，奚志勇和周星增看到的，是一个"被忽视"的巨大需求。

他们看到，政府一肩挑"床位"建设已经"哼哧哼哧"，也看到星罗棋布的居家养老社区服务，将阳光普洒到更多失智失能老人身上，但市场存在一个空白点：依靠资本和市场的力量，将机构养老、社区养老、居家养老组合到一块、针对更广泛老年人群的高质量养老服务，完全没有。作为一个国际大都市，敢于发出"假如一个人在上海老去，只要他有需要，就该拥有一张养老床位"这一承诺，堪称伟大，却也是有欠缺的。

他们认为，养老的着眼点不能长期停留于"少数人"和"床位"，养老是一种现代生活方式，是一种无限美好的向往。尤其，在国际大都市上海，理应走在全国乃至世界前列。

企业家的"预见"既理性又感性！

奚志勇跟我聊到那时的想法：一旦创建出高品质的养老公寓，渴望享受品质养老的人群，将比上海"中华第一街"南京路、淮海中路、徐家汇商圈等几大商业圈的汹涌人群加起来还多，比所有"一张床位"服务需求更大，还将拉动数量可观的GDP。

当意识到这一点时，他们的兴奋，犹如哥伦布发现新大陆时的心情。

超前性瞭望，使得奚志勇、周星增激情燃烧，内心澎湃。他们摩拳擦掌，准备在养老产业上大干一番。

知情人告诉我：那个时候，无论奚志勇还是周星增，几乎逢人必说亲和源，说老年公寓。他俩成为最早沉浸于市场化养老梦里的"疯子"和"狂人"。

寻求地皮

2003年先行成立的新建桥集团公司,设定的主营业务是先以地产为主,等赚到一定的利润,再创建养老公寓。当年,他们预见到高品质养老存在巨大需求,却也意识到,人们乘着居家养老以及福利养老的巨大惯性向前,创建项目可以"慢一拍"。

奔向这样的目标,重中之重是解决两大因素:土地和资金。

奚志勇"下海"后,依然不断地出差,率领部下在全国各地寻求土地储备。他们在山东、安徽、海南等地均有斩获,储备了土地,唯独上海,"拿地"始终悬而未决。

上海是国际大都市,国内外的投资者都对上海的土地"虎视眈眈",谁都清楚,属于国家或集体所有的可开发用地,一向是非常稀缺、很难获取的资源。

更何况,在2005年前,国家和地方尚未出台土地出让法规。一个带有温州基因的民营企业想创建老年公寓,"寻找地皮"简直是难上加难的一大痛点。

摆在面前的首要任务"拿地",对奚志勇是极大的挑战。当然与"拿地"相关的问题,包括立项、筹资、政策法规等,一大堆崭新的知识和事务也等着他去了解和摸索。

如何逾越前进道路上的最大"拦路虎"——寻找可开发的养老地皮?

不得不说,出身于公务员的他,在吃"公家饭"的过程中,最难能可贵的磨砺是练就了公共意识和宏观思维。对于寻找老年公寓的地皮,他也带着对公共服务的灵敏嗅觉。

与其说是"机缘",不如说是他习惯研读规划和政策。

他从地方规划文件里了解到,康桥镇有个地块,一直准备用于乡镇一级卫生院的建设。但这个公共服务建设项目迟迟无人问津,一般的企业家看不出"有利可图"。

于是，多年来，这块地皮天天被暴晒在那儿。

路人走过，惊奇风吹雨淋的野地上，迟迟不见动静，疯长出大片大片的芦苇、野蒿，也冒出了一些违章搭建，一度成了野狗野猫和流浪者的栖息地。

无人问津，还有个原因，规划建造乡镇一级卫生院，市场投资者也不知深浅。

没有人敢去触碰，导致规划始终是规划，沦为纸上谈兵。

世界上永远存在这样的情况：一些人眼里的风险点，在另一些眼里是机会点。

这一次，机会让奚志勇"捕捉"了！

他心里暗喜，所谓乡镇公共卫生医疗用地，不正和新建桥集团筹划中的养老项目方向一致吗？！养老养老，很重要的一项业务是老有所医，老有所养，何不与当地政府合作呢？

他将想法告诉了周星增。建桥集团掌门人周星增随奚志勇去现场兜了一圈，激情立即被点燃了。意欲拿下这块地，唯一可行的路径，是与政府部门合资创办公司。

很快，一份带着周密计划的合作建议书呈送到时任南汇区康桥镇镇长的桌上。

策划中的亲和源老年公寓，包含了一座乡镇一级卫生院。"一举两得"的大好事儿呀，既帮助政府建设乡镇一级卫生院，又兴建全国第一座现代化养老社区！

堪称"伟大"的建设蓝图，让政府和企业都热血沸腾。双方"你情我愿"，遂决定合资创办上海康桥公共事业投资有限公司。它由上海新建桥企业集团有限公司与上海市南汇区康桥镇集体资产管理公司联手组建。这也是亲和源集团有限公司的前身。

周星增是上海康桥公共事业投资有限公司首任董事长，奚志勇任总经理。

2005年3月23日，公司办妥了一切手续，目标直指养老项目。

2005年4月14日，时任中共上海南汇区委副书记崔明华主持召开"亲和源项目协调会"，落实亲和源社区规划选址。土地问题一经确认落实，创办养老院的纸上蓝图迎来了照耀现实的第一缕曙光。当年10月，奚志勇向时任上海市副市长的周太彤汇报亲和源会员制社区的规划和建设方案，得到了周副市长的肯定。周副市长还提出了三点要求：一是，亲和源项目"只许成功，不许失败"。二是既然亲和源项目建在上海，建成后，上海的老年群体要能"消费"得起。三是，项目推进时，遇到什么困难，可以来找市政府。周副市长还说：我是代表上海市各部委表态的，也是代表上海市政府表态的。

这次汇报后，奚志勇如沐春风，觉得可以甩开膀子大干了！

不久，以"飞入寻常百姓家"特色崛起风行于上海滩的《新民晚报》，披露了南汇康桥地区即将建设一个高等级老年社区的消息。随即，上海电视台的"新闻坊""新闻夜线""第一财经"等栏目，以及《人民日报》《光明日报》《解放日报》《文汇报》等几十家海内外知名媒体纷纷跟进追踪。"亲和源"首次步入公众视线。

股东信心

亲和源创建消息传出后，温州企业家表现出"最热的关切"。

他们的嗅觉是敏锐的，往往一两句点到位的分析，便激发了他们非凡的想象力和创造力。当初"炒房团"风靡全国是这样，触动他们投资养老的也是这样。

"人会老，一座城市或一个社会，也会老！随着人口老龄化不断加深，作为朝阳产业的养老业，不出几年，会成为爆款，发展势头不可估量！"奚志勇说。

一时间，温州企业家朋友"蜂拥而上"，纷纷投资入股，使得亲和源刚刚成立不久，即实现增资扩股，注册资金增至2个亿。其中，绝大部分的投资份额，都属于温州企业家。奚志勇持股很少，他的"角色"更多体现为一位职业经理人。

谈及这一点，奚志勇充满感激，认为温州企业家是亲和源的"天使投资人"。

"老龄化趋势，不以人的意志而转移。"奚志勇说。

当一个国家或地区60岁以上的老龄人口占总数的10%，或65岁以上老年人口占总数的7%，就意味着这个国家或地区的人口处于"老龄化"。而上海于1979年步入老龄化社会，早于全国21年。2000年，上海60岁及以上老年人口已达20%。这个比例，意味着达到了国际上"深度老龄"的标志。城市或社会老龄化，代表了人口质量和生活质量的提高，以及食品卫生和医疗保障的发展。第二次世界大战结束的时候，世界人均寿命是47岁；中国人均寿命只有35岁。今天呢？中国的人均寿命节节攀升，在世界各国名列前茅。

他开玩笑说，现在的社会，老龄化带来的显性特征是：

看得见的和看不见的老人越来越多。

什么意思呢？想象一下，当社会人口中每三四个人里就有一个60岁以上的老人时，白天，该上学的上学去了，该上班的上班去了，街头巷尾，商厦公园，一眼望去，几乎满眼都是老人。这是怎样的景象啊！而看不见的场所呢，据说那时的医院里，川流不息的也以老人为主。

老龄化现象之严重，并非北京、上海才有，而是全球普遍存在的现象。

意大利、法国、瑞典、日本等都是"超老年型"国家。日本全国总人口1.27亿人，65岁以上老人几乎占了三分之一。这对于日本政府而言，既感到高兴：国民健康长寿，年年荣获"世界最长寿国家"的称号；也年年犯愁，领取养老金的人们越活越长，社保基金入不敷出。日本副首相麻生太郎说过一句大实话：老人们活得越久，政府医保负担就越重。结果，日本老人极度不悦，在野党抓住把柄严厉批评，逼得麻生太郎不得不为此公开道歉。

老年问题，不容小觑。

话得说回来。

亲和源筹建乃至销售之初，究竟怎么做，谁都心里没谱。

一切都需要摸着石头过河。

回首往事，奚志勇坦然：那时还没有想得非常周全，什么会员制服务、"三大秘书"、会员理事会、老年最大的需求是"走出孤独"等，都还在影影绰绰之中。

但创业，从来就有向着"无人区"探路的意味。

无论杰夫·贝索斯创办亚马逊，还是马云创办阿里巴巴，许多成功的商业项目或社会项目，没有一个是先有了完全清晰的路径后才开始干的。亲和源会员制养老社区，也始于隐隐约约有个大致的方向。他们预判未来有一个成长空间很大的"需求爆发"。

做项目，天时、地利、人和缺一不可。

奚志勇和周星增当时分析市场后认为，新建桥集团先做房地产"风险不大，赢率很高"，等赚了钱再投资创建养老社区。因此，组建新建桥后，他们抓住时机，先后在海南、黄山、青岛等地都拿到了地，筹建房地产开发项目。

奚志勇"如意算盘"是，以2个亿的现金，去撬动6个亿的项目。

从理论上推断，问题不大，可以实现。事实却狠狠地"教训"了他，给他一闷棍。

原来，中国的银行贷款对于国有企业和民营企业，从来就是两副"面孔"。国有企业具有政府的背景，贷款从来不算太难，甚至多家银行追着国有企业放贷也是常有的事情。但对于民营企业，贷款一向严格，抵押条件十分苛刻，更何况亲和源项目属于"民办非企业"，资产性质是"养老项目"，因而拿到的土地使用权根本无法做抵押而去银行申请贷款。

因而，筹建亲和源的资金，最终是靠卖掉了外地的房地产项目才解决的。

2004年，国内开始土地调控，这使得拿地变得困难，更何况是养老用地。几经周折后，新建桥集团最终将康桥镇集体资产管理有限公司引入亲和源，一举解决了土地问题。

"四君子"

问渠那得清如许，为有源头活水来。

对于亲和源的发展壮大，人们总好奇：亲和源的"源"头，来自哪里？

当我向奚志勇抛出这个问题时，他将我引向董事长办公室墙上挂着的一幅照片。

照片上，除了比此时年轻许多、一头乌发的奚志勇，还有三位气度不凡的中年男人。他们肩并肩，面色红润，目光炯炯，微笑着望着"前方"。

奚志勇说，这是创业初期拍摄的。照片里的四个人，分别是张文康、王正泉、周星增和奚志勇。四个人身份悬殊，有的是国家部级高官，有的是乡镇干部，有的是民营企业家，但因一个伟大的梦想而走到了一起。他们愿意付出热情和智慧，创造一个全新的养老世界。

亲和源的酝酿、诞生，与世界上许多优秀的企业一样，起源于一个 idea，却又不仅仅是一个创意。它凝结了一群理想主义者怀着博大的公益胸怀，去开垦养老的荒漠野滩。

四位"追梦人"，在亲和源开创之初，有时聚首讨论，有时互通电话。其中，相距最远却提供丰富思想的"幕后总设计师"张文康，值得说一说。

张文康，原卫生部部长，退休前任中国宋庆龄基金会副主席。

他1940年出生于上海南汇的普通市民家庭，童年时代，因妹妹年幼即病亡，深深的悲痛，促使他少年时代立志从医，要以华佗、扁鹊那样的高明医术和医德，治病救人。理想的驱动力十分强劲，它驱使张文康发愤苦读，以优异成绩考入非常热门的全国重点高校上海第一医学院（现复旦大学上海医学院）。他在医疗系刻苦学习五年后完成学业，并通过体制分配，进入第二军医大学海军医学系，成为该校最年轻的专业教师。之后，漫长的二十一年间，张文康以军医的身份在这所著名的学府工作，从助教开始奋斗，于1988年被授予少将军衔。1990年，张文康被调入北京，任解放军总后勤部卫生部副部长、党委副书记。1993年，他跨出军队系统，转任卫生部副部长。五年后，58岁的张文康成为卫生部部长。

2003年，突如其来的SARS事件，改变了许多事情，也改变了张文康的命运。

之后不久，张文康在宋庆龄基金会副主席岗位履新，并兼任全国政协教科卫体委员会副主任。

他是具有"个性"的。他在全国两会上谈及郑筱萸案时称："一个不好的制度，会使人变成鬼。"

那些年，张文康行踪低调，将大量精力花在医药卫生领域的调研上，曾呼吁规范新型农村合作医疗制度的资金筹集，提出慢性病防控亟待加强，等等。

听闻上海南汇准备创办全国第一座养老社区，或许有感于中国养老服务太过落后，他对家乡酝酿中的亲和源养老社区十分关心，2006年4月，他欣然应邀担任亲和源社区总顾问。

从医数十载，又有着丰富从政阅历的张文康，对于中国掀起一场"养老变革"是颇多赞许的，并且对亲和源养老住区的探索实践提供了大量的理论指导和政策引导。

他在公开演讲中表示，人口老龄化已经成为全球性问题，其中美国、中国、印度是老龄人口最多的国家。预计从2025年到2050年，全球老龄人口将会增加16亿。这意味着许多国家将面临高赡养率和低劳动力的发展困局，对各国的经济社会可持续发展带来深层次的、不可回避的严重影响。在他看来，人口老龄化，与一个国家能否可持续发展密切相关。若想保持可持续发展，必须切实地、积极地应对老龄化。

当然，三句不离本行。他从医疗健康角度提出：老龄化还对全球健康形成挑战。由于老龄化带来慢性非传染性疾病的负担不断攀升，各国现有的医疗卫生系统尚不能完全满足老龄化引起的医疗和经济负担的需求。同时，由于老龄化的不断发展，高龄、失能、空巢独居老年人也大幅增加，针对老年人的各种康养照料、精神慰藉、疾病防治等社会服务需求随之增加。所以，从经济发展的角度来讲，社会将不堪重负，老龄化将成为一个严重的社会问题。因此，正确处理好人口老龄化与经济、社会发展之间的关系，解决好医疗与养老之间供需的矛盾，对于应对全球老龄化压力与推动经济社会可持续发展具有十分重要的意义。

2008年5月20日，由中国老龄事业发展基金会主办、亲和源承办的"中国养老产业高峰论坛"，群贤毕至。张文康应邀出席，并针对论坛主题"幸福养老 社会财富"，作了热情洋溢的发言。

他一开口便让与会者感到十分亲切。他说："我不是领导，我是作为一个在我国卫生战线上工作了半个世纪的老人，或者作为一个在全国政协、社会福利、社会保障里面的一个老委员，今天能够参加这样一个以老龄养老为主题的论坛，感到非常的高兴。"

他说，中国在老龄化这个问题上，已经遇到了前所未有的挑战。随着时间推移，这种挑战将越来越严峻。所以发展老龄事业，开展各种形式的老龄服务，是应对挑战、构建社会主义和谐社会的一个重要组成部分。他呼吁：真诚地希望社会上的各行各业和各界人士能更多地关注老龄事业。我们有很多很多的事情要探索，比如说观念的问题、模式的问题、体制机制的问题、政策的问题等；我们除了理论上的探讨之外，要对那些已经在实践、已经在探索的企业或者是部门给予更多的理解、更多的鼓励、更多的支持。

他表示，论坛上既有对养老产业的宏观论述，又有对养老模式、养老机构的微观讨论，同时还有对未来养老事业的一些很长远的展望，不乏真知灼见，"使我对老龄问题，对养老问题的认识，更进了一步，甚至可以说两步、三步。"

他还说：我国养老事业的探索和实践，还刚刚开始，需要有一批开拓者，需要有一批探索者。所以我想，为什么我自始至终地支持亲和源的事业呢？我并不认为它是一个十全十美或者说完美无缺的事情，但是它确实是脚踏实地地在探索，在开拓。

我在此大段铺陈张文康的论坛发言，是因为，在市场化养老备受争议的时候，在亲和源"50万元购买一个养老会员卡"不被媒体理解的时候，这样一位省部级官员以改革的精神，态度鲜明地公开发言，给予奚志勇以及亲和源的支持是巨大的。

亲和源构筑"快乐养老"蹒跚起步，是张文康等一批有着先见之明的官员挺身而出，灌溉了养老新生活的理想之苗，帮助创业者、探路者冲破观念和政策的藩篱，大胆前行。

在张文康之外，我还查阅到一批政府官员在公开场合表达对亲和源以及"养老变革"的道义支持，譬如谢伯阳、周太彤、胡炜、王振耀、马伊里、白文华等。没有他们的关心、鼓励和支持,一个民营资本主导的养老项目,怎么可能梦想成真,从幼苗长成大树?!

破土动工

2006年4月19日,一个值得铭记的重要日子:亲和源项目破土动工。

举行项目奠基仪式的那天,工地现场,铺着喜气的红地毯。

嘉宾如云。各级领导都给予新生事物关怀和支持。

我从文献资料里查到,时任中共中央委员、全国政协委员、宋庆龄基金会副会长的张文康,上海市人大常委会副主任、民盟上海市主委张圣坤,上海市副市长周太彤,上海市政协副主席、市红十字会会长谢丽娟,全国老龄办常务副主任张志鑫,浙江省委副秘书长徐令义,上海市委副秘书长王战,上海市民政局局长徐麟,上海市社工委书记许德明,团市委书记马春雷,温州商会名誉会长、原东海舰队司令员、少将刘际潘,中国围棋协会主席、著名围棋"国手"陈祖德,中国射击队总教练王义夫,以及上海市规划局、卫生局、老龄委、慈善基金会、中福会等当年在任的政府官员、社会名流,欣然莅临奠基仪式。

仪式简短却十分隆重,得益于上海市民政局帮忙"张罗"邀请领导和知名人士,与会嘉宾近300人,折射了一个时代背景:当时,国务院刚刚下发了有关文件,动员社会资本进入养老事业,明确社会资本进入养老领域的"动员",这是新中国建立后的"首次"。亲和源恰逢其时,成为上海乃至全国第一个社会资本参与养老服务的大型项目,具有开创性、引领性和示范性。为此,张圣坤、周太彤等市领导都发表了热情洋溢的讲话,给予项目高度评价,并且提出将亲和源老年公寓纳入当年的"政府实事工程项目"。

可以说,亲和源的启航,得到了政府部门强有力的助推!

有个老人至今保留着2006年一份剪报，上面登载了"亲和源"破土动工的消息："……一种改变老人以往在机构养老院没'家'的感觉，居家养老又无法享受到专业为老人服务这一状况的新的养老模式即将诞生。""一些曾处于社会的主流，有不错的职业经历、稳定的退休收入的'实力老人'对此充满期待。"

精心保留剪报的老人姓刘。她介绍说：当时我刚近花甲，一看报道的标题和内容就内心一动，就是它了——我多少年无数次在心里企盼的养老家园！

后来，她和老伴立即四处打听，又到工地现场咨询。最终，他们夫妇成为"亲和源"开张初期第一批入住的终身会员。当然，这是后话。

兵马未动，粮草先行。项目尚在建设，"舆论"已在积蓄。这年8月，应奚志勇邀请，中国作协副主席、著名作家叶辛带队，数十名作家参加了亲和源老年新生活笔会。会后，作家们探讨的老年新生活在《新民晚报·夜光杯》上的"十日谈"栏目连载。作家们你方唱罢我登场，站在现实社会的基础上，对未来的养老生活极尽想象之能事，产生了不小的影响。

不久，亲和源老年生活形态研究中心宣告成立。这一文化与学术气息浓厚的机构，显示了奚志勇的"不俗"：他从筹创亲和源项目伊始，就不是创办一个纯粹的企业，而确立了更高的目标，更远大的追求，那就是构筑现代养老文化，做新养老生活方式的引领者。

他曾经有过"狂想"：未来的亲和源将与幼儿园、中小学、全日制大学等联动，让孩子和青少年可以同老人一起做游戏，可以组织大学生到老年公寓做义工，可以发动有专长的老年会员参加学校教学和科研，可以跟老年大学合办老年才艺进修……

这一年10月，重阳节，亲和源推出了大型孝亲活动"爸妈，为您过节"。这也成为日后奚志勇的重要情结和创新抓手：誓将重阳节这一天，真正办成一个有趣有料的老年节。从2006年至今，这个主题活动办得老人们"超嗨"。

之后,亲和源所经历的道路,并不平坦。

我特别要说说,2006年2月。春节刚过,亲和源还处于孕育期。上海权威的"智库"机构——上海市政府发展研究中心专门派出小组对亲和源项目作调研,担任组长的是市政府副秘书长、后转任上海社会科学院院长的王战。3月份,一份专题报告呈送市主要领导。

该报告称:

> 近年来,上海老龄化程度不断加重。在"空巢老人"增多情况下,上海已有的"居家养老"和"机构养老"都难以满足老年人的需求,解决多层次养老需求问题逐步凸显出来。最近,我们和市有关方面专家对新建桥集团在浦东康桥地区"亲和源"老年公寓项目进行了调研,发现"亲和源"老年公寓将"机构养老"与"居家养老"相结合,既提供机构养老的全面的专业化的照料服务,也同时实现了"居家养老"的舒适、便利与温情,使居家养老、机构养老与社区养老融为一体。不仅显示了上海的养老事业有可能发展为一种全新的养老产业,带动周边地区的发展,而且使人看到民间资本也是一种可以借助的力量……

这份报告,站在上海建设"经济中心、金融中心、航运中心、贸易中心"的战略高度指出,"亲和源"老年公寓的探索,体现了:理念超前、养老设施建设与新社区建设统筹协调发展;市场化运作,发展前景广阔;社会带动效应明显,有可能形成一种新兴产业;具有较强的示范效应,可为上海养老事业的发展探索新路子。

该报告还建议,"亲和源"老年公寓是由民营经济作为支撑建设的新型的老年生活社区,其倡导的生活理念、服务理念都是全新的。

这种全新的养老方式能否得到社会各方的关爱,不仅对于"亲和源"老年公寓来说将是一个非常重要的问题,对于上海探索一条新的解决上海养老难的路径也是重要的尝试。为此,建议有关政府部门能给予高度重视。其他有条件的区县能结合"1966"村镇体系建设,选择合适的村镇进行积极尝试推进。要充分估计上海建设国际大都市过程中,人民生活水平提高,对养老事业发展提出的新要求,使养老事业发展能与上海国际大都市建设步伐相匹配。

有意思的是,我还查阅到,当年"高参"团队还提出这样的思想。他们认为市中心地区是人口最密集、交通最堵塞、人均住房面积最紧张的地区,人均绿地、超市、菜场、图书馆等公共配套资源也处于全市平均值以下,故而提出,在上海的东西南北中各建一个大型的老年聚集地(老年社区),地铁能到达,政府负责配套的建设,譬如超市、公共绿地、老年大学等,其他可以吸引亲和源那样的市场化力量参与建设,通过"地级差",引导老年人从市中心移出。这样既可以优化老年生活品质,又可以缓解市中心的交通堵塞、住房紧张等一系列"痛点"。这让我看到,地方政府有关改革的思考也处于大胆、活跃状态。

尤其,不少高层智囊也意识到,上海的养老机构"存量"中,无论属于完全公办还是属于公助民建,由于都是参照公办养老的"一张床"模式,整体都处于一种"基本保障形态",规模都比较小,服务层次也比较低。他们认同"上海存在着巨大的中高端养老消费需求",并将亲和源视作浦东综合改革发展试验区的"样本"。诚如一位专家所言:

> 如果这样的项目在上海都难以发展,那么上海利用社会力量发展养老事业的路就可能被堵死了。

这就是上海,就是中国,只要改革方向对头,哪怕一时的政策法规相对滞后，但总有一股力量会推动从未有过的新生事物，诚所谓"野火烧不尽，春风吹又生"。

第四章 士气高涨

投奔理想

亲和源立项后，厉兵秣马，士气高涨。

最初的团队，大多是奚志勇下海后，从下属和熟人中遴选的。

他们是奚志勇特别欣赏也特别信任的人。譬如佟鑫，他跟奚志勇、周星增是多年的好友，也有探索高品质养老生活的理想和抱负。奚志勇任新建桥集团总裁的时候，佟鑫是副总裁。他俩一起开启了亲和源项目的筹建。还有个小伙子叫张昊岩，大学毕业后从外省来到上海闯荡，遇到了奚志勇。奚志勇喜欢这个作风沉稳、学业优秀的年轻人，给了他如父爱般的关怀。他悉心栽培，手把手教他工作的本领和做人的道理。

早期的骨干还有华山、景瑞凯、侯坚等，个个激情满满，共赴养老事业。

人手不够，从康桥镇政府刚办理退休的周正康、王关泉也被拉来任顾问。

奚志勇"招兵买马"自有一套眼光。当年市面上存在的福利性养老院，由于其经营理念、管理水平比较粗鄙，全然不入奚志勇的法眼，所以奚志勇不想去那里挖人才；而康桥所在地属于大上海的城乡结合地，乡土文化自成一体，奚志勇也不情愿在城郊小圈子里接受乡里乡亲的举荐。他将目光投向上海市区，甚至更大范围，从大学、医院、酒店等企事业单位，寻觅志同道合、有意参与中国市场化养老开拓的各路英豪。

说说佟鑫吧。他毕业于南开大学，才思敏捷，办事果断。他是与奚志勇一同"打天下"的，是亲和源集团组建后的首任总裁。我采访他时，他已离开亲和源多年，自己在创业。

谈到对"老搭档"奚志勇的印象，他谈优点，也讲"不足"。

"我认识奚总快二十年了，不管他是担任康桥开发区负责招商的政府官员，还是作为民营地产公司新建桥集团的总裁，都和现在身为亲和源集团董事长一样，对工作充满激情，对朋友满怀热情。他最大的优点是真诚，外人一接触便能感受到。他身上由激情、热情、真诚所构成的人格魅力，是许多传统的民营企业家走向成功的共同特点。"佟鑫侃侃而谈，"但每个优点的背后也会表现出相应的不足。奚总是一个性情中人，所从事的又是养老这样需要长期稳定运营的服务性行业，他不得不经常面临人性化和规范化之间的痛苦抉择……"

佟鑫任总裁期间，所面临的最大"痛点"，是所有事情都无先例可循。

一切都需要自己摸索，反复讨论，也难免"吵架"。

时隔十多年，再回忆亲和源创业之初，他对与奚志勇共事时的争论记忆犹新。

董事长、总裁，都属于是强人，工作目标是一致的，行事风格却未必一致。

他与奚总互相抱以信任，讨论问题可以敞怀，有时难免言语激烈，却彼此尊重。

佟鑫说："奚总的普通话不太好，但我能听懂。"说到这，他自个儿忍不住乐了,还透露当年亲和源好多大事儿,都是到附近"农家乐"或他家里喝酒时商量决定的。

彼时,创业团队模模糊糊地认识到,自己参与创建的是一个"集中式的高端养老社区"。所谓"集中式",比传统的单栋大楼里的养老院规模大了许多,是由10多幢公寓组成的老年社区,但这样的项目在中国到底能否做出来?做到什么程度才能被市场接受?需要多少利润能保证项目的长期运营?诸如此类的悬疑,都只有一个大方向上的判断而已。当时,他们找一些咨询公司提供方案,反复论证,也对美国、澳大利亚、日本以及台湾地区等养老机构进行考察和调研,大家信心很足,也意识到,在中国这样以"孝"字统领的文化背景下,作为一家没有其他产业现金流来持续供应"弹药"的民营企业,敢于砸下重金抢占养老产业的先机,最重要的一点,是尽快找准一个市场定位和服务定位作为切入点。

佟鑫回忆,他与奚志勇合作是亲和源的"创始阶段",核心工作是将建设团队、运营团队、营销团队、公关团队都统一到一个"共识"上,避免最后做出的产品不伦不类。

佟鑫之后,继任亲和源总裁的有余耀来、尚云、张昊岩等。巧合的是,他们后来都走了,去了"更合适"地方。这情况反而激起我的好奇,我想从离开者口里,听到真切感受。

余耀来,马来西亚人,一枚资深帅哥。来亲和源任职前,在国际著名酒店任总经理。他兴趣广泛,在东南亚一带人脉比较丰富,也有一手高超的高尔夫球艺。

他坦率地告诉我:"我与奚志勇是在球场结识的。"

这证实了我之前的判断,无论商学院还是高尔夫球场,既是充电深造或放松休息的专业场所,也是寻觅职业经理人或商业谈判的绝佳之地。

在余耀来看来,奚志勇对养老产业简直到了"迷恋"的程度。这一点,高尔夫球友们都知道。他自个儿不惜从著名的国际酒店跳槽到陌生的养老行业,完全是受奚志勇理想主义情怀的感召。他说:"在养老方面,奚总是我的老板,也是我的老师。他钻研老年问题既广又深,有关养老的经验和观点,显得十分专业。"余耀来受邀继任亲和源总裁时,一心想将亲和源养老产业的"版图"做大,不仅做成长三角连锁品牌,也做成东南亚连锁品牌。他随奚志勇一起走访了国内许多企业巨头,想"游说"更多的财团和企业联手推动养老产业。

他透露,那时互联网行业如火如荼。奚志勇也渴望养老产业实现"互联网+",于是自掏腰包,也鼓动余耀来共同投资,合资创办"e孝道"。他俩天马行空地畅想一个整合养老、孝老、医疗资源的网络平台。尽管奚志勇的知识结构和从业经验里并无"互联网基因",但他表现出对互联网的极度热爱和信心。当然,其中经历的跌宕起伏则是另一个故事。余耀来激情满满,来上海的亲和源总部走马上任,遇到的最大难题是公司"现金流紧张"。他和奚志勇分析业务现状所形成的共识是:聚焦主业,减少开支,提供应用。但不得不说,奚志勇碍于"情面",对于欠款不还的老客户当断不断,不忍"斩立决"。而"外来的和尚"余耀来呢,力排异议,"固执"地坚持对几栋楼的功能做调整,腾出面积,增建房间卖给会员,"赶走"老赖客户,多管齐下,将"共识"转化成行动,化解了资金困难。

余耀来曾分管亲和源海南项目的运营。他高度欣赏奚志勇的战略布局,早早地将"旅居"列入养老服务方向之一。在他看来,亲和源外省拓展项目中,当数三亚的亲和源熟年俱乐部经营表现最为稳健,内地老人特别钟情那一片风景优美、温暖浪漫的"远方"。

四面八方会师亲和源的各路人马里,吸引我注意的,是一支年轻队伍。

当养老产业像熹微刚露出地平线,稚气未脱却满怀理想的高校毕业生也纷纷投奔而来。

姚慧，或许是其中的典型之一。

姚慧，"八〇后"，独生子女，2004年被保送到复旦攻读硕士，专业是人口、资源与环境经济学。和其他同学课余热衷去校外兼职、实习不一样，姚慧算是"乖乖女"，除了做学生干部、组织学生活动，就是将大量时间用于跟导师做课题，是个不折不扣的好学生。当年，导师接了诸暨人口老龄化的课题，使她得以接触"人口老龄化"；不久，导师又接了上海南汇人口计生委的人口老龄化课题，其中有养老院调研。这是姚慧第一次接触上海养老机构。两个课题做下来，唤起了她的职业理想：未来老年人口那么多，身为独生子女，我们的父母渐渐老了，自己这一代普遍属于肩不能挑、手不能提的"娇小姐""小少爷"，怎么照顾父母呢？基于对养老产业前景的看好，她婉拒了直升读博的机会，向亲和源投送了简历。

当年，复旦大学的多数研究生同学，大多渴望找银行、外企或政府机关的工作，姚慧"一根筋"，执着于去"做一项对未来更有意义的事情"。她一开始就不看任何公办养老机构的资料，而是根据报纸上一则报道里谈到的"新建桥集团"，按图索骥，上网查到企业的联系邮箱，便发简历过去毛遂自荐。时任公司高管的余小东、王波、景瑞凯，对主动上门的名校生很感兴趣，专程去地处五角场的复旦大学，与姚慧及其导师见面、座谈。

彼时的姚慧一脸虔诚，拿着笔记本，向来宾侃侃而谈对市场化养老的理解，也大胆提出养老企业的最大障碍是政府的观念，还分析了"新农村建设"中外省探索的养老业务模式。不久，集团又安排侯坚约姚慧再去亲和源谈谈，才确定了她到亲和源工作。

姚慧第一次来亲和源，看到建设中的环境和公寓，心情有点儿激动。那天，她不仅直接从五角场打车去南汇康桥，和侯总聊时还表示：随便公司定岗定薪，表达了很大的诚意。

像姚慧这样，单纯地抱着理想投奔养老"圣地"的有一批人。

差不多时间入职的有王甫、徐露、秦芳、徐琪倩、吴秀娟、吴翠莲、曹忆倩、王波、李敏、金迟哲、金鑫、汪思冲等。我翻阅当年的图片资料，那时的他们多么清纯啊，个个风华正茂，成为亲和源创业初始团队里一股"清澈的溪流"。难怪首批入住亲和源的老年会员告诉我：因为子女大多在外面打拼，意识到有这些年轻人陪伴养老，一下子就动心了！

我在亲和源十周年庆典上，见到了在亲和源"服役"超过十年的资深员工。他们大多结婚生子，变得成熟老到，但他们脸上依稀可见青春的样貌。当年这些帅小伙和小美女，有的被定岗为生活主管、健康主管、快乐主管，有的负责俱乐部或老年生活形态研究工作，但人人像是老年会员的天使，整天笑呵呵，一专多能，啥都肯干。

姚慧回忆，她刚来亲和源，负责与几个小伙伴筹划"秘书服务"。虽说有生活、健康、快乐等几个方向，但一切却是从摸索开始。"小头头"经常召集大家讨论，人人畅所欲言。刚入职那会儿，她一直没有见到奚总，"只是在新闻报道中见过奚总的照片"。过了一阵，公司在川周公路的五德会广场搞活动，她第一次遇见奚总，很大胆地上前做了自我介绍。奚志勇的反应有那么一点儿的"诧异"。姚慧心想，也许没有新员工跑到他面前介绍自己的。

"从那时起，我就风风火火地工作，亲和源有我的养老理想。"姚慧说。

早期入职的年轻人中，有不少始终埋头工作，脚踏实地，尽自己本分。

金鑫，可能是这么一群人的代表。

在许多活动中，我发觉有一对"好哥俩儿"配合得十分默契，一打听，是金鑫和孙砾。他俩干的是技术活儿，采访、摄像、拍照、记录，有时也兼做其他杂七杂八的事情，很少看见他俩开口发表观点。问他们有什么想法，常常报以一个微笑。其实，金鑫属于资历蛮深的养老从业者。早在2007年7月，他自上海水产大学毕业，就义无反顾地投奔亲和源了。他从行政人事工作干起，先后在研究中心、战略拓展部、市场部、文化传播中心、商务中心、董办等多个岗位任职。无论在什么部门，你会发现，他很少高谈阔论，而是专注于发挥自己的特长——摄影、后期剪辑、编辑加工等。谁要图片，无论亲和源什么时期的，他说有，一定是他亲手拍摄、整理并精心保存的。他是亲和源老年会员图片文献的建设者、贡献者。

他的理想，是在养老业干一辈子，尽心尽责，一个平凡又非凡的"技术男"！

变革，变革

初创时期，与其说弥漫着一股浓浓的创业氛围，不如说洋溢着"养老革命"的豪迈之情。上上下下，铆足了一股劲儿，内心升腾起"天降大任于斯人"的崇高使命。

那时，谁发出一声招呼，大家"哗"的一下就聚拢了。大大小小的讨论会，十分热闹。

奚志勇、佟鑫、华山、张昊岩、侯坚、景瑞凯，与一众不怕虎的初生牛犊，济济一堂，共同讨论，主题大多与老年公寓服务模式有关。"零服务""管家""会员制"……如今亲和源人人耳熟能详的字眼，当时都只是讨论会上冒出的一个个思想火花。资深顾问周正康回忆，对于出资购买亲和源会员卡的人，算不算"权益人"，大家曾争论得面红耳赤。

但凡讨论会，奚志勇几乎场场必到，认真听讲，热切发言。"他是一个有亲近感的大叔，没有一点架子。"不少员工告诉我。

2007年的时候，华山担任集团副总裁，分管营销、品牌一摊业务，其麾下的骨干是王波、李敏、徐露、吴秀娟、金迟哲、金鑫、汪思冲。那时候，建筑尚未完全竣工，营销已经按捺不住了。"样板房"装饰一新，前来参观的老人可以看到与实际房型大小、装修标准几乎一致的景象。除了现场的样板房，他们还踊跃参加各类房产博览会。当养老社区做成直观的建筑模型在房博会上出现时，无意路过或者闻讯赶来的老人倍感欣喜。

宋阿姨便是在光大会展中心房博会上，无意间"邂逅"亲和源展位的。一番咨询后，她对养老社区产生了极大好奇。当时，她刚办理退休。有个九旬的姑妈住在老年福利院里，因不慎骨折而急遽离世。送别姑妈的那一刻，她暗暗为自己的养老发愁。她说，姑妈骨折后被福利院护工"绑"在椅子上，那苟延残喘的一幕令她刻骨铭心。她绝对不想重蹈福利院里看到的养老情形。所以，当她看了亲和源的展位，既兴奋又担心，按捺不住好奇，一个人乘出租车前往城乡接合处实地考察，仔仔细细参观样板房，还要求业务员陪她兜一兜接近建设尾声的全园环境。看毕，她便决定入住。"没有比较，哪有决心？"她回忆到，将亲和源社区与传统老年福利院一比较，高下立判。更何况，亲和源的营销和服务人员，清一色是年轻的脸庞，相对于七八十岁的老人，都属于孙辈了，但所有工作人员见了老人，都亲热地喊着"伯伯""阿姨"，看似将老人的辈分"降了一级"，却让老人"忽"地产生良好的自我感觉——仿佛自己真的还年轻。生活在处处洋溢着活泼和笑脸的新家，老人们怎么会不乐意？

变革的热情点燃了每个人，使得处处传递出温暖。

张昊岩、侯坚、姚慧、潘涛等都曾谈道：

> 创业初期非常忙碌和辛苦，事后想起，却是人生过程中的甘甜。

据他们回忆，2007年下半年至2008年5月，可能是亲和源最紧张且忙碌的一年。公司大事记里记载了其间发生的重要事情：

先是亲和源陆续迎来第一批老人会员入住；不久的5月，住区公寓一期正式开园。

无论负责工程、采购还是负责销售、服务的，各个业务板块的团队都像陀螺一样旋转个不停。每天夜幕降临，员工自觉留下加班加点的十分普遍。那时，人人心中都有一个清晰的目标——开园迎客。这让所有人都心生向往，十分兴奋。大大小小合理化建议被源源不断送到董事长奚志勇或总裁佟鑫桌上，有不少得到了他们的评点，或很快受到采纳。

姚慧写了一段话，跟我分享了激情飞扬的回忆："那时，我是一个思想单纯、不谙人世的girl，性格也耿直，想起什么建议，立即'唰唰唰'地写出来，给公司提过不少建议，有的得到了奚总的肯定，有的也被及时采纳。譬如，我曾建议公司领导们，应当身先士卒，亲自体验一下养老社区的硬件和服务。这一条很快被采纳了。不久，分管公寓工程建设的副总经理余小东在开园前住进1号楼酒店，董事长奚志勇和夫人姚桂仙不久也住了进去，亲身体验老年公寓的硬件设施和软件服务……"

创业中最可贵的，是满腔热情投身于探索，不怕试错。

奚志勇有一句口头禅：

不要怕犯错，犯错才会进步。

这一点，不少员工都表示"印象深刻"。

在日常管理中，奚志勇对待员工的态度，始终是鼓励和包容。遇到发生了不应该有的结果，他首先要求公司管理层去寻找原因，很少直接批评年轻员工。

注重对年轻员工的培养,那个时候也很突出。

公司曾推出针对老员工的"种子计划",鼓励资历稍长的管理层人员师傅带徒弟,形成人才培养机制。公司还特别青睐名校毕业的本科生和研究生,认为这些"好苗子"都因为素质良好,才被"985""211"高校录取,要为他们的成长、成才提供机会。

所谓机会,即大胆起用,让他们在实践中边干边受锻炼。

姚慧是复旦大学人口、资源与环境经济学硕士毕业,她入职亲和源后,先做公寓服务秘书,干了一年左右后,先后被调岗到老年生活形态研究中心、老年俱乐部、董办、亲和源医院等轮岗,很快熟悉了各个业务板块。其他年轻员工也如此,譬如李敏,从销售到咨询,再到人事管理,多个岗位都做过;徐露做过销售、理事会秘书长、公寓主任、行政人事等;徐琪倩从老年生活形态研究中心,到董事长秘书、董办副主任和主任,也受到多岗锻炼。

"疑人不用,用人不疑。"奚志勇信奉这个原则。

他从心底珍惜、善待真正有才华、才能的人,也敢于启用有潜力的年轻人。

他认为,任何人从"愣头青"变成业务能手,都离不开平台。要多给年轻人机会,让他们在实践中摸爬滚打,发挥才干,只有这样,年轻人才会脱颖而出。

十年前的一棵棵幼苗,如今都长成了企业栋梁。尽管当下养老机构层出不穷,竞争日益炽热,由于管理团队十分成熟,亲和源有了抵御市场风雨的坚强力量。

作为生产力要素,人才是"流来流去"的。

毋庸讳言,自创业初期至今,有些年轻人沉淀下来,成为公司的中流砥柱,也有些年轻人在亲和源得到锻炼后选择离开。离开者大多是被后起的养老机构以更好的待遇"挖"走的,但他们谈到奚志勇,无不"感激他的栽培"。其间,高管变动也不小,集团层面的总裁、副总裁、副总经理等像走马灯似的发生变化。"世界那么大,想出去看看。"奚志勇说,"这是可以理解的,等他们在外面的世界兜了一大圈子,若还想再回来,我也欢迎!"

这是奚志勇的气度,十多年来几乎没变。

曾经担任亲和源总裁的张昊岩,就有过加盟、跳槽、又加盟、又跳槽的经历。

张昊岩接受我采访时,说:"我是奚董一手带出来的,入职时刚离开校园不久,对社会、市场全然陌生,奚董像父亲一样带教我,使我从普通一员成长为集团总裁。"

"那你为什么最后还是走了?"我不解。

"创业,为了创业。我在奚董身上学到最多的,是热爱创业人生。当亲和源发展到一定的程度,一切按部就班的时候,一方面是我自己觉得对公司的价值意义不够显著了,另一方面,也是因为喜欢创业和挑战,迫使自己去'下一站'探索未知。"张昊岩说。

即便如此,他坦承,奚志勇一心一意沉浸于养老,并且做出相当成就,与外面"多业态"发展而涉足康养事业的企业家还是"不一样",他是值得尊敬的养老前辈。

我问过奚志勇:"骨干员工离职,对你或对公司,构成伤害吗?"

"对工作,多少会有伤害或损失,我也难受。但是,他们在养老领域的其他单位发挥骨干或核心作用,或跳槽做其他事业而有所成就,也是亲和源的贡献吧。"

真实的奚志勇!说到爱将,他脸上会放光。说到人才流失,他也会生气,继而又释然。他投身养老业,不是一般意义上的"下海经商",而带着服务于公共的抱负。

他说:在这些问题上,不要计较一时得失。

头脑风暴

顺着最初的"布局",我试图弄清奚志勇是如何研究老年生活形态,并形成"会员制养老""快乐养老"等一系列颠覆福利院"床位"的思维的。

事实上,奚志勇和他的创业团队,一开始也在"养老院""老年公寓"等模式上兜圈子。这很正常。未知的道路,谁也不是一下子就能看清的。

当时,他们一边从事工地建设,一边收集有关养老服务资料,一边"走出去,看世界",足迹遍布中国的台湾、香港地区以及日本、美国、荷兰、澳大利亚等国。在接触国际养老先进案例的过程中,荷兰一家名叫"生命公寓"的理念和模式,令奚志勇眼睛一亮。

"生命公寓"坐落在鹿特丹一个环境优美的地方,其亮点在于:它是一个"家"的延伸——老人过去生活的延伸,而不仅仅是一张"床"。它倡导"Yes"文化,所有服务以最大限度满足老人的一切需要为中心。它坚信"用进废退",鼓励老人能做的事情尽量自己做,让大脑和器官保持发达,当老人需要服务的时候,才给予满足。

"挺震撼。考察了多个国家和地区的养老机构,唯有鹿特丹生命公寓的三点经验,句句戳中了我的心窝。"奚志勇说。从反思中国内地的福利式养老,到收集各种资料,再到组织专家学者研讨,都给奚志勇带来各种启发,然而,荷兰经验真正帮助他拨开了思想的迷雾。

苦苦探索中,奚志勇数次发动"内脑""外脑"碰撞。

从资料查知,2006年12月,一个名叫王志纲的城市规划和产业运营策划人,应邀担任亲和源老年产业策划顾问。"亲和源会员制社区"概念的首次提出,便出自王志纲和他的工作室。他们不仅向奚志勇建议采用会员制运营模式,而且对会员制的运营模式以及市场定位做了比较详细的研究分析。会员制养老意义非凡,这一点后面再聊。先说说大事记里的几个"重要节点":

2007年3月,上海市老年学会组织12位专家学者,聚集亲和源致力于探索"新时代养老模式",进行了理论研讨,各种想象破闸而出。同年7月,上海老年大学总部与亲和源签订合作协议,决定在亲和源设立上海老年大学对外教育部……

这一切,都在亲和源一期公寓尚未正式开园之时。

奚志勇深知,思想高度决定道路长度。看清了目标,才不会走冤枉路。

特别重要的是,对于新观念,自己形成了远远不够,还要影响"有影响力的人群"——机关干部、律师、医生、大学教授等。因为那时与社会精英或中产先锋聊养老,多数人"糊涂"得很,认为"有吃有喝,有儿女陪伴,身体健康,就蛮幸福了"。

老年阶段,占了整个人生约四分之一时间。这个阶段,不是瘫在床上才需要照护,从接近退休之时,即50多岁的时候,就应该受到科学的、专业化的养老疏导和设计安排。可是,身处社会主义初级阶段,很长一段时期,报纸杂志和广播电视上,对养老、养老院、老人公寓的宣传,停留在一张"病床"。这才是当年见之于媒体的"主流思想"。

观念的局促,限制了人们对于超越一张"床"养老的想象力。

正因为如此,2007年10月,上海市民政局等联手举办了题为"养老机构服务发展态势与取向"研讨会,奚志勇做了关于"推进养老模式与现代服务业的融合"的主题演讲。

演讲里,他将融合集体智慧和个人探索的养老主张,滔滔不绝地公之于众。

人们一听,闻所未闻,新鲜呀。一些机关干部、专家学者刚听毕,忍不住找他"聊聊",真诚祝贺他。有的当场表态:中国养老发展需要"换脑子"了!而奚志勇的主题演讲一举夺得研讨会优秀论文,并全文发表于上海市委机关报《解放日报》理论版。

一时间,引发国内不少媒体转载和转播。

这年11月,亲和源在康桥凯莱酒店举办了一场头脑风暴会,探讨"亲和源品牌推广与市场引爆"。闻名策划界的邵隆图、翁向东、王志纲等"大咖"纷纷建言献策。

头脑碰撞,摩擦出一朵朵思想火花。

有人提出,全国第一家养老社区模式出现在上海,造福中国老人,前景无限好。建议亲和源从长远计,要制定更大的发展规划:以上海为中心,先期建设一个在中国具有示范效应的老年生活社区,待产生良好的社会效益和市场效益后,再向全国辐射,先以长三角地区为重点,再以京津地区与珠三角地区为两翼,形成养老社区的全国连锁网络。

也有人提出,人生最美的旅程是"回家",建议将"至尊老人的家"牢牢做实,不只是向社会宣告一流的居家养老环境,更要传达亲和源倡导的新型养老文化:自由、私密、至尊、温馨,在"家"的氛围中,让老人享受"社会性孝道"和"孝道式服务"。

资料显示,奚志勇那时提出,现代养老应该体现"终身养老"服务,亲和源应对社会、对老人有一份承诺,只要踏进了亲和源,就能享有生活照顾、健康管理、文化娱乐等完整的服务体系;在公寓、医院、护理院、颐养院,可以满足老人在各个阶段的服务需求。

这场头脑风暴,使得整个会场群情激昂。诸如"养老革命""养老变革"的提法,在会场内此起彼伏。

有意思的是,与会者激情澎湃地"批判"了福利院或敬老院长期满足于低层次徘徊,所提供的是毫不尊重老人隐私的养老设施以及不够人性的服务理念,并认为这已经成为新时代养老行业发展的桎梏。他们热切地呼唤:"养老行业的发展,需要一场思想解放。"

我发现，那次会上提出的"代天下儿女尽孝，替世间父母分忧"，如星星之火，开始蔓延出一种新思想，即"养儿防老"落伍了，中国更需"社会性孝道"或"孝道式服务"。

这是养老产业有望"风起云涌"的时代背景。

可以说，日后，奚志勇的养老思想、服务探索，与2007年疾风暴雨式的一次次"头脑风暴""思想激荡"息息相关。不少充满反思、"批判"性的思想观点，与他发自内心的养老创新想法深度交融，促使他"颠覆"传统养老生活的底气越来越足，意志也更坚定了。

后来，他边实践边思索，进一步意识到：人口的老龄化，带来的不只是社会人口结构的转变，经济结构、文化结构、政策结构也必然随之面临转型。若正视这一点，养老产业将成为未来经济社会前进的又一驱动力。反之，将拖累整个社会的发展步伐。

从这个角度观察，"养老改变生活""养老改变社会"有极其深刻的内涵。

第五章 至尊之家

颠覆与寻求

2007年12月,亲和源住区迎来了首批会员入园"试住"。

上海滩一片好奇。崭新的老年生活究竟怎样?

以规范的学术语言讲,亲和源是中国内地第一座养老社区。

这种社区,国际表述是 Continuing Care Retirement Community,简称 CCRC。

它的服务模式是有着诸多严格指标的。譬如,门类齐全的配套设施,根据老人身体和心理状况提供比较全面的系统服务等。目前,国内陆续出现了一些同类养老机构,譬如泰康燕园、楚园、蜀园等,而亲和源是中国市场上最早出现的。

它在中国上海横空出世,令见多识广的上海人眼睛一亮!

优美的环境、完善的设施、适老化的服务,稀奇真稀奇,闻所未闻啊。

有人称它"乌托邦",我理解。以当时人们的观念看,它寄寓的意识太超前,理想化色彩很浓。但它又不能被称作"乌托邦"。它没有停滞于空想,它完全落地变现了。从开园伊始,它提供了一系列堪称中国"第一"的现代养老举措,包括社区式环境、会员制入会制度、管家式秘书服务、24小时服务热线、终身养老承诺,等。

十多年后的今天,它已遍布上海、杭州、桐乡、象山、青岛、三亚等多个城市。

从服务模式看,亲和源也早已突破了单一色的CCRC,目前已有五六种之多,有的是养老社区,有的是医养结合的颐养院,有的是旅居型养老度假酒店,还有正在筹建、人工智能程度化极高的社交平台式养老机构。一个品牌之下的养老服务机构,几乎涵盖市面上大部分养老服务模式,这无疑体现了亲和源作为养老行业探路者和先行者的先锋意识和相当实力。

无论哪一种服务模式,奚志勇构筑的都是平台或生态,让与养老相关的专业服务,诸如餐饮、物业、会所等实现"外包",而亲和源专注于资源整合和质量把控,既满足老人需求,也满足企业利益,从而形成了平台或生态里的利益共同体,都能可持续发展。

遍布各地的亲和源老年公寓都配得上"快乐之家""不老小镇""世外桃源"的称号。

他们的养老服务,无一例外都格外注重于快乐。

快乐,是一种主观感受。每个人对"快乐"的理解和需求千差万别。如何帮助所有项目体现"快乐养老"呢?奚志勇提出了一致的目标追求和服务精神:

> 让老人想到的需要都得到满足;让老人没想到却向往的生活得以实现。

这是反思传统福利养老的更高追求,看起来虚,做起来实。

奚志勇特别提到,有个老太太给他的启发。

老太太入住于江苏常州的公办养老院。该养老院地处风景优美的郊外，建筑与环境散发着诗意和禅意，看起来挺"高级"。奚志勇深入其间与老人攀谈。有一位老太太悄悄告诉他："在这里住得不错，但说不出为啥，感觉不如家里好。"

偶然的对话，在奚志勇脑海里留下一个大大的问号。

那家养老院，新颖、漂亮，从外观和硬件看，比当年上海许多福利院更好。老太太却感到不尽人意。她所怀念的"家里好"，是指什么？

奚志勇不禁深思。

冰心说过："家是什么？我不知道。但郁闷忧愁，都在此融化消灭。"

这是文学表达。

从养老院的服务功能、设施方面考虑，家的感觉是指什么呢？

抱着疑惑，奚志勇继续考察其他养老院时，多了个心眼。

世上无难事，只怕有心人。他终于发现：在一片空地上新建的养老院，宽敞、明亮、洁净、安宁，相比过去依靠旧建筑改建的福利院，"好一百倍"。但由于观念束缚，"好一百倍"的养老院，本质上仍然只是"带床的房间"。什么样的养老院能实现"家里好"？一言以蔽之，房间钥匙必须掌握在老人自己手里。在养老院的"家"里，老人才是主人，管理员、护工不是；老人掌控自己的行动自由，不是听命于别人"吆五喝六"。

老人内心真正渴望的老年公寓，是独门独户，能守护个人的隐私，带有独立厨房、卫生间等基本配置的家，而不是众老合用一套卫浴的"公共设施"。

犹如医生寻出"病因"，奚志勇顿时心里有谱了——

要给老人一个自由的、保护隐私又能消除郁闷的家。

后来与专家学者数次"头脑风暴"，这一点愈加清晰而坚定。

由政府主导的福利养老院，无论公办或公助民建，"床位"观念不变。

作为民营资本投资创建的老年公寓，倘若沿袭"床位"思维，只是做大空间规模，哪里称得"养老变革"？要改变社会，推动进步，首先要颠覆的是"床位"养老，要给老人一个"家"。这个家，必须令老人感到自在，享有隐私、自尊、自由；必须在保持"家"的私密、完整的基础上，还有一个创新：改变城市高楼住宅越建越密，邻里间却老死不相往来的冷漠，实现"关门是小家、开门是大家"，方便老人频繁互动、亲如一家。

由此，他们想到了，每幢高楼要设有共享空间，走廊要宽大，邻里之间站在走廊"搭讪"交流感到舒服；在一楼公共区域，要设有桌椅，便于老人随时坐下来歇脚，或与别人聊聊家常。大堂一角的秘书服务台，高度设计要显得"不高不低"，使得老人与秘书交流的时候，不像外面的"窗口"服务。凡此种种，都体现亲和、善孝、感恩、执着的文化。

此外，现代老年公寓还要设有医院、配餐中心、健康会所、阅览室、活动室，甚至，让老年大学也办在了社区内，使得"老有所学"彻底坐实——学习也是养老！

思想飞扬的时候，他们感受到，支配行为的观念至关重要。

长期以来，主流观念始终是：养老即福利。

现行的劳动制度，将男性60岁、女性50岁或55岁设定为法定退休年龄。人步入退休，即意味着社会共识中的"老人"，会得到一些福利，但与此伴生的是"废物式"的"另眼相待"。譬如，乘坐公交车，拿出退休者交通卡一刷，车厢里立马响起"老年卡"！

哪怕你精力旺盛，被貌似照顾性服务"一刀切"后，慢慢便"被老朽"了。

"这些都是偏见所致!"奚志勇耿耿于怀,"许多长者,退休后依然活力四射,不过是两鬓灰白的壮小伙子,或有一些银发的活泼女子,社会不能总暗示他们:老了,老了。"

他算过一笔账:一个人如果活到目前上海的平均年龄,80岁出头,那么从退休之日算起,至少有20年左右是健康状态,生活完全能够自理,还有能力做自己喜欢的事情。但是,以世俗眼光将他们统统打入另册,什么也不让干了,让他们无所事事地度日,这样的"等死",对社会发展是极大的浪费,对个体生命则是极大的偏见和漠视。这种偏见和漠视,在一天天地逼迫长者群落产生落寞厌世,伤害他们生理、心理上的健康。

老人"不快乐",往往根源于此。

芝加哥一份研究表明,任何人长期处于孤独状态,早死的风险增加14%。而长寿的人,大多数有着"充实的快乐"。这样的快乐不是来自无所事事,而是来自"被需要"和"有作为"。

换而言之,长者们的幸福、快乐、长寿,并不基于被圈养后无所作为。他们与青年、中年一样,也有通过才能发挥、赢得尊重、实现价值的心理需求。

但传统习惯上,一说养老就是福利,思维立即被"照顾""优待"所框死,这,极大地制约了探索现代养老服务的想象力和创造力。难道养老只是这"一丢丢儿"事情吗?难道大千世界,那么多新鲜、有趣、浪漫的生活,与养老生活都"不搭界"?

非也。养老服务,可以是非营利性,也可以是营利性。

如果营利性服务能带给老人更美妙的生活,岂不是更好?

如果任由传统的福利性思维统领现代养老服务,那么,一座城市、一个社会,只能认可"瘫在床上的老人才有资格享受公共养老福利",而将健康老人完全排除在外。

这不是"落后""愚昧",是什么?

抱残守缺的结果必然是"偏颇",是"毫无竞争,了无生气"。

事实上,当下只有福利院养老有资格获得政策支持,而市场化养老,如一个位高权重的领导对奚志勇所说:"你们做高端养老,公共财政、政策不会支持的!"

奚志勇一听急了,辩解道:"为什么将老人分几个阶层?高端的健康的老人,难道不是老人,不需要养老服务吗?"

领导笑了:"他们在家里养老,不也很好嘛!"

观念不同,沟通就无法在同一频次产生共振。谁也说服不了谁。

奚志勇憋着一肚子的火。他想说:一个社会对待养老,应该有持续的、公平的、普适的政策,而不是一直随机应变,今天贴补这个,明天鼓励那个。从福利的本质而言,无论少数孤寡、失智、失能老人,还是为数更庞大的健康老人,都有权利获得福利性养老补贴,体现政策法规、公共财政的一视同仁……

但领导走了。怔怔地站立在原地,奚志勇感慨万千。

老年公寓走市场化、产业化道路,政策扶持几乎是空白。

那一刻,他疑惑、气愤,内心却更坚定了。他相信:走别人没有走过的路,正是社会和百姓的需要,社会上一大批老人等着住进他们的老年公寓呢!

归还自由

亲和源待孕腹中之时,上海滩上林林总总的老年福利院、敬老院,多为旧房旧楼改造。而亲和源,完全是在"一张白纸"上创绘中国从未有过的大型老年社区。

说起这个,奚志勇有点儿激动,深感肩头"沉甸甸"的。

从酝酿设计开始,他就告诫自己:意识务必超前。

> 要真正地、百分之百地为老人量身打造!

什么样的养老院,属于百分之百为老人度身打造?

专业化、个性化、人性化与品质化。

说起"四化",奚志勇侃侃而谈。传统观念里,人们大都以为,老人是喜欢和子女共同生活的,住房面积呢,越大越好,家家户户恨不能有一套大平层或独门独院的别墅。

多少年来,三代同堂,儿孙绕膝,被文学艺术作品描绘成天伦之乐的画面。

这样的养老空间,真的好吗?要为老人度身打造怎样的养老院呢?

奚志勇的想法是:"创建现代养老社区,绝不能简单地重复日常所见公寓啊,别墅啊,要切实考虑为老人创造什么?在价格上也要让老人完全能承受。现代老人需求多种多样,设计的本质要求是研究需求,顺应需求,造福于老人。"

"造福于老人,包括建筑、环境、空间设计,也包括心灵的自由自在。"

他操心的不只是有形的物质化的东西,还包含无形的、精神性需求。

他想,中国的老人是世界上最有集体精神的。成长环境和工作经历,使得他们习惯了对于学校或单位的依恋,努力活出别人希望的样子。依恋不算什么问题,问题是离开了学校或单位后,必须学会将注意力转移在自己身上,想想自己内心有什么需求和向往,从而追寻"活出自己喜欢的模样"。

许多老人,将青春、壮年奉献给了国家和社会。他们是共和国的中流砥柱,是家庭的栋梁,如今老了,在"暮年的天空"能不能飞翔出不一样的轨迹呢?"必须让他们认识自我,享受自我!"

奚志勇的思维是发散的、跳跃的，联想翩翩。那一次，我跟他从老年公寓设计聊到了老年的精神和抱负。印象最深的，是他关于"归还自由"的说法。

他说的"自由"，更多是社会心理概念。他表示，每个人，都有天生的禀赋，有适合自我的兴趣爱好，但大多数人在职业生涯里没有得到发挥。当奋斗了大半辈子、为社会和家庭做过贡献了，不再受'单位人''体制人'约束，也不再过于委屈自己，他们所面临的课题，是爱自己，是发掘更好的自己。"

"归还老人的自由，是老祖宗的智慧。"他说，"陶渊明有句诗说：'久在樊笼里，复得返自然。'鼓励老人牢牢抓住自由，享受自由，义不容辞。"

一些社会调查结果，旁证了奚志勇的说法。

对于"老人喜欢不喜欢与子女同住"，有学者曾对1285名北京老人进行抽样调查，发现越来越多的城镇老人不愿意同子女一起生活。数据显示，54.4%的老人更希望同儿女分开住。理由很有意思，选项集中于两点：居住条件改善了；想要自己的生活。

的确，在经济落后、物资短缺、蜗居现象普遍的年代，老人没有更多的选择，唯有与子女同住才是安全选项。改革开放后，社会经济迅猛发展，尤其进入21世纪后，商品房高歌猛进，使得国人的"住房难"彻底改观，有的家庭甚至拥有了几套住宅。这时候，老人的养老需求悄悄地发生了变化。在那次调查中，一些希望与子女分开居住的老人，将"生活规律不一致，作息时间不协调，饮食习惯不相同"和"兴趣不同，相互干扰"也列为主要理由。这反映了现代老人的"独立意识"不仅觉醒了，而且越来越强。

其实，动物学研究也发现，在一定空间里，动物群居，如果密度较高会引起情绪烦躁，甚至造成同类之间的杀戮；而若空间宽裕，则避免了这样的危机，实现和睦相处。

作为灵长类动物的最顶层，人类对自身的活动空间，显然有更高要求。

无独有偶，在上海，老人一度对"一碗汤的距离"津津乐道。

罗阿姨，一位知性女人，丈夫是知名画家。他俩将自己的住房和儿子的房子买在黄浦区同一个花园小区，分住在 A 幢和 B 幢。平时由钟点工保姆照顾自己的饮食起居，随时也能见到儿子儿媳，每个周末约来一起吃饭、聊天。两代人各有自由空间，从来不会有什么矛盾，彼此关系和睦，来往密切。罗阿姨每年随丈夫外出旅游写生，儿子、儿媳帮助他们上网预订好机票、酒店乃至地接人员。老两口十分享受"一碗汤的距离"的生活。

何谓"一碗汤的距离"？

当一个大家庭，分解为两个或若干小家庭，彼此在相当近的空间范围内，既能拥有各自的生活独立性，又能保持随叫随到的密切联系，在这样的距离里，老人（或子女）若从自己家中给对方送去一碗刚熬好的汤，到对方手中也不会变凉。

这个概念，是由日本学者在 20 世纪 70 年代提出的。

彼时，日本的"空巢现象"愈演愈烈，而日本的学者十分看重一种"亲情养老"：子女与老人相距不远，既拥有自己的起居空间，又方便步行去照顾老人。

如今，已进入老龄化的中国社会，"空巢家庭"日益增多，"一碗汤的距离"也被许多人所向往。年轻人买房选择与父母在一个小区，可谓尽善尽美。

但不得不说，这样的美好画面往往只存在于很短的时期，只是权宜之计，是"被养老"的幻想和杜撰。因为老年，也分多个阶段，"一碗汤的距离"仅仅适应老人一部分阶段性需求。现代养老，是全方位终身支持、关爱和照护，从精神到物质，事无巨细，无穷无尽。

"没有老人不需要，只是我们想不到。"奚志勇说。

因此，奚志勇一直主张：老人跟子女分开居住，意义非凡。

这是一种身心解放，是还给老人应有的自由！

我曾经与不少老人交流类似的看法。

耐人寻味的是，离开子女在老年公寓"单飞"，都是"不归路"。没有老人跨出这一步后，还愿意回到过去的"三代同堂"。他们完全接受并且习惯了。自己住在养老公寓，想去哪儿就去哪儿，活动也多。而孩子有空来探视，没空视频聊聊，这样"挺棒的"。

解放老人的同时，也解放了子女。这是双赢！

完整的家

聊毕"归还自由"，奚志勇便谈到为老人度身打造的"内容"。

首先，他们确定的原则是——绝对要摆脱市面上处处可见的"床位"思维，要注重健康老人、活力老人的需要，带给他们家的温暖，营造充满现代气息的"桃花源"。

奚志勇"呵呵"笑了，自我调侃道："我们是颠覆者、创新者。所谓颠覆和创新，不是鄙视旧式的养老院、敬老院。那是一个时代福利养老的缩影，以后仍会有人需要。我们看到了福利养老的局限和粗鄙，要颠覆的是养老观念，因为健康的活力老人也需要养老，需要一个至尊的、充满乐趣、具有高品质服务的新的生活方式。"

何为"至尊"？让老人延续过去养成的习惯，拥有完整的"家"。

养老是一种生活形态，不能简单地只归类为护理服务。因衰老而处于半失智或失智、半失能或失能，只是人生的一个相对短暂的阶段。

更长的阶段，需要的是宜老居所。

宜老居所，内涵极其丰富，也不是建成了就"一劳永逸"了，而是一个需要不断发展提升的动态平衡。当然，"至尊老人的家"，得从"硬件"设计和建设入手。

譬如，亲和源住区的设计，从户外环境看，适老化的绿植景观、花园、长廊、方便轮椅或救护车出行的道路等都必不可少；从户内设计看，也分小套、中套、大套，家具都是定制的，边角都呈圆弧形，以避免碰痛老人。而床位设计，尤其体现他们的匠心。

有的夫妻一世"恩爱"，到老也习惯了睡在一张床上，那就只需要安排一个小套、一张大床即可。有的早已习惯了分床睡，一般中套最为匹配，可以并列放置两张单人床；如果夫妻俩希望各自有个空间，那就在邻近的两间房里各安置一张床。如此的大套，满足了夫妻彼此"互不干扰"。让老人延续了"家"的习惯，使居家养老与专业化照顾水乳交融，而不是两张"皮"相叠。养老住区实行会员制俱乐部管理模式，却处处体现会员"第一居所"的便利，不是偶尔去玩玩儿的地方，因而他们在规划建设蓝图的时候，还周密地以"第一居所"的需求进行全部功能设计，竭诚体现适老化。除此之外，老人居住的长期性、私密性和依赖性，也都必须在规划和建设中得到满足。

客观而言，十多年前，中国并没有针对老人住区和老人公寓的建筑与室内设计机构。奚志勇带领创业伙伴"疯狂"地搜集中外养老建筑资料，得到的是碎片化的资讯。当然，他们也想到了去国外考察"产品"。但像亲和源那样的占地面积、建筑规模，举世罕见。

这样的养老住区建设，当年是空白，需要依靠他们去探索，去建设。

老年建筑、环境以及室内设计，其实是"缔造"一种全新的生活。

它需要所有的设计和规划，一开始就朝着"适合老人"的原则去精心构思和打磨。

"无论老年住区,还是老年公寓,都要满足老人在出行、饮食、社交、运动、文化、健康、心灵归属等全方位需求,要研究解决老人、建筑、管理三者之间的关系。"

他们满世界寻找优秀的设计事务所,希望找到"神伙伴",帮助他们将仍然属于想象中的"前所未有"的老年住区,变成一张张能够实施建设的设计蓝图。

转了一大圈,最终选定日本GLANET公司负责亲和源的规划设计。

之所以选定日本设计团队,是因为日本率先步入了老龄化社会,对养老服务积累了一定的经验。日本的建筑规划和设计也是世界领先的,出了不少影响一个时代的设计大师。最重要的一点,是亲和源从一开始就追求"国际水准,国内一流",他们渴望"出手不凡"。

说起亲和源第一个具体的、可供"评头论足"的方案,奚志勇"呵呵"地乐了。

在地皮尚未落实时,他们的设计方案已经"诞生"了。之所以如此,是想给政府、给社会传递一个信心,让他们看到一个"可以预见"的梦想。用信心打动人心!

历经十年风雨,亲和源旗舰依然现代感十足,无论走到哪里,都令人"视觉舒爽"。

这里有错落有致的16栋建筑,其间安排了大片的树林、草坪、神龟石(户外雕塑)、文化长廊等,宛若一座文化公园。向专家讨教,才了解其中的"门道":他们从住区整体上思考宜老化设施,也从单一建筑设计的思路转向从环境整体设计来解决群体建筑之间的相互关系,兼顾了老年居住的基本功能以及老人群体户外活动的特殊需求。不说未必知道,一说恍然大悟:在许多细微的设计里,分明能体会设计者的着力点:地域感、可识别性、安全性,让居住及活动于其间的老年人,处处享受养老之便利。

从查阅到的文献资料看,亲和源可以说是国内第一个比较完整地提出宜老化住区和建筑设计概念的。他们从空间规划布局到室内设施设备,都清晰地提出了符合老年生理和心理的特殊需求和人体工程学的具体内容。譬如,住区所有道路、走廊的设计,都实现轮椅出行毫无障碍;走廊都架设高低合适的助力扶手;厨房、卫生间的设备安装要符合老年人独立使用操作的方便及安全;室内空间尺度,也有利于轮椅进退或转弯;无论高层或多层住宅,全部安装电梯,而且电梯规格还符合医疗急救,以备不时之需;等等。

他们的景观设计也给我深刻印象,譬如强化人与水、人与绿、人与石、人与景的亲和,从而营造了颐养天年的氛围。又譬如那里原本是平缓的地形,但设计建造后,却出现星罗棋布的水景,使得整个住区显得格外灵动。尤其池塘的趣味性、丰富性和层次感,不仅营造了园林深深的生态气氛,而且池塘和水景,与高低起伏的地势修饰,形成了视觉和意境的延伸。建筑四周,被草坪、花木、树林、绿地、温室植物、小溪、小径、山丘、山坡、石椅、亭阁、走廊、散步区、步行街,水池、喷泉等环抱,精致而不张扬,宁静而不喧嚣。

对于老年居住环境,奚志勇研究颇深。

他说,一些发达国家及经济发展水平较高的地区,很长时期,将养老机构分成三类:完全自理的普通养老院、需要特别生活护理的养老院、需要专业医疗护理并带有临终关怀性质的养老院。它们功能分得过细并相互独立,能适应大约5%的老年人需求。这三种照料老年人的模式,有利于提高养老机构的专业化水平,也有利于政府对养老机构的监督管理,但却忽略了占95%的大多数老年人的需求,还增加了被照料老年人的困扰与麻烦,致使他们不得不随着自身健康状况和自理能力的变化,几次搬迁养老场所。

20世纪90年代,国际社会针对老年人随着健康状况及自理能力的变化必须搬迁几次养老场所的现象，提出了"持续照顾"（long term care system）的概念。它提出，要尽可能使需要不同程度生活照顾的老年人持续地居住在熟悉的环境中，并使其获得良好的持续照顾服务。这种让老年人可持续居住在熟悉环境的理念，也深受奚志勇的重视与认可。

奚志勇说，亲和源旗舰社区，是按照"持续照顾"的理念进行规划和建设的。这里设置了多种形式的老年住宅，大部分是为健康老人提供服务的；也有医院和颐养院，为他们提供具有针对性的治疗和照护。这是亲和源社区设计上的重要特色。无论老年人处于怎样的健康状态，都可以找到适合自己的住宅形式，得到相应的住区照护服务。

保障老人会员一旦入住后，就能得到全程照护，不必离开熟悉的环境而能够满足各种需要。可持续的居住空间以及可持续的住区照顾，这是"至尊之家"的基本功能。

基于这样的完备功能，老人才能无忧无虑地"托付一生"，才能身心安然，获得可持续的居住以及享受良好住区功能带来的归属感。

柔性开放

开放性原则，是指社区以一种"柔性开放"的环境替代封闭、刚性的环境设计。这也是老年社区整体环境具有可持续性的重要保证。奚志勇在研究国外老年社区资料时，特别留意到这一点。

所谓"柔性开放"的整体环境，包含两大方面：其一，老年社区与外部世界，应避免自身的封闭性，使得社区与外界实现共融与交流，给老人提供开放性的社交空间；对内，社区楼与楼之间，户与户之间，会员住宅不是割裂的、孤立的，而讲究相互联系的共享性，能够灵活地满足不同老人的多方面需求。这样的社区，绝不是城市里的"孤岛"，也绝不沉闷，与周围环境息息相通，甚至，通过规划设计手段，来促进这种开放性、共享性的实现。

譬如,亲和源社区,整体像极了一个大花园,从门前道路上经过,它的大门设计让人觉得一点儿也不"高冷",相反它有着温暖的敞开性。老人会员可以自由出入,与亲戚、朋友以及外来的服务人员也保持畅通;一旦步入社区花园,一个个功能区块特征鲜明,彼此间也保持流畅的关联。从此栋楼到彼栋楼,有连廊,也有花园小径,方便老年会员互相走动。

散落于不同老年住宅公寓楼的设施设备,也实现了共有和共享。

有关老年住区、老年公寓的设计和建造,奚志勇没有停留于"纸上"研究,还与创业伙伴一道,实地走访了日本、荷兰、澳大利亚等国家,见识了世界上各种养老形态。

从奚志勇的博客里,我看到澳大利亚流行的"退休村",给了他不少启发。

那里的"退休村",是由开发商、慈善机构和一般投资者共同投资建造的。它们的特点是:产权不变更,仅出让使用权;定向回购;设定房屋增值后的分配原则。

具体而言,当地的老人入住"退休村",需要先付一笔入住费,约在30万至40万澳元。居所一般含装修,不带家具。入住老人按月或按周支付管理费、能源费、通信费等。老人离开"退休村"后,原业主收回居所,退回入住费,但扣除事先约定的一定比例的物业维修费。"退休村"业主再次出售居所,如有溢价也按事先的约定进行分配。

日本有个名叫"蒲公英"的养老中心,也令奚志勇"脑洞大开"。

那是日本规模最大的养老院。有250多位老人居住于此。奚志勇去参观时,刹那间的感觉是"好玩"!"它哪里像养老的地方,分明是老年乐园嘛。"奚志勇说。

据查,那个养老院的确以"娱乐"而闻名。他们开设的老年活动竟然超过了200项。乍一听,恍若来到的是"嘉年华"。如果你是麦霸,那么"卡拉OK"是才情发挥的空间;如果你酷爱跳舞,地板、墙面镜、扶栏等专业设施一应俱全的舞蹈室是用武之地;如果你是运动迷,乒乓室、羽毛球馆、健身房、室内高尔夫等,应有尽有。那里还有咖啡厅、桑拿室、游戏机室、便利店。老人们个个乐呵呵的,毫无愁眉苦脸、暮气沉沉的气息。

显然,这里的快乐指数很高。在此工作的护工们,脸上都堆满了喜悦和幸福。

奚志勇看了,一一牢记心里。

"魔鬼细节"

在亲和源设计过程中,奚志勇与设计师讨论的事项千头万绪,但九九归一,最终都指向一个目标:"至尊老人的家"。目标看似简单,设计和建造牵涉的内容,却是一大堆。

其中,又有许多思想上的创领。

譬如,在建设中,他们提出"7∶3"的概念,即居住建筑与配套建筑的面积之比。

"7∶3"的配比,意欲体现居住功能处于资源配置绝对优渥的地位,但在项目早期,尚无现成的案例可以因循与支撑。亲和源率先提出这样的老年社区建造规划标准,是经过反复论证的。他们拿出各种可能的设计,反复比较,最终决定在"标准"上取高不取低,从"高端"着手,向"优化"倾斜。这为后来的老年住区建设提供了示范性、引领性。

又譬如,在建筑功能设计上,他们也匠心十足,特别考虑到每栋建筑都需要风雨连廊衔接。这使得会员一年四季均可风雨无阻地散步到社区的每个角落。

大量的"魔鬼细节"设计，体现在所有建筑物的"无障碍"上。我第一次去，不怎么敏感的人也能感到，他们的台阶和楼梯比普通公寓加大宽度；走廊里，走到哪儿都看到扶手栏杆，以辅助老人不时之需；电梯呈宽敞式，横向的电梯按钮十分少见，原来是为坐轮椅的老人专门设计的；建筑的室内外识别标志，都以鲜明的色彩和高明的亮度，提高其识别性。据说，不光是患有痴呆的老人需要，几乎所有记忆力开始衰退的老人，都能过目不忘。

每户室内呢，也充满匠心：通向各个房间的通道方便轮椅或担架轻松出入，不设置门槛，地坪零高差；取电系统精心设置为低按键，高插座；浴缸和坐便器设有助力扶手，扶手的高度精准到适合大多数人，少数身高略高或略低者还可以进行调适……

"魔鬼细节"数不胜数，令我忍不住感叹！

从建设落成到我去调查采访，其间岁月流经了十年。当年的诸多设计，也还是先进和权威的。在某种程度上，亲和源旗舰社区建筑功能的社会意义，是大于该项目经济意义的。如此结论，源于日后查阅到，亲和源参与了国家以及上海有关老年住宅的"标准建设"项目。

资料显示：上海建委所属科学技术委员会《上海地区老年住宅建设标准》的课题组工作，视亲和源为老年住宅重点案例，2013年起开始实施的新版《上海地区老年住宅建设标准》里，采用了大量亲和源的建筑宜老化成果，等等。

诸多"标准"里头，耐人寻味的是"保持居家的私密和独立"。

追踪一下，原来奚志勇坚定地认为：老年会员来亲和源养老，只是搬了个家，依然保持居家的私密和独立。这是"居家养老"有别于"床位养老"的本质体现。

第六章 市场炼狱

热闹与寂静

2007年10月,亲和源养老社区建成。

崭新的老年社区很上"档次"。外环境堪称是美丽的花园;内装修则全部采用环保材料精装修,高级家电、家具、厨房设施、卫生设施、宽带、电话、有线电视等一应俱全,住宅内还安装了紧急呼叫系统、红外线智能监控系统以及其他智能化系统。

最大的亮点是,社区还设有一家以老年专科、康复治疗为特色的医院。

显然,这是上海乃至全国从未有过的老年公寓和养老社区,集养老、医护、康复于一体,包揽老年服务所涉及的"一切事务"。多么美妙的新型养老"样板"!

须知,当年商品房普及率远不如今天,多少人家的老人,睡床与马桶、煤炉共处一室。

此时的奚志勇豪情万丈,与创业团队天天处于亢奋状态,每天带着满满的能量和自信奔赴办公室,奔赴相关合作单位,像一列高速行进的动车。

创业，创业！所有人即便忙得精疲力竭，精神上都非常满足。

理想，是人生道路上最美好的目标，最强劲的动力，带引人们披荆斩棘，奋勇向前。

随着十多家战略合作伙伴纷纷入驻，"试住"活动吸足了眼球。媒体的报道可谓"炽热"，《人民日报》《光明日报》《解放日报》《文汇报》《新民晚报》，以及中央电视台、凤凰卫视、上海电视台，香港的《大公报》《文汇报》和新加坡的《联合早报》等，一大批海内外媒体对亲和源的诞生做了报道。其中，《解放日报》头版刊载记者调查，题为《试水"老龄产业"——上海应对人口高速老龄化调查》，对于亲和源项目的模式、理念、市场反响、运营理念及亲和源会员的生活状况作了详细报道。

还有媒体透露，亲和源不仅在上海南汇建成了全国第一座养老社区，还计划在大连、黄山、三亚等地逐步建设连锁的老年公寓，将休闲旅游与养老生活相结合，打造全新的养老生活，使得上海市乃至全国各地的老年人能够实现新的生活梦想。

创业者信心满满，如此超越"一张床"的温暖之家，是一个"值得托付一生"的地方。他们满心期望，自己参与"缔造"的现代化养老社区能成为炙手可热的爆款。

他们"幻想"或"期待"的入住对象是：

对养老生活有着品质要求；渴望实现老年阶段的生命价值；理解、认同亲和源倡导的老年新生活理念；积累一定的社会资源和财富资源。

这样的老人，在上海滩的确有"大把大把"的；相比市场上早已存在的福利性养老机构，亲和源社区无论内在理念还是外在"帅值"，都是"鹤立鸡群"。

但是，期待中的销售火爆没有如期而至。

蛮长一段时间，销售业绩始终是"波澜不惊"。

这，到底映射了什么问题，产品设计？销售价格？

根源是在人们的思想、心理和观念上！

2006年，亲和源刚刚开工建设的时候，上海的报纸上公布了亲和源老年公寓"咨询热线"。裹挟着海内外媒体一哄而上的报道热度，亲和源每天接到不少电话咨询，有的读者还按图索骥，找到建筑工地实地考察。根据电话咨询所留信息，他们曾认为：已经积累了1300多个"有效客户"。可观的来电咨询，也满足了创业者的想象：老年人需求强劲。

参与创业的员工写道："（那时）来电络绎不绝……让我真切感觉到，城市老龄化十分严重，老人们渴望更高品质的养老生活。如何养老，不仅是个人问题，也是社会问题；不仅事关老人消费，也事关社会良知……我感到责任重大，使命感和光荣感油然而生。"

我相信，员工有感而发的这段话，是真实的。

万万没有料到，当亲和源获准开始销售，1300多个"有效客户"失去了踪影。跟踪电话一通通打出去，"下单者"寥寥无几。

> 当一种高品质的养老生活尚未形成风潮，好事情也难免成为"一厢情愿"。

奚志勇事后发出这番感慨。他体会到，旧观念的阻力是强大的。

传统观念里，代代相传的居家养老，才是"天经地义"。子女有赡养和照护老人的义务，而将老人送到养老院似乎很不体面，以世俗的眼光看，是人所不齿的"不孝"。

在这样的观念支配下，中国老人绝大多数还是守着居家养老。要说选择，过去也没有什么可以"选择"。如今有了亲和源，他们羡慕和向往之心是有的，1300多个咨询电话足以证明。但真正跨出这一步，很难，思想、心理和观念的转变，不是一朝一夕的事情。

一位入住的教授坦言相告:"一开始,我坚信养老靠政府,政府不会不管我们。七老八十坐等在家,从天上会掉下各种的养老福利,何必舍福利而去市场寻找服务?"

抱有这样想法的老年人,非常之多。

更多老人则纠结于:"天价"会员卡,到底值不值?

是啊,亲和源推行的会员制养老卡,当年"绝对超前"。

我记得,那时我们对于"会员制""会员卡"的认识仅仅停留于字面。印象里,那是欧美国家盛行的玩意儿,什么高尔夫俱乐部、网球俱乐部、游泳俱乐部等。

我还记得,那时北京、上海等地一度也出现过一些会员制俱乐部,坊间有种种传说,但未见它们出现在报端。事实上,它们从来也不想让媒体去窥探和报道。少数人的高档消费一向奉行"低调是腔调",只做不说。

而亲和源面世后,所卖的会员卡和所收的服务年金,公开透明。

之所以"大张旗鼓",是因为社会上不少老人都"消费得起"。

奚志勇和团队周密地核算过,在经营上保持公益事业的性质,会员卡以及服务年费的定价原则是:做到收支平衡,略有盈余;老人一次性支付,可以住到离世。

具体而言:亲和源的会员卡分为两种。

A卡是不记名卡,可转让和继承;B卡是记名卡,有效期至老人生命终结。

两种卡的收费模式是不一样的。A卡一律为每张50万元;B卡的价格,则根据所居住的大、中、小不同的户型,分别对应为60万元、45万元和35万元。

这些A卡和B卡只是买一个能入住亲和源的会员制资格。等到住进亲和源养老社区,A卡会员还要按照房屋面积大中小的不同,每年缴纳 5 万元、1.8 万元、1.5 万元不等的管理服务费，B 卡会员则无论所住面积大小，每年统一缴纳管理服务费 2 万元。

贵吗？相比当年的房产价格，一点儿不贵。

但谁见识过会员卡买卖？

有人说，这分明像赵本山在春晚演的"卖拐"嘛！也有人表示，会员卡不是产权证，一旦被噱进，天晓得买的是啥？！

在"忽悠"一词满天飞，成为全体国人口头禅的年代，亲和源会员卡一度被自认精明的老人视作"忽悠"。让人掏腰包花几十万、上百万，卖的不是看得见摸得着、由钢筋水泥玻璃构建的不动产住房，而是销售人员"鼓吹"的养老服务。听起来像风一样，隐约感到春风拂面，却抓不住影踪——这是许多人头一次听说的感受。

彼时彼刻，公众对"产权房"是懂的，对养老会员卡则完全陌生。观望复观望。

上海老话"老鬼勿脱手"。袋袋里钞票藏藏牢，先"轧轧苗头"。

于是乎，新生的亲和源会员制养老社区会员卡悬在了半空。

的确，当年的社会，商品房风起云涌。市民的神经被"买房投资"牢牢牵引。"买到就是赚"的标语，醒目地悬挂、飘扬在各个房产项目售楼处。老百姓"笃信"这才是发财机会。

上海人大多熟悉"冒险家"哈同的故事。1873 年，22 岁的犹太小伙子来上海"碰运气"。最初是沙逊洋行临时工，从转正到升到中层，他花了十年。后来创办哈同洋行，投资房产，低买高抛，很快发迹成"远东首富"。青帮头子杜月笙、黄金荣，哪个不投资房产？

一度在运动里销声匿迹的私有房产，随着历史变化，突然又公开买卖了。对于敏感的上海人而言，"时不我待"呀。有一点历史感或投资意识的，无不争先恐后买房。

那时卖房"像发牌"，多数售楼处，闹猛程度赛过农贸市场。

正是在这样的时机，亲和源建成了，却明确提出：不卖产权，只售会员卡。

难怪看"西洋镜"的多,出手者少。

奚志勇试图掀起的"养老变革",被一张"天价会员证"卡壳了。

服务者与被服务者间横亘一道宽阔的鸿沟。你在大河此岸,我在大河彼岸。

放置在当年的社会背景下,我是理解的。你想啊,当年人们脑袋里压根儿没有市场养老的经验。绝大多数老人即便害怕去"病床"式的福利养老机构,但要他们掏出相当于买一套商品房的钱去买一张使用权证,老人能不犹豫吗?

对于"怪物",公众抱以好奇、迷惑、观望、热议。

真正关心"天价会员卡"背后有哪些现代服务内涵的,少而又少。吃瓜的群众都被会员卡售价惊掉了下巴。我至今还记得,当年在报业集团的饭桌上,一群"见多识广"的媒体人,拿亲和源会员卡的话题开玩笑。

秀沿路上的"售卡处",原本处于城郊接合地,树多人少,被人介绍前来参观的老人陆陆续续有一些,大多数像来逛公园,兜了一圈后,便无声无息了。

昂然矗立的12栋崭新高楼,像是黑夜里的美人。白天人们走过路过,忍不住向它行"注目礼",却也止步于此。他们根本没有动力去了解"美人"内在的魅力。

对于创业者而言,亲和源资金投入几个亿,回笼速度却非常慢。在这寂寞的一年多时间里,他们备尝苦涩,仿佛经受炼狱般的磨砺。

奚志勇当然着急,有时候"急"态映在脸上,但他没有为前途感到悲凉。他心里对高品质的养老服务是充满信心的,他看到未来的需求不是溪水潺潺,而是浪潮滚滚。

时任总裁的佟鑫、主管销售的副总裁华山,莫不如此。

任何创业,信心真比金子更宝贵。

每天一上班,奚志勇、佟鑫、华山都是最早到达办公室的。他们不是各自泡一杯茶看报,而习惯了马上见面讨论。他们仨聊得最多的,是如何改变人们的观念。

他们常常慨叹,整个社会,包括老年人自身,其实压根儿不清楚现代养老是怎么回事。他们犹犹豫豫的根子,都在于长期积淀的老观念、老思想。

他们决定,要深入研究中国养老文化现状,有针对性地开展"思想革命"。

创业兄弟间,彼此一个眼神、一个微笑,都心领神会,配合默契。他们也不用说分工,自然做到了各司其职,有的负责收集资料,做基础工作;有的负责孕育观点,形成思想。

2008年5月,简朴而又隆重的亲和源会员制养老社区开园仪式的当天,由中国老龄事业发展基金会主办、亲和源老年生活形态研究中心承办的"2008中国养老产业高峰论坛"隆重举行。会上,由论坛组委会倡议,17家单位共同发起的"中国养老产业联盟"宣告成立。不久,奚志勇撰写的《中国养老》一书出版,在各大新华书店热销。

文化开道,思想引领,在当年房地产营销界是罕见的。

当然,亲和源貌似养老地产,其实完全不是。它是"老年生活方式供应商"。

他们的各种宣传都聚焦一个主题——现代养老生活方式。

他们搜肠刮肚,发动亲戚朋友,物色和动员条件合适的老人看房,试住。

从数据看,销售一度是超出预料的"冷"。这让他们迷茫过,不知道先进的养老生活什么时候能被更多人接受。但更多的时候,他们被一股强大的理想气流所裹挟,壮志凌云,没有时间或没有精力去消沉，每天的生活状态只是奋斗、奋斗、再奋斗。

早期争议

正当创业者们想着，如何通过媒体宣传新生事物，给公众"上课"的时候，课还没上，闻风而动的媒体推波助澜，掀起的是一场"满城争议"。

报纸、电视台记者赶来采访报道，聚焦都是"巨额会员费"。这也不足为奇啊，抓眼球的才引起媒体兴趣。

至于亲和源倡导"社会性、市场性孝道"，以及探索"养老生活方式"等，属于"宣传"，宣传老年公寓，是企业自个儿的事情，媒体哪有义务呀。

"满城争议"中，有的人迷惑，有的当笑话议论，也有的怀着"责任"，给市委、市政府以及相关职能部门发信，呼吁政府"查办"。各种心态都有。

人们能看见田野上拔地而起的老年公寓，但对于其服务的价值，未能"眼见为实"。出生于战乱年代、成长于历次"运动"，老人们养成了"谨慎"。

亲和源的最初几年，走得孤独且艰难。

2008年，全年只卖出几十张会员卡。这对于奚志勇和项目投资者，是巨大的压力和煎熬。道路再难，也必须一步步前行。他们想方设法改进销售方式，让更多的老人通过"体验"，激发内心对现代养老生活的向往，培养对新式养老的"感情"。

所幸，当市委主要领导指示"查办"后，调查组带着疑问而来。经过详实调查后，调查组意见高度一致：肯定了亲和源会员制养老的创新意义，将其视为社会化养老的改革试验。

不得不说，第一批勇敢地"尝蟹"的会员里，多为高级知识分子。

或许因为思想更为开明，消费眼光不俗，也积累了一定的购买力，这一群人更清楚自己"需要什么"。

有一位姓徐的阿姨，1951年毕业于圣约翰大学经济系。随着各项运动，她颠沛流离，先是被"下放劳动"十多年，养小牛，翻铁砂，什么脏活累活都干了。十年"动乱"期间，她又遭遇全家被"扫地出门"，被发配到黑龙江边境落户改造，后辗转到离上海近一点的江苏大屯煤矿做苦力。粉碎"四人帮"后，幸逢思想解放和拨乱反正，她被落实政策后，通过东奔西跑，求情无数，在1985年终于在故里上海有了新家。身心均遭极大伤害的高级专家，曾因大女儿的建议，一度想去美国养老。2008年7月，当她反复比较国内外养老模式之时，她受邀参加了亲和源主办的"与青春作伴"的夏令营。一流的环境与服务令她欣喜。

两个月后，两位耄耋老人再次参加10月敬老节期间的试住。亲和源社区组织的聚餐啊，联欢啊，使得他俩体验到"不一样的快乐"。于是不容分说，决定入住亲和源！

一时间，几乎全家表示反对，包括她的哥哥和弟妹。大女儿也不同意，理由是"搬入亲和源，家人照顾不方便"。徐阿姨说，当时大家怕去亲和源，思想根子上是对民营企业创办的老年公寓心存种种顾虑，担心老年公寓经营不善破产了，入住老人怎么办？女儿还担心亲友们会误解、责怪自己待父母不好……徐阿姨入住亲和源，最初压力不小。

事实上，徐阿姨入住亲和源后，真正感受到了"安心"和"幸福"。

徐阿姨特别自豪于三个"24小时的服务"：一是医生、护士，看病随时随地在小区就地解决；二是生活秘书，随叫随到，比联系子女还方便；三是工程维修服务，遇到家里灯泡坏了，面盆下水道堵塞等，一个电话就能得到及时的服务。

圣约翰大学的老校友闻讯赶来参观体验的特别多，而且很快说服家人同意自己迁居亲和源。知识分子的青睐，使得亲和源社区的"知识气息"特别浓厚。

亲和源几乎没人去街头跳"广场舞"的。教养和趣味，使得他们要跳舞只跳交谊舞。一说跳交谊舞，响应者众多，每周随着悠扬舞曲"蓬嚓嚓"，很快，交谊舞学习班也办起来了。

知识老人越来越多"扎堆"于亲和源，口碑风传上海滩。

一批又一批老人相约参加亲和源的活动，亲身体验"现代养老"。

知识分子从小养成了做"功课"的习惯。一位老伯伯告诉我，他决定入住亲和源之前，几乎将上海滩大小养老院考察遍了，大同小异，无非三种模式：一种是一室二床或多床，有的与医院服务合二为一，看病比较方便；有的只有一个保健室，可以应付小毛小病。以床位为单位的养老模式，最大的弊端是不同习惯、不同性格的人共居一室，有的整夜打呼噜，有的半夜要开灯看书或吃东西，看电视也是众口难调，相互之间容易产生矛盾和怨气。当然，优点是收费便宜。一种是以居室为单位，无论一个老人还是夫妻两个，各有一间居室，比前一种更为清净和自由。有的还设有独立的厨房和卫生间，隐私也照顾到了。第三种是养老住区，家家户户有客厅、卧室、阳台、卫生间、淋浴室、洗衣间、厨房等一应俱全。每周还有专人来打扫卫生，替换被单、床套等。更重要的是，无论在卧室、卫生间、阳台等，遇到意外，来不及打电话，按一下身旁急救绳铃，立即就有楼层秘书和有关人员迅速到场……

"这是我向往的养老圣地啊！"他反复比较后，毫不犹豫选择了城郊接合地的亲和源。他说："我住进来的时候，身体蛮好，不但原先的朋友圈活动照常进行，而且还被亲和源的各种快乐活动所吸引。老人，吃穿都不愁，最需要的是每天开心，遇到生病得到嘘寒问暖。"

他介绍，住进亲和源不久，老伴生病发烧。要是还住在原来的小区,子女都在国外,孤独、苦闷,啥人来照顾啊。幸亏住进了亲和源,小秘书们热情询问需要哪些帮助。他们做的每件事情都像子女尽孝,尽力帮我们排忧解难。颐养亲和源,是我俩一生的归宿。"

住在8号楼的陈阿姨,也一直渴望有一个"后半生有所托付,能安心养老的地方"。众里寻他千百度。她与老伴趁着身体尚好,走遍了上海10个区的18家养老机构,比较来,比较去,最后选择入住亲和源。理由很简单——感到快乐、安心!

走出煎熬

2009年,亲和源渐渐走出煎熬。

似乎,除了丰富多彩的体验活动,两大"利好"支撑了销售业绩。

这年5月,国务院批复同意上海南汇和浦东两区合并。这一合并,城市的空间核心不再是行政中心的所在地人民广场,而大大地东移了。东移到了哪里?有的专家说,是有着"母亲河"之誉的黄浦江;有的说,是陆家嘴金融区。还有其他说法。不管怎么说,有一点十分肯定,那就是作为中国改革开放先试先行的桥头堡——浦东新区,它的发展舞台更广阔了。

地处南汇的亲和源养老社区得益于两区合并,顿时成为浦东新区的物业,身价扶摇直上。这是一次"可遇不可求"的天时地利。

另一次利好,则与奚志勇的一次重大决策有关。

奚志勇原本一直不主张卖产权的,但眼看消费者明明兜里有钱,却迟迟不肯下单,疑虑着:对于会员制养老会员卡实在"不了解""不合算"。为了让老人们"眼见为实",趁着浦东与南汇合并带来的一波房地产涨势,他说服股东,决定推出一部分携带产权的C卡,拿出很少一部分房产进行销售。

具有产权的C卡售价与周围普通商品房售价持平,却高于A卡和B卡的价格。

不得不说，这做法非常高明。老人们一比较就明白：一样住进亲和源，眼下花50万元人民币买会员A卡，价格比产权房便宜很多，将来随着周边房地产价格节节升高，水涨船高的会员A卡也可以办理转让或继承；而如果选择买产权房，也是住，售价却需100多万。

哪一个更合算？精明的上海人心知肚明。

随着"产权担忧"的渐渐消除，一度门可罗雀的清寂，变得喧闹了。老人们成群结队赶来咨询、下单。其实是市场潜在的火山般需求，在那一个时间点得以喷发。

有意思的是，许多老人在子女的陪同下纷至沓来，看了样板房，就急于签合同，甚至"急吼吼"地希望马上安排老人入住。其中，有一种情况比较普遍，即老人是"知识老人"，儿女在他们的培养下成了"国际人"，定居美国、英国、日本、澳大利亚、新加坡、南非等，或者在国内外飞来飞去，都是事业上的"忙人"。他们急需将老人托付给一个令他们放心的养老机构。而填补市场空白的亲和源，以优美的环境、社会性孝老服务，深深地打动了他们。"知识老人"是最早接受养老新生事物的一个群落。

2009年，亲和源的销售业绩报表曲线，呈开口向上的抛物线。

在两大利好的支撑下，口碑传播，是最有效的营销。

随着入住老人对于亲和源住区的交口称赞，引发了更多的老人前来打探。

一个移居澳大利亚的高级工程师张先生，给我讲了一件事情：

当年，张先生在墨尔本买了一栋很大的别墅，准备接退休的双亲去那里养老。墨尔本四季如春，尤其整座城市简直像一座巨大的公园，到处是参天大树和开阔的草坪，空气、水质都堪称"国际一流"。他觉得自己为老人安排的养老环境是"梦幻级的品质"。

谁料，老人去居住的两个月后，婉辞了儿子的善意，坚决要求回上海，明确告知儿子的是：熟悉的文化背景、人脉关系、生活习惯，比外国的空气、水质更令自己满意。

他不放心老人的空巢状态，特意回一趟上海，陪老人转悠了好几处养老院。

对于最后选定亲和源，张先生解释：我觉得亲和源住区的环境不错，与其他商品房差不多，但有一点深深地打动了我和我的父母，是他们的"长效联络通道"。

亲和源与入住老人以及他们的亲人（权益人）建立了这样的关系：每周甚至每日以短信、电邮或电话等有效形式，将他父母的健康状况向身在海外的子女传递信息；当然，也有许多温馨的问候，包括以短信、电邮、贺卡、贺电等方式向会员、权益人表达节庆祝福、生日祝贺等；按时向会员、权益人派送《亲和源报》等其他出版物，传播亲和源的各种活动乃至老人的参与情况。紧密的信息互动、家一般的照护安排，赢得了张先生这样奔波在外的子女的认同。如此口碑的滚动，带来更多的参观者、入住者。亲和源销售喜迎盛况。

2010年，累计销售出450多张会员卡，有接近600人入住，占了整个社区可接纳的入住总量的三分之一。亲和源的声誉与日俱增，媒体报道也从最初的质疑、争议变成了肯定。

一时间，全国各地闻讯赶到上海，去亲和源参观考察的人，如潮水般。

当接待过的人数达2万多人次，一天最高达到1000多时，奚志勇提出："要控制入住速度，因为住进来的人太多，管理可能跟不上。"

大约就在那个时候，发生了这样的情形：

亲和源一线的服务人员，不少是刚入职的大学毕业生，在服务老人的过程中，遇到与老人意见不同，性情耿直的他们喜欢跟老人"讲道理"。譬如，亲和源的餐饮服务由第三方提供，当对餐饮服务有意见，有的老人将不满直接撒向"生活秘书"。秘书觉得委屈，与老人会员争辩起来，让奚志勇知道了。但凡碰到这样的情况，先不论孰是孰非，奚志勇一定会选择站在老人一边，首先提醒员工对待老人"要有一个正确的态度"。

奚志勇经常说："老一辈在艰苦的环境下为国家建设、社会发展作出了巨大的贡献。他们值得我们尊敬和爱戴。我们要带着'爱'去服务老人。"

"永远站在老人一边，不是不讲原则，而是倡导一种以老人快乐为核心的价值观，要对老人有足够的包容和耐心。"身为董事长的奚志勇亲自担任第一任公寓主任。他倡导"以老人快乐为核心"的服务理念，化解了举不胜举的"小矛盾""小冲突"。

我从奚志勇当年的博客里读到："2009年，我们走出了发展的困境与迷茫，迎来了希望与辉煌。我们有了近300张会员卡的销售，也有了200多名会员的入住。我们的养老理念以及养老模式都已经被市场接受。"喜悦之情，溢于字里行间。

第七章 会员制

全国首例

得说说会员制养老了。

上海人一向以"懂经"(沪语内行之意)为荣。当年,随着开埠,上海就是西方现代生活传入中国的桥头堡,像电灯、电话、有轨电车、咖啡馆、西餐馆等,都是从上海兴起,继而辐射内地的。上海人比较容易接受新生事物,对于亲和源率先推出"国内首例"养老会员卡,一度议论纷纷,十分纠结,却没有裹足不前,最终在会员制养老消费中走在了全国前列。

对于亲和源的会员制养老模式,政府、社会、老人的着眼点很不一样。

有个政府官员曾对我说,养老社区本质是"养老地产"。无论开全国先河的亲和源社区,还是后来在各地陆续创建的一些养老社区,在这位官员看来,它们有个共性,就是都由社会资本投资兴建,开发商背景涵盖地产、保险、养老服务几个大系,走市场化经营路线,属于商业化的养老产业类别。他认识到,养老社区的地产特性和商业模式一向争议纷呈,也始终得不到金融、土地等配套政策的支持,并由此担忧养老服务与生俱来的公益性与资本与生俱来的趋利性之间的矛盾，很难获得平衡。在社会老龄化日趋严重、政府主导的福利型养老机构无力承载更多养老服务的当下，政府对于养老住区主要是加强监管，确保入住老人的正当权益。

亲和源会员制养老，受到外界争议，引爆点是"天价会员卡费"。因为价格是企业单方面制定的，有什么依据？将来如何保障它的保值，甚至增值？

在"吵吵嚷嚷"了一段时间后，质疑的声音渐渐变小了。再过几年，亲和源会员卡在上海滩变得"抢手"了。想买，还得等着老会员忍痛割让。真正改变这一局面的是，老人们不断看到了价值。因为随着周边房地产价格升高，会员卡也明显增值，更重要的还有两点：

一是比起上海官方公布的户籍人口平均寿命，亲和源每年高出一两岁。这个价值怎么折算？多少钱可以让生命延长一两年？无价！

二是上海新建的养老住区纷纷沿袭亲和源的会员制经营，但门槛费高出一大截，服务方面却没有亲和源娴熟和专业。亲和源的老人们再次窃喜。

亲和源3号楼一位姓言的伯伯，先在清华大学读书、工作多年，后调入上海大学工作多年，是一位资深教授、博士生导师，曾被评为上海市劳动模范，在国际学术会议分会任主席并作主题报告，发表学术文章近百篇。

言伯伯对于自己选择的"养老归宿"——亲和源会员制，他分析：这既不是完全由政府主导、自上而下的官办模式，譬如公办养老福利院，也不是完全市场化的、具有自负盈亏风险的民办企业。亲和源提供的是"共生共荣"的养老模式，有点儿类似医院、学校的事业因素，属于"现代老年事业"。它适应了老龄市场的需求，涉及"现代老年市场"，二者必须共生共荣，协调发展。他看好这样的"养老改革"。

奚志勇的看法和逻辑有所不同。

他认为,2008年之前,整个上海乃至全国,有不少传统的养老院,却没有一个专门针对健康老人、提供"快乐养老"服务的现代养老住区。当社会存在隐形需求,人们大多还在犹豫观望的时候,也是我们培养队伍、建章立制、锻炼"内功"的时候。彼时,奚志勇有一系列创新性做法。譬如,运营架构上,他提出了"三权分立",将亲和源物业一拆为三:产权、使用权、管理权。彼此责权利不同,却都能获得"增值"。"会员不仅仅是品质养老服务的购买者,投资者不仅仅是投资收益,管理者不仅仅是专业服务上的回报,三者都存在增值以及可持续增值的可能。"

当年听起来有点儿"悬",十多年的实践却验证,他预见了"人所未见"。

对于会员制服务,奚志勇也较早地形成了精辟的看法。

人们常常以为,所谓"会员卡",类似国外高尔夫俱乐部的"会员资格证"。大家耳熟能详的俱乐部,还有足球俱乐部、高尔夫俱乐部、汽车俱乐部、登山俱乐部、读书俱乐部等。这些俱乐部,将具有共同兴趣爱好的人组织成一个团体或圈子。有的俱乐部为了确保一定的活动层次,通过设定较高的会员卡门槛,将一部分消费能力不匹配的人排除在外。

每个俱乐部一般都有一个主题,消费者们以主题为中心开展活动。当然,俱乐部有时也特指有关俱乐部组织开展活动的场所。

奚志勇聊到亲和源养老俱乐部的"会员卡",更强调"归属感"。

他告诉我,人都是社会的人。在实际生活中,任何人都习惯有一种归属。这种归属可以是一个行业、一个单位,也可以是一种阶层、一个社区。譬如,住在哪一个小区,是高档的商品房还是售后公房,属于穷人还是富人,财富身份立刻显现。而这种归属感,不仅仅是由物质或财富等硬件构成,也需要相应的服务内容去支撑和维系。它也应验了马斯洛的需求层次论,人的自我价值的实现,是基于一系列有形和无形的内容的。

具体到亲和源推出会员卡,他说:传统养老,基本上是将孤老和失能的老人归拢在一起。而亲和源会员卡,构建了另一群人与人关系的纽带,也是他们的文化识别或身份识别。这群人是具有高品质生活趣味的,也是具有相当的消费实力的。

会员制养老,是通过一定的门槛,聚集一个阶层的老年人,让他们获得与他们身份和地位相匹配的健康快乐服务。毋庸讳言,它是奔着中高端老年群体而发展的。

这样的服务模式,而且具有一定的规模,在过去的养老实践中,人们闻所未闻。

奚志勇是探路者、先行者,也是会员制养老的规划者、推动者。

他鲜明地提出,亲和源必须成为中国最现代、最高端的养老聚集地。他心目中的"老年会员住户",是曾经在各行各业为社会做出过贡献,有着光辉过去的功成名就者。他们理应成为首批享受高品质的养老居住环境和服务的"VIP"。

他最初设计的会员制规模是 1500 个左右。实现这个规模,也就是有 1500 个会员将亲和源旗舰住区的 12 栋楼住满,大约走过了六年时间。六年后,亲和源服务分布于全国多个城市,会员总人数也扶摇直上。会员制养老,终于成为中国市场认可度较高的服务模式。

分析亲和源入籍"档案",我有个发现:会员多半是 1949 年之前出生的老人;小半是新中国建立后出生的。而 1949 年之前,包括 20 世纪二三十年代出生的老会员,他们从抗战的烽火中一路走来,参加过解放战争、抗美援朝、"三反五反"、合作化运动等。不寻常的经历,使得他们在会员社群中更具威望,是备受关注的"明星会员"。他们的生活观念、态度,影响着后辈。1949 年之后出生的会员呢,则有幸赶上了改革开放和经济高速发展,积累起比较殷实的个人财富,靠自己实力获得了尊贵的养老服务。

无论是1949年之前还是之后的出生者,他们都真切地意识到、体会到,传统的居家养老功能日趋弱化,逐渐丧失。他们寻求的不是传统的"子女赡养",也不仅仅是舒适与保障。他们甚至不需要子女贴补金钱。他们渴望丰富的、有尊严的养老。

会员制养老服务,恰恰满足了他们的需求。

身份荣耀

人,是社会的人。全社会有无数个圈层,不同的圈层,感受完全不同。

会员郑伯伯告诉我:"我没有来亲和源之前,对养老院抱有深深的成见。"他举例说,以前住普通小区,每次推着箱包外出,邻居、朋友见了都问:"去哪儿呀?"若回答:"去杭州或青岛的疗养院",对方脸上立刻放出光彩,以羡慕口吻称赞,甜滋滋的感觉会沁入心脾。若回答:"去养老院",对方往往满脸阴晴不定,带着同情的口吻表示"多多保重"!

入住亲和源后,每逢老同事、老同学、老邻居碰头或聚会,他对自己的会员身份感到荣耀:"不是我爱慕虚荣,而是亲和源的诞生,使得养老院变成了疗养院。"

养老不再是无可奈何的去处,而是注重"生活品质"的身份象征。

老伯伯分析,一个人过了七十岁,往往身体机能逐渐老化,常常丢三落四,存折密码记不牢了,跑医院次数多了,想摆脱"买、汰、烧"(沪语买菜、洗菜、做饭之意)的意愿越来越强。放在老人面前有三条必选之路:一是进养老院;二是雇请住家保姆;三是与子女住在一起。

与子女共居一室,短时间问题不大,时间一长,代沟就引起各种"看不惯"和"不愉快",何必呢。而请住家保姆,不但包吃包住,每月花费不少,而且保姆也千方百计要外出串串门、聊聊天、跑跑亲戚,最终,不知道是谁服侍谁。现在,我住在亲和源,想怎么过,自由自在。遇到有事情需要帮助,拎起电话或拉一下绳铃,一切迎刃而解。

会员制确实是有"门槛"的,但"门槛"确保了一个阶层的生活方式。亲和源的老人会员说起自己的生活,情不自禁有一种自豪感:小区环境幽雅宁静,12幢广角弧线形的住宅楼气度非凡。宽敞的上下两层大餐厅,每天有各种炒菜可供选择。有朋友来访,在此点菜也蛮体面,丰俭由人。社区内有集医院与护理院于一体的设施,定期有专家坐诊,还有健身房、球类馆、麻将室、交谊舞厅、迷你高尔夫、门球、垂钓池等。每周购物和每月去银行取养老金,都有专车接送。购物车回来,楼层秘书会热情地用手推车送上电梯,分送到各个居室……

我看见,不少老人会员胸前佩戴一块磁牌一样的东西。

"这是什么?"我问。

"会员的身份牌。"老人微笑了,拿起来向我介绍,"你看,上面有照片、姓名、编号和不同的标色。"它具有多功能,无论会员在亲和源社区的任何角落,只要身体不适或发生其他意外,按一下磁牌的中心点,控制中心的值班员立即知道出事者以及方位,几分钟内必有救护人员赶到现场。它还有其他用场,譬如,出入自己家,可以当钥匙使用;出入电梯和活动室,类似酒店的门禁卡;上餐厅,可结账用;工作人员一见磁牌颜色,就能识别你住哪一栋楼,随时随地可以提供帮助。身份卡,给老人带来的是便利和尊贵。

会员周伯伯对于会员的身份,有另一番感受。他说:"我感觉在亲和源是真正养老,而且还在不断改变并提高晚年的生活品质。"

原来,他退休后在家里住了十多年。虽然吃穿不愁,但深感每天的生活上演"二人转",夫妻两个大眼瞪小眼,买菜、做饭、洗衣是必修课,只有电视和报纸作伴,单调乏味。他痛恨小区环境的脏乱差,尤其是隔壁邻居开了营业性棋牌室,每天灌入两耳的是麻将声、牌友的说笑打闹以及争吵和谩骂,却无处去诉苦或说理。他回忆道:"老年人呐,最怕半夜被吵醒。熟睡后被吵醒,只能睁眼到天明,熬到起床时间去买菜。"

身处如此"不讲理"的环境,他和妻子忍无可忍,听说有个亲和源,赶来一看,眼前犹如一座美丽的公园:喷泉池里水花四溅;鱼池中,金鱼互相嬉戏;凉亭、假山掩映在枝叶繁茂的树丛中;园区里还飘着花香、果香。周伯伯特别中意:夜幕降临的时候,与原先的小区完全是两个世界。这里华灯初上,园区变得比白天更加沉静,连廊灯柱上的壁灯、草坪上的圆柱灯竞相绽放,都是幽雅的。入睡时分,整个小区只听得见草丛里、树林里传来一阵阵"唧唧""啾啾"的昆虫吟唱,那是大自然赏赐给人类的小夜曲。

周伯伯说:"在亲和源,是不可能被人为噪声干扰睡眠的,即便白天,谁家动静太大,也可能被"投诉",事实上,从来没有发生过这样的情况!"他非常得意自己住进了现代化的养老公寓,每天面对郁郁葱葱的橘子树,做着自编的体操动作。遇到雨天,他就去健身房骑自行车、有氧跑步、举杠铃。一些久未碰面的老友见他都连连夸赞:"气色比以前好多了,吃了啥补品啊?"周伯伯总是自豪地说:"用不着吃啥补品,我现在每天心情舒畅,吃好、睡好、锻炼好,要做一个'三好生'。"

再说另一对高级知识分子:周伯伯原是一家医院的急诊科主任,长期奋战在治病救人的临床一线,业绩曾被《解放日报》《文汇报》报道;倪阿姨是一家知名大企业的高级工程师,退休后还被企业高薪聘请,继续发挥专长。孰料天有不测风云。曾经从死神手里夺回无数生命的周伯伯刚退休不久,受聘为进修生上课时,突发脑梗死,倒在讲台前。被送往医院后,他先是高烧、昏迷,后因药物过敏,多次收到病危通知，最终的结果是"长期卧床"。

倪阿姨毅然推掉退休后的工作，挑起了照顾老周的重任。

他俩刚刚搬进亲和源时，不少会员留意到，清晨时分，有个风韵犹存的知识女性慢慢地推着轮椅，时不时又俯身与轮椅上的老伴轻声说着什么，有时还用纸巾帮他擦拭嘴角流下的唾液。那时，她眉头微蹙，脸带忧戚，而周伯伯神情倦怠，眼光呆滞。后来，人们发现他俩的情况渐渐好转。原来，融入了亲和源大家庭后，倪阿姨的压力很快被护工分担了。周伯伯与倪阿姨经常一起参加社区的活动。看其他会员载歌载舞，他俩也从心里感到高兴。

亲和源住区还有个特色，颐养院与住区都坐落在一个小区，所以平时周伯伯住在颐养院得到护工的专业照护，倪阿姨住在养老公寓自己的家里，互相都想见面享受"二人世界"时，也可以随时得到安排：护工只要用轮椅将周伯伯推送到3号楼家里即可，轻而易举。

一年后，会员们在长廊或园区活动室遇见他俩，简直判若两人。依然坐在轮椅上的周伯伯，眼神发亮，常常用温柔的眼光凝视身边照顾他的爱妻。而倪阿姨一改过去的愁容，脸上绽放着小姑娘般活泼、愉快的欢笑。她还应邀参加亲和源的明星招募活动，用"小车不倒只管推""碰上就要去面对"，与其他老人分享对于突如其来困境的积极态度。

"会员制生活，创造了老人之间亲密沟通、互相鼓劲和感知的机会。这种社交，与通常居委会管辖下的小区社交以及退休后同事之间的社交完全不同。俱乐部会针对入住老人的不同情况，主动设计一些活动，去帮助入住的老人。"奚志勇说："这种帮助，不仅表现在秘书为老年会员提供帮助，也表现在俱乐部会组织、引导其他会员去帮助需要帮助的人们。像年轻的老人帮助年迈的老人，健康的老人帮助患病的老人，在亲和源时时可见。"

会员制灵魂

独乐乐不如众乐乐。

快乐,是人生幸福指数的重要指标,也是亲和源会员制养老的精神灵魂。岁月静好的养老生活,如同潺潺流水,溅起欢乐浪花的是无数"有意思"的活动。

或许有一些人,善于寻找"一个人的快乐"。但奚志勇固执地认为:

> 至善至美的快乐,是一群人心灵相依的快乐,是人生相伴的快乐。

奚志勇对员工说:活动是"无中生有"的,需要带着爱心去策划,去组织,包括老年文艺、老年教育、分时度假、理财讲座、心理慰藉等,都能挖掘到快乐的源泉。

"只有将养老社区的活动办得丰富多彩,让老年会员各取所需,欢乐不断,才能培养他们的归属感。"奚志勇说,"有的企业会员制无利不起早,创办活动往往夹杂着向会员推销服务产品。这是方向性的错误。"亲和源组织的大量活动,往往都是"贴钱"的。从亲和源开园迎进第一批会员伊始,他们就动足脑筋组织各种活动,从一开始的单方面策划组织,到后来发动会员自己参与策划的模式,会员活动形成了一种住区文化。

有个伯伯告诉我,入住亲和源之前,每年过春节都是这样安排:小年夜与住在上海的小女儿全家一起度过。翌日,也就是除夕夜,照例要让女儿与婆家老人一起过。每个除夕夜,都是他和老伴"空巢"守岁,看看央视的春晚,听听窗外的爆竹,说不凄凉也凄凉。搬入亲和源后第一个年夜饭,变得非常热闹。所有入住老人与秘书团队一起过。宴席上,董事长奚志勇与夫人姚桂仙亲手给会员挨个发红包;大年初一，奚志勇还一一敲门给老人挨家挨户拜年，送上喜气洋洋的生肖玩偶。十多年来，年年如此。这位伯伯还告诉我，有一年集体吃年夜饭，亲和源名誉理事长秦怡也来到现场，适逢秦怡九十大寿，全场分享了喜庆蛋糕。大伙儿还争先恐后与秦怡合影留念。还有一次年夜饭，是"百家宴"。每个参与的家庭将自己的拿手菜奉献出来，秘书事先协调好荤素搭配。这一年的年夜饭，又逢一个会员90岁生日，还有一对是"钻石婚"纪念日。于是，守岁与祝寿、祝福，喜上加喜，"过得一辈子难忘"。

太阳底下无新鲜事。老年会员在入会初期，由于新鲜感而比较关注社区的活动，但一段时间以后关注度会逐渐降低，兴趣点会转移。从这个角度看，活动创新的难度比对有形产品创新的要求更高。为了将活动内容策划出特色、具有吸引力，"快乐秘书"可谓动足了脑筋。

最终，亲和源找到的法宝是"长效活动"。所谓"长效活动"，不是一次性的，而是始终激发老人渴望提高自身能力，让他们追求更加完美和充实、寓教于乐的活动。

8号楼的张伯伯说，会员制的活动最有黏性的是"老有所学"。譬如，亲和源老年社区有个朗诵兴趣小组。起初，只是五六个会员凭兴趣聚到了一块"玩玩"。后来，自愿要求加入的会员人数节节攀升，最多的时候小组成员有近50人。这些人有"三多"：一是全日制大学本科以上的学历较多；二是原先从事文化、艺术、教育、宣传工作的居多，包括大学教授、电影演员、话剧编导等；三是性格活跃、兴趣广泛的占了多数，参与者往往还爱好唱歌、音乐、绘画、舞蹈、乐器、运动等。吸引他们始终保持参与热度的，是朗诵活动不仅是玩，而是寓教于乐，让老人觉得"有意义""有进步"。譬如，会员来自五湖四海，各行各业，多数是南方人，普通话发音不够标准。而在亲和源，标准的社交语言还是普通话。它是上海的，更是全国的，能说一口发音准确的普通话，代表了一种文明和教养。

显然，北京人这方面优势显著。90多岁的卢玉韵一出现在兴趣小组，她的"字正腔圆"立刻赢得众人的尊敬。这位医学教授此时成了"语音教授"，专门辅导前后鼻音不分或"乡音"浓重的组员。她是一丝不苟的，不管你以前做什么，是官员还是专家，在发音上，她对"字"不对人，一字一字帮助别人挑出"毛病"，并反复示范和纠正。

后来，长期从事演艺工作的老人会员崔月明"从天而降"。她毕业于上海戏剧学院，曾任上影演员剧团演员和上海大学影视专业课教师，在朗诵辅导上更具"专业色彩"，不仅带来《语言基础知识》《台词基础训练讲义》为教材，还采取精讲多练、由浅到深、循序渐进、个别辅导与集体讲学相结合的方法，让老人的兴趣活动变成"兴趣课程"。消息一传开，兴趣小组顿时壮大了队伍。组员程光华，出生南京，成长在重庆，曾任部队文工团员，但她始终没有机会受到语音的严格训练，以致 zh（知）/z（资）不分，常遭笑话。她特别热衷于听崔月明老师的讲课，也终于搞懂了平舌音、翘舌音、前鼻音、后鼻音的区别和发音。感受到自己的点滴进步，她由衷感到喜悦。担任辅导老师的还有曾任空军部队话剧团编导的老人杨青。他在表演、朗诵方面造诣很深，为了帮助大伙儿提高朗诵水平，也精心备课，悉心示范。

"杨青伯伯教会我们，朗诵不仅要注重发音，更要理解作品的写作背景、思想内涵，读懂它，理解它，才能避免'拿腔拿调'，而实现声情并茂。"张伯伯说。

小组活动，还多次得到会员里的原上海电影制片厂导演徐伟杰的讲评。他们还去观摩著名演员和主持人刘广宁、陈醇、刘家桢等人的朗诵表演，并分析经典译制片里的声音艺术。

张伯伯介绍，让朗诵兴趣小组"精神升华"的是四处演出。这是他们始料未及的。当他们朗诵表演水平明显提高后，各种演出邀请纷至沓来，光荣感油然而生。因为登台演出，需要甩掉手拿的"夹子"，而老人们普遍觉得记忆力退步,因而怯场。于是,崔月明老师又着手进行"背诵训练"。如今,有的老人做到了,登台时将注意力凝聚在语言技巧、形体动作和作品意境的表达上。有的一时难以做到,老师们也没有流露失望,而是因人施教。

亲和源探索会员制活动常搞常新,还有个秘诀是,不断吸收新组员,邀请潜在的老人会员陆续加盟。这使兴趣活动像欢畅的小溪,充满了新鲜和喜悦。

第八章 独创模式

永远的 6001

亲和源老人会员，脑海里最熟悉的一串数字是"6001"。

这是亲和源的全天候服务热线。亲和源每幢楼的底层大堂服务台，永远有秘书守候，无论白天黑夜，平时还是节假，秘书们24小时无休，随时待命。

会员们无论遇到什么需求，只要拎起家里的电话，拨打这个号码，电话那头，会在铃声响三遍左右便有亲切温暖的问候："您好，我是服务台，有什么可以帮助到您？"

听起来像住在服务完备的五星级酒店。

的确，许多老人选择入驻亲和源，安心将自己托付给老年公寓，正因为有无微不至的秘书服务。亲和源为所有老人会员配备了三大秘书：生活秘书、健康秘书、快乐秘书。

呼叫秘书的热线电话就是6001，其功能十分强大，将人们熟悉的110、112、114等多个社会求助热线集于一身。它的魅力不仅在于即时即刻满足服务，而且背后有一群人，永远视他们如自己的父母，有求必应，细微处见责任，平凡处见真情……

老人会员谈起它,个个都有说不完的"故事"。

"嘀铃铃,嘀铃铃",晚间急救电话响起。

听起来比白天显得更加紧急。值班秘书小潘一个箭步跑上去拎起电话。

"喂,喂,我是2号楼407室,我家老孙摔倒了,不省人事,快——"

"阿婆别急,我马上叫医生。"说罢,小潘立即通知住区医院。

才几分钟,医生就背着急救箱赶来了。训练有素的医生熟悉老年疾病,药箱里备好了各种常见药物。这次孙伯伯患的是急性心脏病。根据平时对他病情的了解,医生给他口服了麝香救心丸,孙伯伯很快苏醒过来了。危险似乎过去了,但医生拿起听诊器仔细听了孙伯伯的心跳,觉得不能掉以轻心,建议马上走"绿色通道",联系去三甲医院。

闪着急救灯的救护车很快停在大楼门口,担架车被顺利地推入公寓大楼,进入宽大电梯,来到孙伯伯家。整个救护过程井然有序,流畅得不可思议。这在别的普通公寓似乎是难以想象的,在亲和源却是理所应当。因为整个住区的规划和设计,是完全根据老人的特殊需要进行的,包括小区布局、楼宇层高、门厅宽度、过道设计、走廊扶梯等。

急救,在老人世界是常见现象。老人体质较弱,稍不留神,疾病就乘虚而入。

这不,2013年8月,苏浙沪一带"秋老虎"高温肆虐。下旬的一天,3号楼的潘阿姨从浙江度假回沪,由于下午看电影时她觉得身体很累,傍晚就去亲和源会所,想通过泡一泡热水澡,祛除浑身的疲乏。不料刚进会所,她便感觉头晕脑胀,毛巾衣物也拿不稳,便赶紧穿衣服。刚穿毕,人就晕过去了。在场的翟阿姨、王阿姨、周阿姨见状,立即拨打6001。很快,医生带着担架、氧气袋赶来了,一边施以急救,一边急送市中心的长征医院。经查,潘阿姨是突发脑梗,幸亏抢救及时,才转危为安,没落下后遗症。

"6001"背后,有着一批可爱、敬业的"小巷总理"。亲和源社区的"巷子"虽小,每天遇到的事情却一点儿不少。秘书们永远忙不完,用真诚的服务换来老人的满意和快乐。而每每遇到突发事件,"6001"总能有条不紊,处置得当。

秘书,秘书

秘书式服务,是亲和源在养老领域的"独创"。

他们的秘书服务,粗分有三大类:生活、健康、快乐。细细探究,却是非常复杂的服务系统,仿佛是一架庞大的精密机械,包含了常人难以想象的精细化服务。

单单只是入住秀沿路2999弄亲和源旗舰社区的老人,有近1600位。这么多人居住在同一个区域,衣食住行、环境整治、治安秩序等,都需要服务,而且每样服务都需要专业化、人性化、个性化,要做到高效运转,谈何容易。

譬如,每天开始,便产生五花八门的服务需求,有家政服务、保洁、保安、工程维修、会员配餐、老年康复健身、老年教育、老年就医、老年颐养、日用品超市、美容美发、药品营养品、银行存取等。传统的社区体制下,这些都由居委会、物业管理公司以及附近的银行、商店、发廊等商业配套机构承担。而亲和源,不同于敬老院、养老院等福利机构,也不同于普通的居民小区,它属于居家养老、社区养老和机构养老相结合的"三合一模式"。小区纷繁复杂的管理事项,主要依靠亲和源老年公寓打理。

谁都希望,开门七件事,样样便捷高效;也渴望居住环境日日整洁优美、赏心悦目。谁也不希望,衣食住行磕磕绊绊,或者左邻右舍粗鲁、邋遢、乱扔垃圾。

坊间称居委会干部是"小巷总理",也正因一地鸡毛的琐碎小事,却需日理万机。

亲和源的管理难度系数更高。用奚志勇的话讲，这里住的是"至尊老人"，是一个现代养老的世外桃源。千百人聚集的生活，要体现更高的服务品质。

俗话说，没有规矩不成方圆。对于一个住区而言，每家每户，生活垃圾如何分类收集？楼道卫生如何保持？每幢楼的阅览室、活动室等共享设施的使用，不仅取决于服务者，也取决于被服务者。建立规章制度，必不可少。目的是人人照章办事，确保运营有序进行，最终让每个老人会员享受到便利和高效，但规章制度首先是要求"执行"。在这个意义上，老人是被服务者，也是被管理者。怎样让老人感受自由奔放，又同时不与他人的意愿发生冲突？如何将貌似冰冷坚硬的管理，化为春风拂面般的温暖服务？

俄国著名思想家车尔尼雪夫斯基说过：

> 人最宝贵的东西是什么？是生活。因为我们一切欢乐、一切幸福、一切希望都和生活联系在一起。

"我非常喜欢这句话，它揭示了人，当然也包括老年人，生活的本质。"奚志勇说，"亲和源实施管理服务，出发点，是希望老人实现无拘无束，充满欢乐、幸福和希望。"

亲和源刚刚开园的时候，管理服务的好几个岗位，一律取名"管家"。

"管家"，多好听啊，会员们也欣然接受的。一说管家，老人们会联想到中外影片里常常看到的，一个大 house 里，有一个能干的"管家"负责安排家里的各项工作。

有的老人对于"管家"角色的设置，啧啧称赞，说："我终于有了管家。家里的事务七七八八，为它们心烦了几十年。这下，总算有人帮我代管了。"

后来,不是老人会员觉得有问题,而是奚志勇发现了问题!

他发现,在日常的实践运营中,管家岗位的称谓,违背了亲和源服务原则。

管家,是由管理部门派出的。它接受管理部门制订的岗位描述以及岗位职责的设定,岗位业绩的考评者也归属管理部门。相对应,管家对管理部门负责。久而久之,管家与会员的情感交流渐渐趋少,甚至变得漠然。而奚志勇本意是,所有管家不仅照护老人吃喝玩乐,还要像会员的"子女",关心他们的精神需求,情感需求。显然,管家岗位的设置"不妥"!

奚志勇非常在乎"思行合一"。

一旦抱定亲和源是"至尊老人的家",他会在各个方面,反复检视工作是不是符合要求。无论哪一项工作,哪一个岗位,甚至细枝末节,他都绝不含糊,要求照着"至尊"的精神去做。他跟员工强调,要竭诚让老人感受"家"的温馨,处处凸显会员才是"一家之主",而绝不能重蹈以前以"床位"功能为主的养老院做法,让老人感受到被"管"。

当亲和源平稳运营了两年左右,奚志勇毅然决然,将"管家"统统改成"秘书"。

说起他的思考,挺有意思。

他说:"世界上,哪些人经常享有秘书服务?机关和事业单位的大领导,以及大企业的董事长、总裁等。秘书是一份职业,也可能是一个 team(团队)里的岗位。"

秘书一职的工作评估,有一个特殊性,即往往服从于服务对象的评估标准。它的岗位价值也比较特殊,它的价值也往往依附于被服务对象的价值实现之中。

亲和源秘书的服务对象是所有老人会员。既然所有服务岗位人员被称作"秘书",那么,他们的存在价值,就是让老人会员获得"至尊"感,继而享受生活、健康和快乐。

明确了这些还不够,奚志勇追加的一个要求:"代天下子女尽孝"。

一个企业有自己崇尚的文化。亲和源崇尚"家文化":

代天下儿女尽孝,替世间父母分忧。

奚志勇解释,"家文化"的核心是爱老、尊老、敬老,与会员共同建立亲情、和谐的家氛围;让会员享受到:有充足的自由选择权,有充足的服务支配权,有充足的自尊满足感。

自从"管家"改为"秘书",亲和源的考核内容也随之变化。

一是秘书岗位的工作优劣,裁定者不是管理公司,而取决于服务对象——老年会员。会员对秘书工作的评估不会细致到一条条那么具体,但他们对"秘书"的信任、依赖和沟通,以及对于秘书的实时评价,都是亲和源服务体系是否成功的关键。

二是秘书提供的服务是"被动式"的。日常工作除了根据岗位职责安排外,很重要的一点,是接受服务对象也即会员的指令。秘书工作的价值,体现在会员需要实现的价值之中。

"尽管是被动的,却也是统一的"。奚志勇对于这一点的解释是:要处处维护会员的"尊严",实现会员生活的"品质",看起来许多时候是"零服务",但这符合我们的理念。

三是秘书是提供尊荣感的职业。根据马斯洛理论,人的需求呈金字塔状。秘书的出现,使得老人备享尊荣,满足了精神层面的顶端需求,他们自我价值的实现,最终体现在精神层面。

事无巨细

说亲和源的秘书服务是"最复杂的系统",一点儿不夸张。

因为它涉及的事务,外延无限大,内涵又无限丰富。有许多事情,看似物业管理的范畴,不需要秘书亲力亲为,但老年会员遇到什么问题,首先都是"找秘书"。

老年社区的适老化设施设备非常之多。譬如,一张小小的智能"一卡通",集身份识别、门禁、消费功能于一卡。在社区内活动,它是会员提供信息、满足消费、完成支付、支持安保、紧急呼救的重要工具和手段。在日常管理上,亲和源的ERP管理系统是一个"服务中枢",针对会员的服务方案和管理信息均可在系统内形成或获取。住区还使用远程抄表系统。抄表收费尽量不打扰老人,完全实现智能。扣费可经会员授权,从"一卡通"中扣除。会员也可以随时上网或在ERP管理系统中查询。安保服务方面,"紧急呼叫按钮"随处可见。在会员居所的客厅、卧室、卫生间、阳台以及公共活动场所、公共卫生间等处,若会员发生任何异常,伸手触及紧急呼叫按钮,监控中心便"一目了然",锁定区位,即时启动救援程序。安保服务方面,亲和源的亮点是安排全天候24小时保安值班,还配有保安电子巡更系统。保洁服务,也是按服务标准,为每栋楼配置专职保洁员,确保社区和走廊洁净,并接受"会员理事会"的定期评估。至于设施设备维护,24小时随时接受物业报修。

比较烦琐的是家政服务。按会员入住合同约定,由亲和源秘书们负责安排,每周入户为会员进行一次"精保洁",包括客厅、厨房、卧室、卫生间、阳台等空间。秘书每季度与会员约定日期,入户为会员进行一次物品整理。此外,还有物品清洗替换,包括床单、枕套、被套,甚至包括台布、窗帘的清洗;也包括根据会员个性化需求,联系家政公司提供会员自费的"钟点工"服务、全日制家政服务以及其他代买代购、代领代订等。一些老人依旧习惯写信，邮寄包裹，订阅报刊，或需要代订机票、酒席、鲜花等，简直就没有什么属于秘书们的"分外事"。老人想吃什么，想喝什么，净菜加工，上门烹饪都可以找秘书，餐饮服务部门还定期提供营养咨询。

说到老人的健康服务，内容实在太多、太精细了。

养老服务的核心是养身和养心。所谓养身，有医疗服务、家庭医生服务、护理照料服务、健身康复服务及日常体锻和保健活动等几个大项，每项都有一系列精细内容。譬如，医疗服务。亲和源社区有内设医院，开设心血管科、内科、五官科、口腔科等科室，以老年多发病为重点，结合病员病情全程可控的特点，是承担会员健康服务的主体。除了满足会员日常就医外，每年还为会员安排健康体检，身高、体重、视力、听力、肝功、肾功、血常规、心电图、B超、X射线等项目，都是基础项目，会员可以自费增加其他项目检查。同时，医院还为会员提供家庭医生服务，每月入户巡检，提供健康咨询，跟踪会员健康状况，制定健康管理及服务方案，指导会员进行康复保健，以及有关健康医嘱，形成医疗特色服务。遇到突发疾患，医院还负责对接上海诸多三级甲等医院，为会员建立医疗"绿色通道"。此外，负责会员健康的秘书们，除了日常陪同就医、代配药外，还负责在会员ERP管理系统建立会员健康档案，详细记录会员既往病史、用药记录、体检报告及巡诊记录。

亲和源会员健康管理部，则负责健康秘书的管理工作，同时针对体检报告为会员进行健康评估及个性化健康指导；日常还通过邀请专家讲座、发布健康小贴士等形式开展健康教育工作，组织会员成立各类健康俱乐部和沙龙，譬如高血压俱乐部、糖尿病沙龙、医学沙龙等。

健身康复服务是亲和源备受称赞的特色。他们的会所一度拥有"全亚洲最大的理疗型康复会所"之誉，配有先进的物理理疗、运动治疗仪器，配有私人教练、物理理疗师，能进行运动康复治疗和综合康体服务。还有恒温游泳池、室内健身器械、水中运动区、SPA理疗区等。秘书们负责的服务是，根据会员体能和兴趣爱好，鼓励会员进行日常锻炼与保健活动，以及参加诸如门球、桌球、乒乓球、羽毛球、篮球、棋牌、健身操类等兴趣小组活动。

老人们青睐的"快乐场所"，大多是室内球馆、图书馆、阅览室、书画室、跳操房、健身房、棋牌室、架空层活动区、门球场、阳光房、多功能厅等；最热爱的活动，大致包含节庆类、体育类、文艺类等三类。节庆类有春节联欢、端午粽艺大赛、中秋月圆夜、元旦迎新会、重阳的"爸妈，为您过节"以及五一茶话会、六一亲子会、十一国庆日、圣诞平安夜等。体育类有门球、桌球、乒乓球、羽毛球、篮球、迷你高尔夫球，以及围棋、中国象棋、国际象棋、跳棋、军旗、扑克牌、麻将等。运动器材类有室内室外十余种，还有练功十八法、回春保健操、太极、五禽戏等。老人乐此不疲的文艺活动是卡拉OK、交谊舞会、经典影片放映、报刊图书阅览、书画练习。

老年教育也是养老生活的重要内容。亲和源设有几十个兴趣小组和沙龙，由专业人士带领会员开展系列寓教于乐的学习活动，如英语、数独、朗诵、民乐、钢琴等。亲和源还设计开展了会员培训课程、证书课程、特色研修班、精品社团等。基础课是老年学，包括生理、心理变化等。但受老人喜爱的是特色器乐教学如钢琴、管乐、弦乐、打击乐、电声乐等，声乐教学如通俗、民族、美声唱法等，戏曲教学如京剧、沪剧、昆剧、越剧等，语言教学如特色方言、外国语等。此外，手工制作教学如陶艺、摄影、编织、插花等，也很受欢迎。

我起初纳闷，老人的服务需要林林总总，非常繁多，而亲和源提出"为每户会员配置了生活秘书、健康秘书以及快乐秘书"。我心想，一千多个老人会员，得配备多少秘书啊？

后来，跟一位八十多岁的老伯伯聊起。他条理清晰，给我做了解释。

老伯伯住在 3 号楼里，楼里的所有邻居，共享三组秘书服务。

一组是生活秘书，专门负责生活事务。说起来是一大堆杂事儿。你想第二天吃什么，早饭午饭晚饭，荤素如何搭配，口味忌不忌啦，跟生活秘书交代一下即可，保证让你营养丰富，口味对头。当然，生活秘书管理的事情远远不止这些。你家需要擦窗扫地、整理房间等个性家政，或者外出需要了解班车时间、需不需要陪同等，也可以吩咐一下。生活秘书还兼管着物业安保安防、环境卫生等工作。

一组是健康秘书，有心事想做心理咨询，或身体不适预约家庭医生上门，或想去医院看病，找健康秘书就可。健康秘书还可以指导会员的锻炼、运动康复等，安排护工服务。凡是与健康、康复、锻炼有关的事项，统统可以"招呼"健康秘书。

还有一组是快乐秘书。你想打乒乓、羽毛球或搓麻将，缺少"搭子"是吗？打电话给快乐秘书，他们会给你物色玩乐的伙伴。他们管辖的有"亲和俱乐部""亲和学院""亲和义工"等。凡是与"快乐"有关的事情，都可以找他们安排解决。

"当我们有啥需要，跟秘书说一声，十有八九就解决了！"

"亲吻"可否

老人性格不一，爱好纷繁。协调起来，不是简单的事儿！更何况，老年有其特殊的心理状况。当我深入秘书人群，得知他们有个"零服务"原则，即不主动安排会员做什么，但当会员产生需求，秘书应该立即"应召"，继而落实其服务需求。

奚志勇告诉我，设置"零服务"原则，是为了让老人会员享受到秘书的服务。秘书是"被动"的。他们的职责像在部队、机关、企业，只是实现"长官、上司、老板"的指令。当会员不需要服务时，秘书绝不去干扰会员的正常生活。

我起初以为,"零服务"挺轻松。毕竟住区里多数是健康老人,事儿不会太多。

深入到秘书群里,才发现,恰恰是秘书的被动式服务,给秘书们提出了更高的服务要求。

小刘就遇到这样的情况。八十多岁的方阿姨曾含着热泪问他:能亲吻我一下吗?

怎么回事?说来话长。

方姨的老伴刚走不久,公寓秘书们明显觉得,方姨一下子憔悴了。他们曾专门举行"帮助方姨尽快走出悲伤"小组研讨。类似的工作,老人不会提出来,却是秘书们的分内事。当专门对口负责方姨的小刘给予格外关照时,方姨明确表示:"放心吧,我不会产生无谓的悲伤。在老伴走之前,我俩都讨论过,对彼此的离去毋须悲伤……都想通了的。"

小刘是个细致的小伙子。他发现方姨对老伴的思念无时无刻不在。譬如,每天早晚的卫生间漱口杯,方姨习惯性地放上两个,有时还在两支牙刷上挤上牙膏。不久,有好几个老人会员向他们反映,半夜里门外过道里有人游荡……老人们神情不由得紧张起来。

于是,负责3号楼管理和服务的小刘格外留意。不管晚上是不是轮到他值班,他回宿舍睡前都会巡视一下大楼。老人普遍习惯早睡早起。晚上10点钟左右,不出意外,所有窗口都会灭灯的。但有一天,夜已深沉,小刘发现五楼方姨家的灯还亮着。这令他担心。

按照亲和源管理条例,秘书的"一卡通"是没有会员家开门权限的。但方姨的老伴走后,方姨征得家属同意,主动提出将开门权限交给小刘。一是两年接触下来,她早已将小刘视作自己的孙辈;二是方姨一个人独居,万一有意外,也可以及时施救。

这不,看到方姨家灯亮,小刘先轻轻敲门,后使用"一卡通"进入了方姨的家。

方姨果然没有睡着。当她看见小刘进屋，脸上绽开笑容，从床上坐起来，披上一件外衣。她拍拍床沿，示意小刘坐到那儿。小刘坐过去后，问："睡不着，失眠？"

方姨并不想隐瞒，说："有段时间了。"

"去看医生了吗？可以配一点安眠药。"

"没用的。"她摇摇头，"我这不是病，我知道，药是没用的。"

"为什么？"小刘想知道实情。

"其实，其实原因……我知道……"方姨欲言又止。小刘的那双清纯双眸，令她想起当初刚刚认识老伴那会儿，老伴也有这样的眼神。她心头一颤，有点儿心慌意乱。

他们聊起的小刘的女友。小刘坦诚相告："女友在对面的华硕软件公司任技术员。"方姨还为他出了些主意。过后，方姨面带红晕告诉他，以前老伴在时，都是自己先睡着，老伴帮她关灯。小刘心想，这事儿，好办，于是帮方姨抽掉披着的外衣，扶她躺下。他想象着自己的奶奶，轻轻地拍着方姨的肩膀，看她安稳入睡，便关上灯，蹑手蹑脚离开了。

连续几天，小刘都这样哄着方姨入睡并替她关灯。谁料，不久后的一天，也是夜晚，小刘在11点钟接了刚下班的女朋友回家，等到自己准备回宿舍，竟然发现方姨家窗上的灯光又亮了。

小刘上了五楼，站在方姨家门口，犹豫着要不要进去。忽然，门开了，方姨坐在轮椅上对小刘说："我听见电梯声音了，也听到了脚步声，猜想是你。"

小刘没有丝毫埋怨，立即推着轮椅送她上床，帮她掖好被子，坐在她身边轻轻地拍着她的肩膀。"其实，不是这样的……"方姨尽管闭着眼睛，眼角却溢出晶莹的泪水。

她说："不是你做得不对……我老伴在我睡下后，习惯在我额头亲吻一下，然后关上灯，轻轻地走了。几十年来，我都是这样睡的。"

小刘明白了,这是习惯性依赖。他毫不犹豫弯下身,在方姨额头轻轻地吻了一下。

从此,他一直操心、习惯凝望的五楼那盏灯,半夜再也没有亮起。

奚志勇告诉我:"我们的服务人员,都是会员的'私人秘书',有时是资源的整合者,做各种服务资源之间的桥梁和纽带;有时需要超乎常人想象的无微不至。"

的确,我所看见、听见的"零服务",既是指亲和源服务内容非一页条文所能穷尽之多——大有若无;也是指亲和源服务温馨、随性之自然——无为而无不为。

"零服务"并非绝对的被动,也常常有主动的时候。

譬如,一些会员不习惯饮用公寓直饮水,每次去超市都采购不少矿泉水。于是,过了一阵,当他们家里矿泉水用得差不多的时候,秘书主动为老人联系了送货上门的服务商,并征询会员意见,为他们解决日常的采购、提拎等问题,避免了老人劳累。还有些会员,一连几天没去会员餐厅吃饭,选择自己在家"买、汰、烧"。这当然可以,但细心的秘书还是主动介入,询问他们,是不是餐厅烹饪存在问题。如果会员表示想自己"换换胃口",秘书也主动询问,是否需要联系净菜供应商送货上门。这种种"主动",还因为他们很早应用了数据服务。

秘书,是最了解老人的人,也是会员生活模型的创建者、使用者和维护者。他们将会员的信息进行收集、整理、分析,也将日常观察和交流中了解到的会员饮食喜好、身体状况、活动兴趣等主动输入计算机,从而主动地、敏锐地提供细致服务。

"零服务"并非"不服务"或"少服务",而是更深入、更精细地去满足需求。

秘书式服务,是亲和源首创的服务模式,也是其最核心的竞争力。

第九章 养老转型

思想探索

"您对现代服务业做过研究?"我问道。

我查阅到一些资料,看到署名奚志勇的文章里,有他对于这方面的议论。

有一天,去他的办公室,我单刀直入,挑起这样的话题。

"没错,政府大力倡导发展现代服务业,对上海这样的大城市非常合适,"他顿时滔滔不绝地说起来,"像亲和源这样的机构,专注于养老服务,也是现代服务业的一部分,未来空间非常之大。若真正重视,大力发展,整个城市都会发生意想不到的变化。"

"上海是中国率先进入人口老龄化的城市。但据我所知,不少官员忌讳谈论上海是一座老龄化城市。似乎一说老龄化城市,尤其还是深度老龄化,给人感觉是衰落的、缺乏活力的。"

"偏见啊,这是偏见啊!"他毫不掩饰态度。

他说,人们的知识,要么来自书本,要么来自实践。目前在政府位高权重,或在研究机构从事经济研究的人,可能压根儿没有意识到,老年经济也会像房地产一样给GDP带来巨大的推动力。在他们的思想观念和思维模式里,养老等同于"社会福利",跟现代服务业扯不上边,因而在制定现代服务业发展战略的时候,将养老撇在视野之外。

这番话激起了我的好奇!

养老就是养老,照护老人吃喝拉撒,怎么能与房地产业相提并论?

奚志勇谈了想法。一些发达国家,譬如美国、欧洲、日本,现代服务业已经成为产出最多、增长最快的战略性产业。知识、技术占主导地位,具有高附加值的产品和服务,早已延伸、渗透至老龄人群的生活用品、医疗保健、运动休闲产品中。涉老的照料服务、法律服务、管理服务、工程设计服务、金融保险、现代通信和网络技术服务等,都被列入现代服务业加以推动。人口老龄化进程与社会经济发展进程交织交融,以知识和技术为内核的养老产品和服务,推动养老产业转向知识密集型的生产和服务。这是人类社会的趋势和必然。

而中国呢,养老业起步较晚,市场发育不够成熟。官员普遍觉得,做好"民生托底"就等于做好了养老,骨子里认为养老业是"支出",不可能是"产出",不愿意"正眼"看待这一块发展,使得中国养老业的服务主体,长期停搁于"浅滩":一是生活照料,包括助餐服务、起居服务、助浴服务、卫生清理服务、代办服务等;二是家政服务,提供一般家务、保洁、物业管理、电器维修等专业性服务;三是医疗护理,开展健康医疗、护理和应急处置工作,帮助老年人在一定程度上恢复生理功能或减缓部分生理功能的衰退;四是精神慰藉,开展老年文体休闲活动,加强老年心理咨询工作建设,等等。

"这些想法、做法对吗?"奚志勇的答案是,"对,但失之偏颇了!"

今天的中国,人口老龄化程度非常高,上海这样的城市,早已进入"深度老龄阶段",60岁及以上的户籍老年人口远远超出了总户籍人口的20%以上。每三四个人里头就有一个老人。但养老产业远远没有顺应这样的变化,更没有成为推动城市经济社会发展的支柱产业。大多数养老机构业务综合性不强,在老年病、慢性病的防治上力不从心,只能求助于医疗卫生机构。护理院和老年康复中心在医疗卫生服务上略胜一筹,但因进住人员集中了相当比例的病患者,让健康老人感觉"不适"而敬而远之。其次,养老服务机构的相关设备配置不全,专业化服务缺乏高科技产品的支撑,大多数养老服务机构不得不将工作重心放在老人的日常起居照料上,无力为老人提供更具现代品质的专业化服务。再次,养老服务资源没有得到充分发掘,专业化服务缺乏拓展空间,像亲和源这样居家养老、机构养老与社区养老之间的配合比较协调默契,深受老年群体的认可和喜爱的机构也感到,养老服务的创新供给上显得力不从心。许多服务,我们早已想到了,却很难去付诸实践。

目前中国养老业的发展现状,依然是以政府投入、政府监管,将公办养老视作社会养老的主流和核心,以至许多地方,在21世纪20年代的今天,仍然将解决机构"床位"建设作为保障地方民生的形象工程,哪里谈得上"与时俱进"?

经济在转型,社会在转型,养老也要转型。

奚志勇主张如此。

他说,构建适合现代社会发展的养老体系,不仅要从体制上、机制上,还要从消费需求、市场发展、人口结构、社会伦理等多方面,去积极构思和大胆探索。

针对目前养老服务资源分割、养老服务水平普遍较低、服务内容不够丰富之现状,奚志勇提出,要进一步解决政府与市场的关系。政府致力于"床位"建设是可以理解的,但远远满足不了数量越来越庞大的老人多元化需求。必须借助市场力量,整合服务资源,形成战略发展联盟,提供专业的、多层次的养老服务,以此推进现代养老服务产业"跟上时代"。

亲和源于这方面作了一些探索。他们的养老服务,构建了"1+N"。

"1"指"平台",搭建了一个现代养老服务平台;"N",指各种养老服务,譬如生活服务、物业服务、助餐配餐服务、休闲娱乐服务、心理关爱服务、医疗健康护理服务等。他们没有采取大包大揽的方式什么都自己做,而是充分运用和调动社会资源,整合成最高效、最优质的系统化服务产品,满足基于老年会员所需要的所有服务。亲和源做什么呢?创建生活健康信息档案,通过大数据技术,分析掌握老年会员精细化需求,对每项服务提出质量标准,从而实现老年会员多元化、服务方式多样化、服务队伍专业化。

这样的探索,如果得以推广,可望一举解决多个"痛点":加快养老服务社会化进程,推动养老服务迈向更高"境界",改变单纯依靠政府投入难以为继的困难,动员和鼓励多种社会力量都来参与和兴办,实现投资主体多元化。切实提高养老服务质量,让老人享受到养老社区优化整合的专业化服务,包括基本养老生活服务、安保服务、保洁服务、物业维修服务、餐饮服务、休闲娱乐配套服务、医疗健康服务等。一旦老人对相关服务不满意发生投诉,不会直接与养老机构形成对立。养老机构将根据老人意愿,督促战略合作联盟的企业进一步提高服务质量,也可以通过市场角逐,促使相关专业资源不断改进。

"我们是资源整合商,擅长于市场资源配置,有利于形成服务规范的连锁规模。"

积极发展现代化市场养老模式,无疑是帮助政府应对老龄化人口急剧增长、提供多元化适老服务的有效解决之道。遗憾的是,一些官员对于市场主体创办的养老机构"横挑鼻子竖挑眼",这不顺眼,那不放心,在土地、金融、税收等方面毫无政策扶持。

说到这儿,奚志勇忍不住叹了口气。

建构"体系"

奚志勇探索并践行的养老发展模式,是按亲和源研制的标准,以战略联盟形式,从市场中遴选最匹配的服务供应商,融会成一个"养老服务体系"。它像一个"理想国",代表了奚志勇和亲和源倡导的一种"崭新的养老生活"。养老联盟,是其服务"体系"的支撑力。

说起服务体系,可谓"包罗万象",但凡你想得到的,生活照料、家政服务、物业管理、医疗健康、营养餐饮、文化娱乐、康复健身以及商业配套等,都归属于它。

以往福利性养老机构,规模远远不及亲和源住区那么庞大,然而小小麻雀,五脏俱全,所涉及的服务内容全部纳入自己管理或服务范围。由此导致它们负荷过大,只能将服务内容一减再减,将服务层次也一降再降,将目标聚焦在"让老人活着",而无力顾及更多。

但亲和源的经营模式则完全不同,它致力于"至尊老人的家"。这个"至尊"定位,顺应了社会经济发展到今天的老人需求,也迫使它一切要做得比"市面上的存在"更优。

"若想实现高要求、高目标,依靠一己力量大包大揽是愚蠢的、低效的,而着眼于'整合',寻找市场上已经存在、具有一定品牌影响力、专业化程度较高、符合亲和源服务理念的其他行业资源进行整合,才是可行的道路。"奚志勇回顾说:我们构筑"服务体系"的做法是,物业管理聘请美国著名的物业管理公司提供管理与服务,康复健身会所由著名健身机构全面管理,餐饮服务由著名品牌专业餐饮公司提供服务,医疗健康由上海著名三等甲级医疗机构负责管理,文化娱乐也联合了一些专业机构,如上海市市级老年大学、专业老年文化协会等。这些机构在各自领域里,以专业、品牌、业绩属于"头部企业"或处于领军地位,它们在亲和源统领和整合下,组成养老战略合作联盟,构成一流的养老体系。

"一流",不依赖"拿来主义",而基于亲和源的"品质控制"。

拿亲和源会员的健康与保健管理分析一下。老人健康档案的建立、保健康复方案的给出,这些方案的中途监控、方案执行结果评估,都由专业合作伙伴提供。合作伙伴呢,大都是堪称国内一流,甚至亚洲一流的机构。亲和源的内设医院,在上海一流医院的管理下,导入"治未病"的理念,针对老年人的体质体况,发挥中西医结合的特长,形成亲和源自己的护理和医疗特色。亲和学院和上海市老年大学联手办学,创新多种围绕"实现您的愿望,体现您的价值"的"老有所学",将兴趣学习与实现老年新生活方式建立了密切联系。

> 现代服务业和传统服务业的分水岭,在于深度专业化和高度整合性。

奚志勇这么认为。

亲和源也是以深度专业化、高度整合性为手段,搭建一个"共享平台",在创新养老模式的旗帜下,根据产品定位,整合各种资源,吸纳相匹配的专业企业加盟,将专业性的服务专项外包,形成专业互补的联盟。而这种做法,在它实施之前,几乎是空白。

目前,亲和源在走社会化、市场化、产业化的道路上仍然在探索。

对于"共享平台",奚志勇的思考落点是:改"生存型"养老服务为"生活型"养老服务;改"包办式"自主服务为"外包式"专业服务;与现代服务业高度结合,设计出更具现代品质感的养老服务体系。对于从市场上遴选的优质服务供应商,他希望诸如家政服务、物业管理、老年配餐、老年康复健身、老年教育、老年医院、颐养服务等,既能满足亲和源整体运营的服务需求,也为中国养老行业的发展建立一系列"标准"。

事实上,有关服务商遴选,从资质、投标、委托经营管理、服务考核办法等方面，亲和源所实行的一系列严格的制度要求，已经为养老行业的后来者提供了借鉴。

重塑伦理

说到重塑伦理，必然先要聊聊"传统伦理"。

今天的社会结构正日趋现代化，养老方式却仍然显得比较传统。何以见得？目前大多数老人依然选择居家养老，敬老院、福利院养老及普通的老年公寓养老。这些主流的养老模式，使得老人生活的自由度维持在较低水平，无法较多地选择自己的生活安排。"每日三餐，衣食无忧""有人照料，聊以度日"，几乎是主流养老最为普遍的养老内容，其最大的生活乐趣，几乎就是盼望子女周末回来吃顿饭，或每周来看望自己一下。

"在现代社会，这多么悲情！"奚志勇说。

那么，相比于传统的居家养老、敬老院养老和"硬件先进"的普通老年公寓养老来说，怎样的养老是"不悲哀"的？

"没有千篇一律的现成模式，可以做各种探索。"

奚志勇认为，探索的方向先要搞搞清楚，那就是将传统的家庭孝道，发展延伸到机构孝养服务，并与现代人的生活质量与思想观念高度匹配。机构延伸孝道和满足市场需求，是亲和源孜孜以求的方向。目的是为解决：在哪里养老？靠谁帮助养老？怎样养老？

这一思想，说大不大，说小不说。它表明了一种思维定位的转化，一种对自由、对实现老年价值的向往，也是一种新型养老方式的目标和一种现代孝道的体现。它带来的养老生活形态，一言以蔽之，即居家养老、机构养老与社区养老的深度结合。从亲和源会员制养老实践看，是由安居、保健、医疗、营养配餐、私人秘书、娱乐休闲等有机合成的品质养老。

的确，它在养老方式与孝道演化方面，悄悄掀起了一场变革。

它改变了单纯靠子女养，或靠企业养，或靠社会养的依赖型模式，而呈现为"混搭模式"。这样的"混搭"，既满足了现代老人的生活养老，更满足了他们的精神养老。

"精神养老"，是奚志勇头脑里萌发的创新提法。他一直试图将它逐步转化成一种新型养老模式，也试图提炼成一种崭新的养老服务思想。这是在社会保障的基础上所产生的自理养老、自我养老。实现老人的精神养老，需要更多有志从事养老产业的企业家共同探索，形成各具特色的精神养老的做法，为市场提供"精神赡养"的经验。

他对"职业化孝道"也有清晰的阐述。

他提出的"代天下儿女尽孝，替世间父母分忧"，看似亲和源的一句口号，却也是行动纲领，更是对老年会员的承诺。他们对老年会员，忧其更忧，愁其更愁，不是让老人去适应什么，而是努力去满足老人什么。此所谓"重塑伦理"！

家文化

我游走于亲和源，时常感到，传统思想和现代观念交织在了一起。

孝行天下，是亲和源倡导和实践的"家文化"。奚志勇说，给现代老人温暖，说一千道一万，核心是"孝"。儒家经典《孝经》中说："教民亲爱，莫善于孝。"而现代社会，独生子女一代上有老下有小，家庭的孝文化不得不转化为社会性企业的内在道德和精神。

秘书小蔡告诉我，身为秘书，他们的角色非常多，送奶员、送报员、收费员、快递员、心理医生、陪聊员……但最根本的角色是"知心孙女"。

奚志勇也反复叮嘱员工，我们服务的最高境界，是"爱"——孙辈对于长辈的尊敬和爱戴。要通过每天的嘘寒问暖、细细叮咛，让老人们时时沐浴在丽日和风中。

从理论上,他概括为四个字:和、敬、养、乐。

"和",是亲和源"家文化"的核心。亲和源,通过会员制形式组织起来的一个老年社区,在老人心目中,最大的价值是:它是老人大家庭,社会生活的共同体。从章程上看,入住的老年人无疑都必须认同会员的义务。但亲和源的服务不去刻意强化看似冷冰冰的刚性"条规",不去一味地强调简单的统一,而恰恰尽力满足多元的统一,规定所有的服务必须以"老人优先",在充分尊重老年会员个性化需求的基础上,实现"和而不同"。

的确,许多老人谈到亲和源生活,都表示:以户为单位,保留了家的传统形式,使得我们完全享受着个人的自由和私密空间。与此同时,令我们格外心动的,是一户户"小家"外面,还建有一个能够支撑所有会员在物质和精神生活中所需个性化服务的大家庭。用住在亲和源社区内的老人的通俗话说,即"关上房门是小家,打开房门是大家"。

"大家庭"三个字,普普通通,却是老人发自内心的赞美!原来,这是他们的精神刚需,是他们小家庭情感在老人社区平台上孕育的、满足集体情感的文化。在个体的自由、尊严、私密得到满足后,互敬互爱、互帮互助、亲如一家,具有磁石般的魅力。

"敬",长幼有序,尊敬长者的敬重。在亲和源,它被视作企业服务的内核。

奚志勇借用了孔子的话:"今之孝者,是谓能养。至于犬马,皆能有;不敬,何以别乎?"孔子认为,子女对父母的孝,要有物质的养,更要注重精神层面的敬。仅有物质上的养而无精神上的敬,人和犬马又有什么区别呢?对于这一点,秘书们的感受可谓"入骨"。

几乎所有接受我采访的秘书们都聊到,"伯伯""阿姨"非常敏感,有时候,一句无意的闲话或关门的力气重了,都可能引起老人的误解。

储奚君是2013年入职亲和源的,从秘书岗位做起。她发现,有的老人记性很好,将自己的孩子以及秘书的电话号码记得很牢,也有不少老人比较健忘。譬如有个伯伯,好长一段时间,每天遇到她总要重复问她的姓名。或许她的姓名比较特别,有一位阿姨见她总喊"小奚",纠正了几次,老人显得特别委屈,"哎呦,又错了。"

后来,储奚君就将错就错,不再刻意纠正。因为,"敬"是一切管理服务的出发点。

亲和源的一切服务者,无论从事餐饮、医疗、保健、文化娱乐等,在会员面前一律是"公仆",是会员意愿的执行者,肩负着"代天下儿女尽孝"的使命,恪尽职守地满足会员长者的各种愿望,让老年会员始终拥有一种自信、尊严和荣耀。

"养,不是简单的字面上的意义,也不仅仅是传统意义上的衣食住行等物质保障,而是通过倡导和建立健康快乐的生活模型,推动社会养老观念的改革和老人自身价值观念的转变。"奚志勇说。对于步入60岁的老人,他不主张传统的节衣缩食过紧日子,也不是碌碌无为地在"小家"赋闲,而是勇敢地走进会员大家庭,继续融入社会洪流,追求与时代经济发展相匹配的高质量的健康快乐的生活,包括物质生活的高品质、健康医疗的高保障、精神生活上的高追求。这是实现老年岁月再创价值的"意义所在"。

"你赞同吗?"他笑呵呵地问。

"时代不同了,理应如此!"我答。

至于"乐",亲和源体现的"独乐乐,不如众乐乐",不仅被老人会员亲身感受,连为他们服务的年轻人也无限向往。秘书李洁来自农村。她说,以前我所认识的农村养老,是老人每天坐在门前,看着日出日落,见着斗转星移,安静却无奈地等着老去。自2011年来亲和源工作，看到老人忙着追求更美好的生活，参加舞蹈、唱歌、花艺活动，或三五结伴外出旅游，我也非常"向往"这样的日子。于是，她也去旁听老人的声乐培训，从初级、中级一直学到高级，还体会到有文化的老人听音乐会，别有一番滋味。

是啊，快乐，是会员的主观感受，也是"亲和指数"的重要考量。

亲和源十分在意，多少老人热心于参加社团活动，参加哪些活动。

奚志勇说：无论老人喜欢安静还是热闹，根据马斯洛的需求理论，快乐的本质在于"自我实现"。因而，亲和源的整个社区，要营造其乐融融的氛围，通过精神关爱、心理疏导、文化娱乐、继续教育，帮助老年会员找到"自我"，实现心愿，展示才艺，享受愉悦……

"至善至美的快乐，是心灵相依的快乐，是人生相伴的快乐。"他说。

第十章 信息化

生活模型

养老服务是复杂的,涉及老人心理、照护、生活、快乐等事项。

奚志勇倡导的秘书式服务,将被服务者与服务者之间关系,梳理为"领导"与"秘书"的关系,显示了俱乐部会员养老的至尊感、优越感;而落实到具体实践中,一方面有赖于一个个具体的"人",另一方面也离不开先进的科学技术运用。

2006年搞基建时,他们便试图走到行业前沿,实施"最先进"的管理。

"那时,我们已经意识到数据、信息的至关重要!"奚志勇说,"我们将老人所需要的服务需求先捋了一遍,凡是想得到的,包括生活、健康、快乐、教育等方面的,全都罗列出来;然后思考会员的信息,共性化数据、个性化数据与会员服务之间的关系等。"

事实上,秘书式服务可谓亲和源的服务模式创新,而采集并形成信息流及建立数据库,则是他们在养老服务管理上的引领。因为彼时,中国养老业尚未引入信息化管理。

亲和源的信息化管理,有"生活模型""健康模型""快乐模型",

都基于会员信息的采集、归纳、处理和反馈，内容非常繁复，包括：会员的基本信息，如出生年月、籍贯、婚姻状况、受教育程度、子女基本信息等；个人生活信息，如兴趣爱好、饮食偏好、社交习惯、消费习惯、健身方式、出行方式等；个人健康信息，如既往病史、体检报告、体能评估等；养老需求信息，如生活照料、健康护理、心理陪护等；私密信息，如个人经济状况、收入情况、工作经历等。这些都属于偏静态的信息，而偏动态的信息，则包括会员服务需求调查、会员评估报告、会员活动参与、会员健康变化等。信息的收集、使用及管理，是分层级的。亲和源会员信息管理部门，属于一级管理者，负责全部信息收集、使用及管理工作。按会员信息管理规定，对其他各管理层次开放不同级别的信息使用权限。

老年公寓是会员信息的二级管理者，共享会员基本信息，有权对会员生活信息、健康信息及动态信息进行补充与更新；养生餐厅、健康会所、亲和源医院、亲和源颐养院等其他养老服务提供者为三级管理者，有权对各自服务领域内会员信息进行补充与更新。

依据静态和动态的信息分析，他们专门组织社工、医生、心理专家、营养专家等成立工作小组，积极开展"对路"服务。譬如，张老伯喜欢吃重口味的麻辣食品，李老伯喜欢口味清淡的食品，郭阿姨喜欢弹钢琴、唱英语歌、李阿姨喜欢搓麻将、编织工艺品；陆伯伯做过医生、擅长养生、摄影，周编辑喜欢写作、打乒乓，还有人喜欢桌球或门球，等等。掌握信息的秘书们会根据信息化数据，安排、鼓励或撮合老人之间"人以群分"。

与奚志勇交流，我经常听到一个名词：生活模型。

起初，我有点儿疑惑。世界上有物质模型、理论模型。他说的模型指什么？

刨根究底,才知道,亲和源研究的模型,即在事实基础上,确立目标,设定基准,利用必然的因果和合理的推断等手段,刻画各变量之间的关系,并建立相应的结构。

具体落实在老年会员管理和服务上,所谓建立模型,是一种创新和探索。它采用建模原理,制定会员个性化的服务体系。而采集会员养老生活信息,就是为了提炼出会员个性化生活需求,结合亲和源养老标准及服务资源,形成不同会员的个性化生活模型。

模型建立,是以"会员个体"为圆心进行构筑的。它一经建立,整个服务就有了依据。哪怕员工病假或跳槽,服务品质仍然可以得到保障。

秘书小王,前不久辞职回杭州结婚了。因为丈夫工作在西子湖畔,她不得不放弃在亲和源备受器重也尝到乐趣的秘书工作。她熟悉楼里所有老人的性格和生活习惯,老人也视她为自己的孙女,喜欢跟她聊天,也通过她安排日常活动。她走后,接替她的小李一样"熟门熟路",将老人们的订餐、娱乐等安排得井井有条。小李怎么掌握这么多信息呢?

原来,会员生活模型建立后,每位老人的兴趣爱好等信息,全部储存在会员专属的模型里,尽管老人普遍喜欢"老面孔",但新老面孔交替,并不影响服务的延续。

得到妥帖照护的老人们,有时对于秘书的"能干"感到不可思议。他们不知道,其中的秘密武器就是"生活模型"。而秘书们呢,对于"生活模型"的应用得心应手,每天、每周,无论哪个秘书遇到什么新的情况,会及时上网更新数据,修正模式,确保"下一次"对会员的生活、健康、快乐活动安排更加精准,以此保障老人的生活品质。

会员生活模型,不仅仅利用数据描述了当下会员的生活特征,也具有预测、试验和解释的功能。会员模型的动态更新,也为合理配置住区内部资源提供新的可能。

总之，从我的观感而言，生活模型几乎等同于亲和源的秘书岗位职责，两者间具有"同一性"或高度关联性。这是一种有意思的管理手段，也是他们的服务特色。

秘书小王对于"生活模型"十分入魔，一有空便默默地浏览，琢磨。他的梦想是，从生活模型里寻找出服务的延展性，譬如，老人的金融服务、老人的"陪聊"服务……

他告诉我一个有意思的现象：失偶老人并不甘心独自生活。他们特别害怕寂寞，与他聊天时谈到，指望有一个老人社交软件，甚至期盼秘书能发现合适的老人"撮合"成伴。

得力助手

亲和源还主导开发了一个会员服务管理信息平台，俗称ERP管理系统，拥有独立知识产权。

这个管理系统，是亲和源信息化服务的"精华"，倾注了奚志勇的科技梦想。

说起它的"系统架构"，有点儿枯燥。它的诞生，也是为了顺应养老住区服务业态突破传统养老模式，依据"生活模型"的理论指导，从生活、健康、快乐三方面提供全面而精准的养老服务。他们根据服务需求、服务特点和服务标准，自主研发了亲和源会员服务管理信息平台，运用技术语言表达，即采用了B/S架构，选用了微软的ASP.NET+MSSqlServer数据库，并大量使用AJAX、JQuery、JS、CSS等技术，提升用户操作体验。

系统架构设计上，充分考虑到亲和源在各地连锁经营的现状，采用模块化配置式的设计，为连锁老年公寓的经营管理快速定制输出信息管理平台，帮助连锁项目实现标准化管理。

它的功能有哪些？一句话：亲和源所有管理服务都可以"连通"。

奚志勇对这一技术软件的偏爱，简直像对待自己的儿子。他说，没有互联网视频联网技术之前，小区的社区安全监控完全依靠人力。一个小区需要十多个保安轮流值班，才能接近"万无一失"。如今呢，运用了社区无线定位系统、监控系统、报警系统的联动，在系统中设置社区安全监控页面，管理人员能坐在四季如春的室内，实时调取无线定位网络布点图及各社区摄像监控实时影像；一旦发生紧急情况，一键就能实现报警。

它的"神奇"远远不止于这些。

就说会员招募及管理这项工作吧，工作涉及的内容有一大堆，十分烦琐。我在采访一线"秘书"的时候，几个刚从大学毕业的姑娘和小伙子一致感叹："我们一上班，首先面临的一道难关，是尽快背熟楼里每个老人的姓名、房间、兴趣爱好、生活习惯、交友圈子等。有了这样的基础，才能每天一见到老人走出电梯，便亲热地招呼，嘘寒问暖。"

小盛姑娘说，老人们不缺少物质上的帮助，更渴望精神安慰。许多会员之所以热爱和依恋亲和源，是因为在他们眼里，子女在世界各地打拼，身边的秘书才是"长情相陪"的亲人。天天有年轻人陪伴，随时可以找他们帮忙解决问题，堪比儿女关怀。为让老人享受这样的温暖，秘书必须对老人的一切"了如指掌"。小陈姑娘也告诉我，刚来上班，"师傅"就交代要熟悉老人情况。她有时直接考问自己：某一房间老人最爱吃什么？忌讳吃什么？

而亲和源会员管理信息平台，代替"人脑"储存了会员的大量信息，通过信息管理，记录会员动态，了解会员生活、健康、快乐指数情况，修正会员生活模型，及时调整会员养老服务方案。有关会员招募的业绩统计与业绩分析、养老服务各部门业务流程设计，也能得以优化，实现即时和高效。它还"指导"会员健康管理：结合健康档案及会员健康状况跟踪，参照亲和源会员健康标准，建立并调整会员健康管理模型，形成服务部门健康服务方案；在"会员快乐"管理方面，开展各类兴趣活动时积累的数据，结合亲和源会员快乐标准，建立并调整会员快乐管理模型，形成服务部门快乐服务方案。

秘书们说，"人脑""电脑"有效互补，让亲和源充盈着"人文关怀"。

有一位朱阿姨，刚入住不久。秘书小冯根据管理信息平台的信息，带上生日贺卡、贺寿面条券以及一只蛋糕敲开老人的门。朱阿姨一脸诧异："咦，找我有事？"

"朱阿姨，生日快乐！"秘书满脸微笑。

"噢，今天……我的生日啊！"老人十分欣喜，并感叹，"我很久没过生日了！"

"要过的。"秘书说，"年年过，年年快乐，会越活越年轻！"

老人听了心花怒放。

类似的无数细节服务，"电脑"会及时提醒"人脑"。

所谓"电脑"，即会员管理信息平台，其数据采样覆盖了亲和源内设的医院、配餐中心、健康会所、商业中心以及所有会员消费场所。所记录的会员信息，统统收入信息管理系统，对正确评估会员总体养老生活品质，提供了重要参数。它掌握的信息，既有年龄、婚姻、籍贯、子女信息、经济收入、受教育程度、工作经历、生活经历、健康状况等基本信息，也有会员的诸多生活习惯。这方面细致到每个老人的作息时间、健身习惯、社交习惯、餐饮习惯、兴趣爱好等，无微不至。

"对会员的服务，要比亲人更亲，必须有的放矢，针对会员信息评估报告，精准地提供生活、健康、快乐、教育等服务，并形成一人一方案。"奚志勇说。

有个张伯伯，清华毕业，曾是上海大教学授，入住亲和源五年。他在社区范围内使用智能一卡通消费的明细，从读卡POS机终端上可以"一目了然"：他喜欢吃什么、有哪些忌口、有什么娱乐爱好、每天的作息等，信息全面。于是，亲和源利用服务平台，成为他的"最贴心朋友"。整个"模型"设计完全针对老人，"投其所好"，为他准备了生活服务、健康服务、快乐服务、教育服务、价值提升服务等各种建议。

我查阅了一下，亲和源自主开发的养老生活模型应用软件第4版，获得了国家计算机软件著作权，证书号为"软著登字第0509222号"。

这是奚志勇实现现代养老的得力助手。

当然，软件并非一劳永逸。所有数据是动态的，会时时更新。秘书小潘告诉我，有个伯伯原先喜欢旅游，后来身体变弱，外出不便。我们及时做了数据更换。有的老人刚来时是"单身"，后来，在亲和源住区遇到了情投意合的"老来伴"。两人毅然牵手，住到了一起。这样的"数据"，来不得丝毫马虎，否则所提供的服务出了岔子，老人会不愉快的。

"无论技术手段多么先进，最终还得依靠我们秘书去实现服务品质。"小秘书谦虚地告诉我，"服务平台像智能手机，功能很多，是一个超级助手，目前只得到一部分使用，有些功能还在不断调整和完善。"

奚志勇也坦言，这套服务平台日后会越来越多地"大显身手"。尤其，在针对2030年新一代老人需要的3.0养老住区建设中，会更显科技的魅力。

第十一章 老年价值

亲和学堂

亲和源有个"亲和学堂",创始校长是奚志勇。

所谓学堂,也是奚志勇试图颠覆传统的老年价值观的一项探索。

传统的老年价值观,一言以蔽之,即老年是弱势群体。退休,似乎是一道分水岭。人们普遍认为,退休了,意味着完成了人生的职业使命,可以不再参加"社会劳动"。剩下的时间,只要吃好穿暖,颐养天年,安享天伦之乐足矣。如此不加区别地将所有退休的老年视为弱势群体,看似抱着一份同情和怜悯,实质是将老人看成负担,是一种深深的误解。

一个女性在50岁或55岁,一个男性在60岁办理了退休手续,是不是丧失了继续为社会做贡献的能力和价值了?"绝对不是!"奚志勇说,"一般至少还有二十年的黄金岁月。"

劳动就业制度做出的退休安排,有其合理性,但制度安排本身却越来越显"老"了。一技傍身的劳动者,譬如科学家、医生、教师、编辑、律师、建筑设计师等,哪有因为办理了"退休"手续而减弱了从事社会服务的能量?相反,他们凭着知识、技能和经验,仍然是各行各业不可多得的人才资源。专业工作者在退休后的十年、二十年普遍保持能力和价值。那些看似步入耄耋的老人，身上也隐藏着种种潜力。所谓颠覆，即必须看清这一点，不能将老人群体一概视作弱势，相反，要为他们创造实现价值、体现价值的必要空间和条件，使他们的能力得到发挥，价值获得认同和尊重，摆脱空虚和孤独，从而延年益寿。

有一位思想家说：对于老年群体不只是从其自然属性出发去研究如何防衰老而获得长寿，更重要的是从其社会属性出发去研究如何满足老年人的需要和如何实现老年人的价值。

奚志勇这样想，也这样做。"抓手"之一，是创建亲和学堂。

他非常喜欢美国作家塞缪尔·厄尔曼的一段散文诗，想将它镌刻出来：

> 青春，不是一段飞逝的年华。青春，是坚定的意志，恢宏的想象，炽热的情感；是生命之泉的源远流长。青春，意味着勇敢战胜怯懦，进取代替安逸。岁月的流逝，就一定会导致衰老吗？须知暮气沉沉是因为放弃了对人生真谛的追求！

"诗人表达了我的心里所想。"奚志勇说。

有一项科学研究表明：60岁时大脑的记忆力有所弱化，但处理的信息量，是21岁时的四倍；有的老年人创造力不仅没有消失，甚至更强。他也了解到，中外存在大量的励志老人，60岁学画画，70岁学电脑，80岁开车出游。不是因为这些人基因有多么特别，而是因为他们从来不觉得自己老。他们天天穿着光鲜的衣服，保持着积极的心态。

"联合国倡导的积极老龄化，是具有普世意义的。"奚志勇告诉我，"人的生理渐渐变老，是自然规律，谁都无法拒绝，但是心理的变化可以'塑造'，取决于我们每个人。"

基于这样的思考，亲和学堂热热闹闹地挂上了匾牌。

但亲和学堂如何教学？教哪些东西？谁来教？这些问题令奚志勇绞尽脑汁。

老人会员里，高学历占了相当比例，大多是各个领域的行家里手，有的作出过非常显赫的贡献，享有国家颁给的重要奖项，其中还不乏文艺达人、语言达人、运动达人、科技达人。面对这样的老人群体，如何将继续教育融入养老生活？他采取的第一个措施，是将上海老年大学引入亲和源住区，设立老年大学亲和源教学点，让老人会员们足不出"小区"，就能享受到具有相当声誉的老年大学课程。

家门口的学堂所设的教学内容，有钢琴课、声乐课等，颇受欢迎。

释放天性

亲和学堂的教学，并没有满足于老年大学教学点的内容。

奚志勇"无中生有"，提出开展"游学"，寓教于乐。他深信，人们外出，暂别自己待腻的地方，去别人待腻之处，是有益身心的互动。出远门，不仅是享受眼睛的盛宴、身体的锻炼，更是心灵的洗涤、释放与吐故纳新。果然，"游学"项目一经推出，受到老人普遍青睐。迄今，他们组织的游学，足迹遍布仰光、曼谷、台湾、海南、青岛等地。

说起游学，奚志勇对于一次去海南的"三亚游学"，津津乐道。

那次，他自己担任带教老师，奔着"独特体验，形成案例"的游学目标。

一群老人跟着他乘飞机到三亚，入住亲和源三亚俱乐部，收到的第一份教案就令他们"吓一跳"。这堂课名叫"时尚沙滩文化"，规定着装要求是泳装。在说明一栏还特别建议：女性选择bikini。"bikini"是啥玩意？有人明知故问，引发旁人哈哈大笑。

时逢初秋，内地的树叶已经泛黄了，但三亚的海边依然一派夏日景象。午潮刚退，一望无际的洁白沙滩，蜿蜒伸展在蓝天碧海与热带树林之间。彼时，竖立着一面亲和源旗帜的人头攒动处，摆着一长溜沙滩躺椅。早到的学员都换上了泳衣，或靠在沙滩椅上，或躺在沙窝里或浴巾上。熙熙攘攘的游客里，大半是老人和外国人。外国人比较奔放，几个人围成一圈，一边弹着吉他一边跳桑巴。几个穿着比基尼的金发少女，随着节奏扭动身躯，还热情地邀请中国游客加入跳舞的行列。就在如此热烈、欢快的气氛中，亲和源游学会员里，曾经历"戎马一生"，在抗美援朝前线奉献热血青春的"曼阿姨"，迈着少女般的步伐走来了。若不是她的满头银丝，谁也看不出她是年近八旬的耄耋老人了。她不仅保持了姣美的身材，而且一直喜欢歌舞，年轻时在朝鲜学跳过朝鲜民族舞，后来又学过交谊舞。

当"曼阿姨"当众褪去浴袍，露出细腻的肌肤和修长的四肢，随着音乐的节奏轻盈地扭动双肩和胯部时，人们被这样一位身穿火红比基尼的鹤发舞者牢牢吸引住了。

她的舞姿，有桑巴的奔放，有校园青春舞的活力，还有朝鲜民族舞的曼妙……她无拘无束舒展着身躯和四肢，脸上绽放晚霞般灿烂的笑容，俘获了现场所有眼球。

一曲刚罢，一位高鼻子蓝眼睛的小伙子热情地朝她跑去，献上一束娇嫩的"勿忘我"，并站在她的身边大声宣布："Bikini Queen！"四周顿时响起一阵欢呼。

奚志勇的点评十分独到，他脱口而出：

> 人，不会因为年纪大而无法跳舞，却可能因为不再跳舞而变老。

话音刚落，一片掌声。

这一趟"三亚游学"，因为出了一个"比基尼皇后"，令老年会员十分惊喜。

他们意识到，人人都有潜力，只要心态不老，敢于放开，生活依然充满惊喜和梦想。

无独有偶，翌日，两个"交大男"的亲身经历也令人津津乐道。

游学团里的老马和老周，昔日是上海交通大学校友。当年，老马学机械专业，老周学船舶专业。谁也没想到，他们在亲和源住区做了邻居。两人都爱品茗，于是每天相约在3号楼喝茶神聊。同窗回忆，事业曲折，生活情趣，他俩有着聊不完的话题。

来三亚游学，他俩也想找个喝茶的地方，于是摸索到宾馆主楼所在的山脚下。远看，一片摇曳的椰林里，有个地中海式的酒吧。走近了，抬眼看店招"Your Bar"。老周大声念了一遍英语，转头朝老马笑笑："你的吧。"老马会心一笑，一字一顿地说："友之吧。"

步入酒吧，发现里面三层各有"堂奥"。他俩选择二楼靠窗的位置，"坐在那里更有泡吧的感觉"。两位"工科男"闲扯起来。老周笑着指着吧台前一根搁脚的横木说："这根木头，英语本意叫Bar，最初在美国西部，牛仔们喜欢在小酒馆喝酒。那时他们都是骑马而来。酒馆老板在门口设置一根横木，方便拴马。后来，骑马的变少了，开车的越来越多。老板们便将横木扔在柜台下面。没想到这方便了泡吧者搁脚，感到舒服。大家便纷纷仿效。"

吧台后的调酒小伙子一听，乐了："受教了，老吧客！"

老马不得不服，瞄一眼老周，问："学长，来瓶94长城，够吗？"

老周摇摇头，表示："每人先来杯薄荷利口，有兴致再改喝其他的。"说罢，自顾自地踱步到书架前，发现清一色是中外文学名著，而且每种书都摆出了两本，譬如《飘》《红与黑》《红楼梦》《随想录》等，都有两本放在一起。他抽出一本司汤达的《红与黑》，感叹道："在交大读书时念过，六十年没有碰它了。"

其实，他记忆犹新，是因为这部小说让他收获了初恋。

这一回，他拿到的新版，装帧更加漂亮了，但他脑海里浮现的是旧版。他熟门熟路径直翻到第六章。他和她第一次牵手是在共同阅读这一章的时候。一切历历在目。

老马发觉学长沉浸在阅读中，不便打扰，便知趣地去三楼转悠。那里有小伙子唱外国民歌《桑塔洛奇亚》。老周见状，更是放任自己在《红与黑》里遨游了。德·瑞那先生刺激了于连的自尊心，难道这是于连敢于伸手握住德·瑞那夫人柔软纤细又傲慢冰冷的手的理由？司汤达不会如此浅白、粗糙吧？一定还有什么原因……老周继续阅读，在字里行间寻找。

"于连终于伸出手去，紧紧地握住德·瑞那夫人的手，不容她挣扎，不容她抽回，不容她颤抖，紧紧地握住！……就在夜色浓浓的花园里，就在德·瑞那市长面前那张桌子的底下，就在女仆艾丽莎躲在窗后窥视的目光下……"找到这一段，老周不禁吁了一口气。

他抬起眼，一个头染一绺金黄、右耳挂着耳坠的小伙子，满脸堆笑地问："老先生，能不能将您手里的《红与黑》让我用一用？"老周顿时觉得大煞风景，反问："书架上不是还有一本吗？"小伙子双肩一耸，头往一侧动动，暗示他看那里。那里有个保养精致却上了年纪的女士，面前也放着本《红与黑》。小伙子凑近老周的耳朵低声说："这里的规矩是，每种书都只有两本，所谓'友吧'，就是交友，拿同样的书，我就可以找她聊了！"

老周一听，非常吃惊，看着小伙子满脸哀恳，问："你想同她交友？"

"她是富婆！"小伙子口气迫切。

老马沉吟一下，婉拒。小伙子悻悻然，扭头就走。

老周心里冒起了搞怪之念。他拿着书坐到老妇面前，问："美女，我能坐吗？"

之所以称她美女，也算顺应市面流行的"搭讪"陌生女子的叫法。

女士优雅地点点头，并表示："请不要再用'美女'称呼我。"

老周无话找话，就问："你也喜欢《红与黑》？怎么看于连？"

"于连是用两段感情，在向自己开炮，寻求沉沦和毁灭。所以，《红与黑》是一部悲剧，真正的悲剧！"女士说出这番见解，老周非常惊异，富婆并非"无脑"啊。

"你们的游学很有意思，聊聊亲和源吧？"女士挑起新话题。

"亲和源？你知道我们？"老周的目光又扫了一下手里的书，心里想着"交友"。

女士笑了："我也岁数不小了，对老年公寓有兴趣。"

老周"噢"了一声，一半失落，一半来劲。失落的是女士对眼前的翩翩绅士没有表现出"交友"的兴趣，来劲的是他对亲和源这个新家如数家珍，于是，滔滔不绝。

事后，"游学"也要交作业的。老马得知这番内情，灵感飞扬，写"论文"抖搂了这一"酒吧艳遇"，题目是《给自己唱，叫卡拉；给知音唱，才叫OK》。

除了"比基尼皇后"和"酒吧艳遇"，那次游学还有第三个"奇葩"事件。

一群有头有脸的亲和源会员，在三亚游学的过程中，竟然发生了一场"面红脖子粗"的风波。在亲和源会员的口口相传里，它叫"高尔夫球场风波"。

那天安排的课程内容，是在亚龙湾球场分小组进行比赛。

老人们约法三章：

> 比赛第一，体验第二，友谊第三。

言下之意,不能借口友谊赛而马马虎虎,要分出输赢!

如此一较真,输赢就有了悬念。毕竟,谁都不服输,老人更是如此。

一开始,深厚的教养如春风拂面,人人有一股斯文劲儿。

当带教老师问:"当初抗大的教学理念是什么?"众口同声:"在战争中学习,在学习中战争。"老师又问:"我们的教学理念是?"话音刚落,会员们立即齐刷刷回答:"在体验中解读,在解读中体验。"OK,看大伙儿事先备好了功课,老师开始安排分组。

三人一小组,一组男生带一组女生。自由组合,胜者有奖。

此时有个阿姨尖声叫喊:"谁要我们?我们有 Queen!"

"我们要。"男生们齐声喊。

"讨厌!"曼阿姨甜蜜地嗔了同伴一眼。

众人有说有笑,对于比赛规则,对于林伯伯带来的高尔夫装备的"TaylorMade",彼此调侃一番。先先后后下场后,老林从口袋里摸出一支塑料"T",插入草地,然后双手罩着额眉,眯眼眺望了一下 300 码开外的果岭,严肃地说:"大家安静!安静!赛场不许大声喧哗。"然后他宣布:"把球打到对面的果岭,进洞,用了几杆,杆数最少者为赢。第一次不较真,属于体验;第二次算是正式比赛……"显然,他是全场最专业的。

老林开始打球。他在球前活动了几下身躯,试挥了几下球杆,然后屏气凝神,双臂一挥,随着"啪"的一声,小白球应声飞起,在半空划了道弧线,落入远处的草地。

轮到老马上场了。谁知老马并不理会老林递过来的球杆,徒手扬臂一掷,白球如流星般飞出,落点接近老林。想当初,他是上海交大田径队的标枪运动员,臂力非凡。

老林有点儿恼了:"怎么不讲规则呢?"

此时老周登场。他的花样玩法更让人意外。他将小球轻轻一抛,左脚小移一步,右脚来个风摆垂柳,小球便似离弦之箭,"嗖"地蹿出，悠悠地落入老林和老周的落点附近。

显然，"规则"被破，学员们八仙过海，各显神通。

老林把脸拉得长长的，球童看得目瞪口呆，曼阿姨表示：怎么玩都是体验，正宗高尔夫对阵草根高尔夫，草根的未必输。话音刚落，老林的表情转阴为晴，开始摆谱：

"高尔夫呢，是目前世上最流行的绅士运动。它起源于古代苏格兰。当时人们放牧时，玩一颗圆石击入野兔洞的游戏，后来演变成高尔夫运动。苏格兰的圣安德鲁斯球场是高尔夫圣地，每个高尔夫球手都希望去那里打一场球。"老林特别强调，"高尔夫的规则是，必须用专业球杆将球击打进洞，否则就不是高尔夫，成了王尔夫或李尔夫……"

周边的老人不买账。老马就撇撇嘴说："古代苏格兰人打石头时，难道用球杆了？！"言下之意，他的打法接近古典。老周也不示弱，说："我更相信高尔夫起源于咱们中国。明朝的《宣宗行乐图》为证。那时有一种运动叫蹴鞠，一边走路一边打球，像我这样！"

球赛变成了辩论赛，谁也说服不了谁。有人建议，不管怎么玩法，只看球的落点！

于是，比赛继续。打的打，掷的掷，踢的踢，各种玩法齐上阵。

到了临"洞"时，彼此一边设法进洞，一边冷嘲热讽。老林是委屈又气愤，嘴里不停地嘟囔："秀才碰到兵，有理说不清！"其他不玩球杆的只当耳边风，根本不理。

最后，轮到宣布比赛结果了。带教老师问："谁愿意宣布？"

有一位阿姨举手："我来！"众人看她怎么收场。

"今天比赛，可圈可点之处挺多。老马5杆，老林6杆……综合各种因素，冠军是——"不慌不忙的她，此时故意拖长了音调，说："冠军是老林，他示范了纯正的玩法！"

"好呀！"一片喝彩。

"冠军获得者,有个特别的奖励:由我们的比基尼皇后给个深情拥抱!"

曼阿姨在众人起哄声中,款款走向老林,落落大方拥抱了老林。老林顿时脸涨得通红。

奚志勇总结游学,说:最大的收获,让亲和源会员再次感受"我们依然年轻"!

他说,人,为何而活,如何去活,活着有何意义,属于价值观。

所谓人生价值,是从价值的角度考虑人生问题。从古至今,人类社会的每个阶段,奉行过不同的人生价值观。人生所处的不同阶段,不同社会制度,不同经济发展水平和不同历史文化背景,产生的价值观也不同。抱以怎样的老年价值观,影响老人的生活质量。

老年的喜剧,是人生的喜剧;老年的悲剧,是人生的悲剧。

R. B. 弗里曼在《劳动经济学》中有一句话:高技术需要高水平的劳动力。这种高水平的劳动力能够储备知识,并具有把这种知识应用于生产和把知识传给他人的能力。

奚志勇对此深表赞同。他说:"漠视老年阶段的社会价值,普遍存在,是失之偏颇的,需要在思想认识上拨乱反正,尤其在面对人口老龄化的今天。传统的老年价值观'老'了。如果任其存在,容易使得老年人自身产生自卑,接受了这种悲观晦涩的价值观。"

正因为如此,他一方面呼吁"不要将老年人笼统地视作弱者",另一方面,始终坚信用进废退,认为老年保持年轻态,奥秘在于保持一定的活动量。当然,这样的保持,可以是职业技能的延续,也可以是反职业化,完全从个体的兴趣爱好出发的。

亲和源有不少老人,从"零基础"开始学习英语、书法、绘画、写作,奚志勇都非常鼓励。有个李爷爷,从小在旧式的报馆做学徒,一辈子在报社打杂,却从内心敬重文字,梦想有一天也成为作家。入住亲和源颐养院后,这位怪老头的"梦想"被奚志勇知道了。

"老了,那又怎么样!"奚志勇始终抱着这样的想法。

他鼓励老人给《亲和源报》投稿,谁料老人兴奋不已,笔耕不辍,成为最执着的投稿者,每期都投稿,生病了也不愿落下。后来,当他将以往所有的文章收集成册,奚志勇毫不犹豫资助他出了一本个人文集。老人拿到自己的第一本著作,感动得热泪盈眶。

像李爷爷这样的会员并非少数。他们年轻的时候,为了生存,无奈地放弃个人理想,却在晚年,入住亲和源后,重拾了儿时的梦想。

他们的幸运,在于亲和源有这样一个理念:

> 步入老年,才有资格实现真正的学习自由、工作自由、情感自由。这些都可以抛弃任何外在的压力或期望,只服从于老人自己的内心。让生命快乐地渐渐老去。

用进废退

"用进废退",是老人葆有生命力的奥秘!

这也是奚志勇去荷兰考察学习所取得的"真经"。

人一退休,往往老得很快。不得不说,社会上约定俗成的一些做法,优待了老人,也"害"了老人。譬如,退休者享有一张免费乘坐公交的"老年卡"。老人拿它登上公共汽车,人们大多会主动让座,老人也觉得理所当然。对此,奚志勇颇有微词。

他认为,政府和百姓礼貌待老,无疑是出于善意,实际却隐含了对老年人的歧视、偏见,存在一种隐形的不公平。从老人生理、心理的健康而言,"第三年龄"不需要过度"孝敬",更不要以为,给他们吃好穿好就满足了他们的身心需要,并通过许多善意的措施,逼迫他们将自己视为"老朽""废物",逼迫他们产生"服老"的思想,继而"什么也不干"。

人的身体器官,自有其运转的科学规律,超负荷使用是透支生命,反之,也是浪费生命。长期不用,是让器官"生锈"。这个比喻,也就是人们所讲的"用进废退"。

如果社会、家庭以及老人自己,不断暗示说,退休了,可以少用脑、少做事、少运动,殊不知,这样很可能产生反作用:加速了老人新陈代谢能力的衰退。

科学的"尊老"行为应当怎样呢?奚志勇讲述了亲和源发生的事情:

老严是一位"老革命",离休干部,当年参加过解放上海的战役。退休后,妻子程老师对他的照顾可谓无微不至,衣来伸手,饭来张口,整天几乎没啥事需要亲力亲为。常人看来,这是享福。他自己也认为如此。他俩决定入住亲和源,是因为老严患有不少老年基础病,还渐渐发生记忆衰退。程老师独自照顾不了老伴,便希望亲和源能帮助解决难题。

他俩入住不久,有一天,程老师吃力地推着老严坐轮椅来到亲和源医院。

老严患的是胸腰椎退行性病变压迫神经,左下肢乏力,大腿外侧刺样阵痛,腰部也时不时疼痛,夜不能寐,坐立不安,被推到医院时嘴里不时发出呻吟。医生仔细检查后,制定了治疗方案:一是低频电流刺激,以缓解疼痛,放松肌肉;二是磁热振荡治疗,以改善受压迫组织代谢,也起到舒缓疼痛作用。但在询问病史过程中,医生发现,每次问什么,程老师都抢先代为回答,老严几乎没有说过一句完整的话。还有,由于做低频电流和磁热振荡,都需要从轮椅上搬移到床上。每次刚准备搬移,老严就痛得哇哇直叫。程老师见状,说:"算了,不做这个治疗了,与其这么痛苦,不如静养。"但医生发现了更多"隐情",阻止他俩离开,进一步询问:"阿姨,严叔叔是不是还有老年退行性病变？言语和认知功能跟以前不一样？"程老师突然脸色大变，言语也颤抖了："侬说我家老头子有阿尔茨海默病，怎么会？！"

"肢体上的疼痛通过治疗可以减轻和改善，但老年退行性病变若不及时诊治，很可能失去与人交流的能力。一旦心灵与外界不再通达，后果就严重了。"

程老师一听急了，这才一五一十和盘托出："他现在经常忘记刚发生的事情，话也讲不清楚，所以别人问他什么都由我代答。他姐姐也这样，或许是遗传吧，阿尔茨海默病又治不好！"

"不能完全治愈，不等于要放弃啊。你们相信我，积极配合监察和治疗，会有改变的。"

程老师犹豫了，走到老严跟前："刚才医生的话听到了吗？侬愿意尝试吗？只要侬愿意，我天天陪侬来。这里条件比外面医院好多了，人少，清静，试试看？"

老严点点头，表示同意。

经过CT检查确诊，老严脑部出现小脑萎缩，存在记忆缺失性失语症，对近期发生的事情迅速健忘。于是，医生制定了复合型治疗方案，一项项攻克疾病。先是针对腰部和下肢的疼痛，应用言语指导和转移技术，进行治疗。两个星期后，老严疼痛感减轻。医生鼓励他带着一个唱本，一边治疗一边唱歌，语言、记忆、康复训练三管齐下，每天变着花样让老严拼图、看图说话、做简单手工……渐渐地，奇迹发生了，老严像是变了一个人，敢动了，可以在室内走路了；还健谈了，主动跟医生交流身体的感受。

最奇妙的是，遵照医嘱，程老师不再"剥夺"老严的生活自理，穿衣服、系腰带、擦桌、洗碗等，让他自力更生。半年后，小区的会员看见老严自己步行去医院，也会去超市买东西了。"用进废退"，彻底改变了老严的生命机能，使得他的生活质量发生了"跳跃"。

"只有当老人需要服务的时候,才给予恰当的服务。"奚志勇说。

他从实践中总结,又被实践所验证的这一服务思想,一开始有老人想不通,觉得"花钱来这儿不就是买服务的"嘛。有员工起初也心存疑惑。但渐渐地,他们都接受了奚志勇的主张。

奚志勇说的"零服务",并不是"不服务",而是远离过度服务,提供更高质量的精锐服务。他倡导的"用进废退",也不仅仅是料理家庭,而是腾出更多的时间,做自己喜欢做的事情,抱以"玩乐"的心态。最典型的,莫过于兴趣小组活动了。

兴趣小组

年轻人常常嘟囔:有钱的时候没有时间,有时间的时候没有钱。

人年轻时,生活注定的是奔波繁忙,似乎一直在追赶中。当每天应付完外面的繁杂事务回到家里,往往只想倒头便睡。而到了中年呢,有了家庭和孩子,再想去爬爬山,游游海,都要计划好久……工作和家庭两点一线,是许多中年人生活的每日"内容"。

步入老年,卸下了养儿育女的重担,摆脱了谨小慎微的职场,属于自己的时间才多起来,积蓄也不少。这时候,可以考虑将年轻时候的遗憾补回来,将中年时期的操劳代以悠闲。

这才不枉生命的意义。

可是人们常常以为,"含饴弄孙"是所有老人的向往。

的确,不少老人带着孙子、孙女或外孙、外孙女在小区嬉戏,会引发别人羡慕。爱孩子,是老人的天性。他们喜欢与活泼可爱、牙牙学语的孩子一起玩耍。这也是他们在家族延续过程中的权利,但这种权利,也间杂着生气和快乐。

在复杂的"家庭关系学"里,老人往往处于被支配的尴尬地位。

说起来,王伯伯退休前是政府机关的一个处长,手下好几个部门,少说也有几十个直接下属。在职场,他被人尊称为"王处""头儿""领导",然而退休后,在儿子家上岗,顿时成了"说话不算数"的小卒。他告诉我,退下来,与上班时的工作相比,事儿一点儿没少,只是改变了操劳的内容。每天一早起床,在楼下花园晨练一会儿,紧接着是"买、汰、烧",洗刷用具,打扫卧室。在新岗位,媳妇才是级别最高的发号施令者,一切鸡毛蒜皮的事情都得听她的。"转岗"没多久,王伯伯深感憋屈:自己和太太算什么?客人?当然不是。客人可以饭来张口,衣来伸手;仆人?也不如。仆人干活有劳动报酬,而自己"买、汰、烧",样样卖力干,没有一分钱工资,还倒贴退休金。

在亲和源一说这些,四周立刻发生共鸣。你一言我一句,每个笑话,每件趣事,分享更快乐,能引起开怀大笑。多么舒心和惬意啊。笑是免费的良药,但独自一人很难得到。

"所以,养育孙辈,爷爷奶奶千万不要插手干预。每周去享受两三个小时的天伦之乐,足矣!"奚志勇研究分析老人的退休生活和心理,认为:

老人,十有八九,有着深深的孤独,极度缺少快乐。

即便与孙辈生活在一起,老人也常有孤独感袭上心头。

他认为,中国的老人经历了各种曲折,包括竞争激烈的职场打拼,退休后,常常遇到节奏上的不适应或心理上的不平衡。这时候就应该有所规划,根据自己的兴趣爱好,开启一段视野开阔、内容丰富的"快乐之旅",而不能转身就沉浸在助养孙辈的事务堆里。

而亲和源的使命是什么?根本上,是帮助老人做出周详的规划,结识更多的朋友,享受新的快乐,避免陷入家务泥潭带来的失落、孤独之情境;鼓励老人了解自己,将更多的时间和精力,用于个人的兴趣发展。他们还设计一个表格,列出了唱歌、跳舞、书画、旅游、桌球、游泳、乒乓、阅读等，有几十项之多，让入住亲和源的老人自己填勾。

为了激发老人们的学习或娱乐兴趣，无论你喜欢什么，加入哪个兴趣小组，奚志勇还设计了激励机制，即老龄基金会会出钱补助一半活动经费，会员自筹一半经费。

这样的机制，确保了兴趣小组无经费之虞。于是志同道合的老人呼朋唤友，不同志趣皆有归宿。老人们每天的活动日程都安排得满满当当，便根本没时间去孤独了。

目前，亲和源老人们自行发起，自行管理，发育出的各类学术团体、艺术协会和兴趣小组多达40余个。有意思的是，男性老人更多地参加纯娱乐和运动类兴趣小组；女性老人也喜欢娱乐，但比男性更热爱新的知识学习；有关健康的社团，譬如糖尿病、高血压、心血管病、痛风等"病友会"，占比比较高，几乎涵盖老年人群的各种常见病。也有不少老人，愿意将自己的兴趣专长与公益活动结合，免费为社会提供教育或技能培训。

说说一个"大忙人"，住在4号楼里的孔筱梧阿姨。

孔阿姨和老伴在新疆屯垦戍边，奋斗了二十多年。后来辗转江西，最终回到上海。

2014年春节前，上海电视台记者采访了她。记者问了一堆有趣的问题。令我印象最深的是，记者问："你们在亲和源，不用自己打扫卫生，不用做饭，每天都干什么？"

孔阿姨很爽朗，说："你提的这个问题，我的朋友和亲戚也都问过。怎么说呢，我忙得很啊，忙着玩，忙着乐，忙着活！"记者追问："至于吗？具体说说看？"

"我们这里有合唱、朗诵、太极拳、摄影、钓鱼、门球……以前想玩却没有机会玩的兴趣活动，这里样样有。我想参加的活动太多了，一天就24个小时，哪有时间都参加？只能选择参加合唱组和朗诵组。

合唱组聘请了外面的专业老师来上课,我们像是进了音乐学院。原来乐理知识、如何发声,也那么奇妙。朗诵组也有专业老师教授发音。有趣的是,朗诵的发音和演出也有许多'门道'。除了报名参加两个兴趣小组,我还参与卡拉OK、排球、太极拳,几乎做什么都是在欢笑中度过的。你说我怎么不忙呢?写字、画画、养花、写作,我都喜欢啊,哪有时间呢?只能忍痛割爱,做些减法……"孔阿姨说。

记者问她:"你不觉得几十万元的会员卡费很贵吗?"

孔阿姨说:"一开始我也纠结的。后来想通了。侬想,要是勿要'门槛费',我这样'万事慢一拍'的人能住进亲和源吗?好事体就落不到阿拉头上了。细算一笔账,将55万元会员费分摊到15年的每个月,等于每个月付了3000元房租,其实我将原先的住房租出去,每月收到的房租也是3000元。有了会员资格,我可以享受这里的环境、设施、各种活动,值不值呢?我不求长命百岁,只希望'快乐每天',搬到这里,做到了!"

与孔筱梧一样"乐不思蜀"的老人,数不胜数。

今日的年轻人很少接触口琴,但20世纪六七十年代,口琴陪伴许多年轻人度过了迷茫的岁月。他们中学毕业奔赴工厂、农村、部队、农场等,业余最经济的娱乐就是唱唱歌,吹吹口琴。一位名叫朱冠华的阿姨,是一个"文艺老年"。入住亲和源后,她白天去得最多的地方是阅览室。那里整齐地排列着报纸、杂志、画报等,所有的人各取所需,悄无声息地在书报世界遨游。她深感,这里的会员修养是如此之高,阅读是他们一日不可或缺的精神食粮。她在那里"一报在手,尽知天下",感到从来没有离开社会,精神上依旧充实。特别是有一天,她在阅览室里的《新民晚报·夜光杯》看到自己写的文章,顿时心花怒放。除了阅览室,她还经常去音乐室,不时地坐到钢琴前,自弹自唱,无比陶醉。至于口琴,她在青年时期玩过,如今风气不再,她有半个多世纪没碰它了。

有一天,漫步园区,隐隐约约听到口琴声,她好奇地循声而去,发现几位伯伯像一支口琴小乐队,在那儿自娱自乐。"你也会?"老人们见女士推门而入,很好奇。

"我五十多年没有碰它了。"朱阿姨答。

几位伯伯脸上露出惊喜,表示欢迎,热情地鼓励道:"没关系,你回去找找看,或者再买一只,来一道白相相(沪语玩玩之意)。"

望着大伙儿热切的眼光,朱阿姨心动了,回家翻箱倒柜,终于在旮旯里找到了几乎被遗忘的"青春伴侣"。她小心地擦拭干净,又轻又慢地试吹了一支久违的儿歌,发现口琴小孔完全畅通,簧片强度也依旧,音色不逊当年。她更兴奋的是,自己的"童子功"没有丢失,勉强还能吹出完整的乐曲。于是,重拾旧爱,加入了会员的口琴小组。

小组玩口琴,理应娱乐为主,但大伙儿的认真,让她感到不可思议。

原来,小组负责人提出,大家合奏,都以吹单音为主。

吹单音,有啥稀奇?朱阿姨想,过去一开始是追求难度高的复音,吹单音没学而已。古稀之年学吹单音,也不会太难吧。她向组友讨教,以为容易,不用几天就能得心应手,万万没有想到,嘴唇一接触琴口,怎么吹,发出的仍是多音阶混合音。

太难了!她有点儿泄气,想打退堂鼓。

可是转念一想,又委实感到不甘,别人吹奏时风度多好,我也可以啊。巾帼不让须眉嘛。更何况,自己童年时代不也有登台表演的梦想吗?

在几位伯伯的鼓励下,她苦苦练习。先找一首耳熟能详的乐曲,逐个音符尝试吹奏准确、清晰的单音,在吹奏过程中,摸索和捕捉嘴唇与琴格、孔距、音阶的"感觉",进而渐渐掌握嘴型和气流的快慢、强弱的关系。经过无数次吹练,不厌其烦地纠错,她终于领悟到吹奏纯净单音的技巧和魅力,攻克了一道难关,心里甭提有多高兴了。

至此，每逢星期五夜晚六点半，她都排除其他一切应酬，准时出现小组活动室，摆开乐谱架，与大伙儿一起合练。组长陆老师是个"眼睛里揉不得沙子的人"，总能及时发现组员的不足，毫不客气地指出，并娴熟地示范。后来，亲和源为每个组员购置了四种口琴，包括C调、C#调、A调、A#调，还邀请中华口琴学会理事宗筱华传授技艺。不久，由清一色亲和源伯伯阿姨组成、平均年龄超过75岁的"口琴队"频频受邀演出。

每次演毕，听到台下掌声雷动，"再来一个"的喝彩不绝于耳，朱阿姨与同伴非常自豪。悠悠琴声乐晚年，她倍感欣慰，说：

> 在这儿养老，我们都在圆一个个梦。如此诗意地以音乐陪伴人生，快乐地养老，是我以前从来没有想到过的。

老人的价值不是偶然的，也不是单一的。

发挥老人的价值，是践行"用进废退"，帮助老人实现各种潜在的"可能性"。

会员黄阿姨告诉我，她的子女都在国外工作。她退休后原本也计划定居国外，那里环境如画，空气清新，再加上医疗技术更加先进，对老人照护也有多种福利。但充分思考后，她毅然选择了在亲和源"忙碌"。因为"忙碌"令她延缓衰老，还感到有价值。

"我念高中的时候正巧遇到'文革'，原先学的英语，除了不多的单词之外，像语法啊，句式啊，都忘得一干二净了。我很想参加'英语小组唱'，但心存疑虑。"她说，"当我抱着试一试心理去体验了小组活动，有趣、开心的氛围立即吸引了我。但我也一下子露短了：不懂英语歌词的发音，只能悄悄地用中文标注音标，发音根本就不准。"

小组里的蒋老师得知她的英语底子，没有任何歧视，主动抽时间帮她补短，从音标开始，一点一点地教，并鼓励她："学会了音标，你就可以查词典,将英语单词念出来。"蒋老师还鼓励黄阿姨大胆地开口说,常常一拎起电话就用英语跟她打招呼,进行简单的会话交流。蒋老师还特地针对她的情况,寻找了合适教材,摸索合适教法。

令黄阿姨意外且感动的是,有一天蒋老师身体抱恙无法应约授课,便联系了一位大学教授谢友兰替自己补课。经过两年多的一对一授课,黄阿姨的英语水平明显提高,不仅能完整地唱上多首英语歌曲,而且遇到"老外"也敢于进行简单的日常交流了。儿子得知黄阿姨的英语进步,吃惊不小,感叹:"亲和源真的让人老有所乐、老有所学啊!"

知识分子"扎堆"的亲和源,藏龙卧虎,汇集了各行各业的退休精英。

只要老人肯学,肯请教,有专长的其他老人会乐意地传授知识或技能。教绘画、教书法、教唱歌、教打球,大多是在会员之间进行的。黄阿姨与老伴参加了多个兴趣小组,每次去国外探亲,与子女团聚了几天就倍感"少了什么",其实是牵挂国内的兴趣小组活动。

老人的兴趣小组并没有停留于"自嗨",还努力服务于公益及慈善。

有一年,亲和源会员里的工艺编织组,一群平均年龄在73岁左右的会员,花八个月时间精心合作,用17万多颗珠子,串编了一个巨幅《百寿图》,用于公益拍卖。小组成员还编织了婀娜多姿的芭比娃娃、神态憨憨的kitty猫、闪闪眨眼的圣诞树、栩栩如生的十二生肖。这些凝聚老人灵感和才气的编织物,作为中国老人的馈赠,远涉重洋,飞往日本、加拿大、美国、法国等,充当了民间外交使者。老人们自己呢?通过互助互学,共同玩乐,有的不再吃降压药了,有的一度偏高的血脂、血糖指数神奇地恢复了正常值。

我遇到一个金伯伯,以前是个有名的医生,临床以及医院管理都堪称"一把好手"。他在体面的职位上退休后,不仅发挥专长开设健康讲座,而且兴致十足地扑入潜藏内心已久的兴趣爱好——书法和绘画。他曾不无遗憾地告诉奚志勇:小时候没条件得到艺术训练和技能开发。住进亲和源后，不再为生计奔波的金伯伯，在书画上找到了年轻时候的"自己"，几乎天天沉浸于写写字、作作画。"当我老了，还能画画，这就是幸福！"

亲和源"发现"了金伯伯的书画才能，主动帮他装裱作品，举办个展。

开幕的那天，高朋满座，金伯伯的老同事、老朋友都赶来了。

他无比感慨并自豪，自己老了，走不远了，眼神也不复以往，但能拿起画笔勾个线，抹个色，随心所欲画心中所想，是非常快乐的。又一个"自我"得以成长，得益于亲和源的发掘。于是，他精挑细选一批作品捐给老龄基金会进行拍卖，所得款项全部用于"老龄事业"。

不以善小而不为，为自己也为大家。老人也需"成长"，养老成就价值！

第十二章 和为贵

惊动高层

亲和源是个"世外桃源"。环境优美,服务体贴,老人在此怡然安居,自然赢得亲属放心,政府也"乐见其成"。我也目睹并感受到了这一切。

但是,如果以为它永远"风平浪静",没一点儿风波,就天真了。

一栋楼,住着上百个老人。一个住区,老人全部加起来,达到一千五六百人,其实也是个小社会了。七七八八的事情很多,互相"看不上"乃至发生争吵也绝非没有。再加上每个人的性格不同,心理不同,闹出不少在外人看来"意想不到"的事情。

有人告诉我,亲和源开园第一年,针对会员卡费、服务年费,争议就不休。

按理说,一个老人看中了亲和源的养老环境、服务,签订协议入住后,对于会员卡、服务年费并不会存在异议,即便存在异议,顶多事关服务到不到位等问题。

实际发生的一些事情比这些更复杂、更尖锐。一度令奚志勇郁闷至极的,是他内心十分尊敬的"离休老干部"会员。他们制造了一个大风波,甚至惊动了时任中共上海市委书记。

矛盾的引发点,看似服务年费,实则是从计划经济一路走来所致的观念滞后。

离休干部,是指1949年9月30日新中国建立之前参加革命的老干部。国家对他们设立了比较优越的社会保障制度,在养老金、医疗、住房、用车、生活用品供应等方面有优厚的待遇。其中,一批离休干部自愿选择入住亲和源,但从习惯或观念上仍然觉得,质量再高的养老服务,不应该由他们自掏腰包,而应该由政府部门"全包"。因而,有几个离休干部搬入养老住区,抱团"维权"。他们怀疑"奚志勇在做公务员的时候存在贪污,否则哪来几亿元投资创建老人公寓"?当然,他们最不满也最担忧的是"价格",辛苦一辈子所积累的资金购买了会员卡,每年还要交服务年费。民营资本投资的养老院万一经营不善,怎么办?离休干部的"举报信"通过有关渠道,直送到高层领导办公桌上。

我从2008年一份文献资料里得知,当时的上海市委书记俞正声与上海市副市长胡延照等均有专门批示。为此,上海市民政局组织了专题调研组,赴亲和源实地调查。

"那个时候,得知这样的举报,我内心很委屈啊。"奚志勇回忆,"但我相信一个朴素的道理,身正不怕影子斜。亲和源是真心实意做养老服务的,可以敞开大门接受调查。"

上海市民政局的调查组找了许多人谈话,查阅了各种合同,然后,形成"情况专报"。

"情况专报"客观地讲明,亲和源的运营模式,以及亲和源公司与购卡人(会员)之间签订合同后的各自法律责任,也对会员制运营模式在目前国内尚无相关法律条文规定的形势下,可能存在的法律风险、经营风险、年费风险等进行了分析。

"专报"给出了对策建议是:"亲和源"项目作为一种新型养老

模式,不啻为本市应对老龄化社会做出的积极探索,但针对这种全新商业模式,将协调有关部门加强对其租赁方式的指导和监督……帮助亲和源化解法律风险,夯实项目的法律基础。下一步,还将积极协调相关部门,密切关注"亲和源"老年公寓的进展情况。在"老年公寓"为老年人提供服务过程中,积极协调落实有关民办非企业相关政策。

总之,一场惊动高层的风波由此平息了。

奚志勇谈起此事,还说:"小区无小事,入住的老人无论是离休干部、高级知识分子还是文艺界名人,我们都一视同仁,努力为他们做好服务。他们满意了,口碑就出去了。"

从几个离休干部给市领导写信的事情上,奚志勇再次意识到,老年会员不是让他们去"管理"的。他们大多是机关干部、专业人士、文体界名人,属于精英阶层,参与管理、维护权益等意识特别强。与此同时,服务者与被服务者之间永远存在矛盾。如何真正实现社区的高品质服务,也需要依靠老人会员的主动参与,积极监督。

想到这里,他"灵光一现":成立会员理事小组,吸纳他们共同管理住区。巧了,从乡镇机关退休的顾问周正康也提了这样的建议,与奚志勇不谋而合。奚志勇知人善任,信任地将筹备会员理事小组的事情托付给老周。

我专门去采访老周。有意思的是,他早已从亲和源顾问转身成为亲和源会员。

他身材挺拔,斯文儒雅,看得出修养蛮高,一副绅士形象。谈起筹建会员理事小组(会员理事会前身),周老先生十分健谈,不客气地说:"我是会员理事会的筹创人之一,也亲历和见证了理事会是如何发挥作用的。"

他说,入住亲和源,谈笑皆鸿儒,往来无白丁,但养老社区是个小社会,会员来自五湖四海,人人自我感觉良好。有的甚至认为:既然付了服务年费,各种服务都要用足,不用白不用,用了才值得。一些鸡毛蒜皮的事情,也常常引发意见不合。因此,作为第一批入住亲和源的会员,也是一名党员干部,他想尽力维护公平公正,既站在会员的立场思考服务需求及品质,也愿意站在亲和源管理方换位思考,制定"可操作的自治章程"。

他办事公道,尽心尽力,将张罗讨论、制定章程等一一落实。

经过老周的努力,一份用钢笔书写得十分清秀的《亲和源会员理事章程》草稿,交由会员们广泛讨论。住区里的离休老干部、高级知识分子等,对于这桩与自己利益切身相关的"文件",表现出十分重视,多次召集会议讨论,逐字逐句推敲条文。

对于"章程"草稿所强调的:

> 会员对社区的一切管理和服务,享有"知情权、参与权、建议权";召开理事会,其他老人可以随时旁听,并发表意见。

老人们感到"非常受用"。

很快,会员理事会章程获得通过。奚志勇也非常高兴。

做过镇党委副书记、副镇长的奚志勇,深感"民主管理"有很大的价值。

他看到,理事会的成立,显示了社区内的事务管理"从群众中来,到群众中去",发挥了会员主动参与、积极自治的潜力和作用。奚志勇特别满意的是,老周还帮助拟定了对于养老服务的各路服务商的评估内容以及方法。此举不仅确保老年会员的利益,也有力地督促和提高了物业管理、餐饮服务、保安保洁、健康医护等养老联盟商的服务质量。

"管理方、运营方和老年会员,看似服务与被服务的关系,实质是利益一致的。"奚志勇告诉我,"三者若形成同舟共济的共享共治,对彼此都不失为增值。"

"如何理解共同增值?"我问。

奚志勇解释:"亲和源的一切管理和服务,既为提升会员的生活品质,也切实为会员卡增值,使会员卡权益人和会员获得更多的品牌满足、服务延展、卡费升值等。"

哦,原来如此。

我跟踪采访了理事会工作,深感会员理事在化解矛盾方面,别有一功。一些看似尖锐的会员与管理方,或会员与会员之间的矛盾,通过理事"自治",有效地冰释了。

理事自治

"会员理事会"和"亲和义工",是奚志勇探索会员制养老的管理创新。

会员理事会,是亲和源养老社区的常设会员代表机构,由会员运用民主方式自己"海选"。每栋公寓楼只选一个理事,每三年选一次,而每次选举,都能引发不小的"地震"。

有的渴望被选上,因为维权意识强,想通过被选上而获得"话语权"。其中有人为了选票走户串门,试图通过小圈子活动拉票;有的却压根儿不屑被选上,比较清高,只要公寓管理"到位",自己却不愿意被婆婆妈妈的俗务纠缠;也有的根本漠然,事不关己高高挂起。

我听到过,理事选举,有过几次"特别"的经历。

海选的时候,所有老人会收到一份推荐函,在纸上推选自认为合适的楼栋代表,在表上填写一个候选人。有一栋楼,公开"唱票"的时候,几个老人固执地认为投票存在"作弊",将放在一楼的投票箱用麻袋盖住,不让开箱;等到开始"唱票",还有老人干脆将书写票数的小黑板猛地掀倒,以此阻止"唱票"进行。这可能是"最激烈"的一次。

"最尴尬"的一次是,会员投票公推的会员,其本人得知"唱票"

结果，表示坚辞，不论别人怎么规劝，不做就是不做！还有"次尴尬"的一次，会员推选自己信任的一位老人当选后，她走马上任才做了几个月的理事，实在不堪"其扰"，于是愤而挂"冠"。

老人小世界，多数会员文质彬彬，但闹得"脸红脖子粗"也实属常态。

老人会员善于提意见，大大小小一直有；老人与老人也闹矛盾，有时一闹结怨三年。

这一点，连任三届副理事长的邵鹰阿姨体会最深了。

2010年，上海举办世博会那一年，邵阿姨与母亲一道，买了会员卡入住亲和源。

邵鹰，看起来比实际年轻小很多的"活力老人"，执教半生，生活淡泊；做过校长，正直爽快。当会员发生矛盾时，她出面调解既顾全大局又善握分寸，表现出"宽广的胸怀"。

老人会员喜欢她，信任她。从2011年起，每三年一届的理事会选举，她连续三届赢得海选，且被公推为副理事长。因为理事长是由亲和源老年公寓主任兼任，所以当选副理事长，是会员戏称为的"会员里级别最高的领导"。

谈到履职的体会，她先讲了一个"不得不道歉"的往事。

亲和源里，秘书们称呼会员都是"伯伯""阿姨"。显然，这样的称谓，将老人的年纪叫得小了，大多数老人内心是愉快接受的，并且感到自己与年轻人待一块儿，也变年轻了。

但也有个别老人，由衷忌讳被喊"阿姨"。她特地跑到公寓主任办公室、服务秘书台等地方，郑重其事地表示抗议："你们不要再喊我'阿姨'。你们要晓得，在上海，只有保姆、钟点工，才被叫做'阿姨'的。"说罢，头颅往上一昂，傲然而去。

正是这位固执地不愿意被人唤做"阿姨"的老人，有一天，一脚跨进电梯门,对着身边的两位女会员厉声责问:"你们在背后说我坏话,是吗?!"

"什么坏话?"两位会员很意外。

"说我是神经病(沪语精神病之意)!"

"没有啊,我们没有说过啊?"

"哼,还说没有说过!你们以为我不晓得,整个小区都知道了,你们还不承认?!"

这个风波,断断续续几年没有消停。有时看似平息,过一阵又起涟漪。

有一天,这件事又闹开了。老人跑到公寓主任那里"告状",说:"别人背后指指戳戳,也就算了。邵鹰是副理事长,她也跟着议论我是'神经病',怎么可以?"

她还要求:必须向我道歉!

邵鹰谈起此事倍感委屈。为了彻底解开这位老人的"心结",有一天,她决定公开去向她真诚道歉。"如果道歉有用的话,我说出这三个字无非让自己委屈一下。"

想好后的第二天,邵鹰就与公寓主任一起,给那位老人登门道歉。

之后,在一次"邻里会"上,当着众人的面,邵鹰再次表示:"我错了!"

从此,这件事就平息了。那位老人再也没有提起此事。

老人社会发生的事情,林林总总,三天三夜也说不完。

有一个阿姨,对于楼上的邻居非常不满。每天晚上九十点钟了,楼上竟然还有人躺在摇椅上享受,发出"咯吱、咯吱"的响声传到楼下。这令她不得入眠。她自己跑到楼上"讨说法",不欢而散,便闹到理事会。

邵鹰阿姨仔细询问了情况,答应再发生"摇椅响闹",即上门查看。果然，不久，阿姨来电话"举报"：赶快来，"咯吱咯吱"声又响了。邵鹰实地查看，再到楼上敲门，其实楼上早已酣睡了。

排查种种原因，一是楼道墙壁隔音有点儿问题；二是阿姨听力也过于敏感。经过与公寓主任一起商议，最后形成了一个皆大欢喜的结局。

还有一桩事情。8号楼有一个老人，搬进亲和源的时候，是租赁"产权人"房子的。但合约到期后，"产权人"想收回自用，而已经习惯亲和源环境和服务的老人又不愿意搬出。怎么办？"当然不能赶老人走啊！"邵鹰阿姨得知情况，与公寓主任商量，在"一房难求"的情况下，想方设法安排老人搬入隔壁楼栋的房间，并帮助老人搬动家具物品。

"我们做理事的，不能像唐僧在地上画一个圈，只做圈子里的事情。事实上，老人遇到的问题，无论情感的、生活的、邻里的、财产的，都必须尽力帮助解决！"邵鹰说。

而奚志勇谈起"一地鸡毛"，感慨道：这就是生活，接地气的生活！

他说："对待老人，不能一味地讲究原则去解决矛盾。像一家人，对待长辈，常常不是以谁对谁错化解矛盾，否则后果严重。相反，有时付出忍让，反倒是上策。"

前不久，遇到住区里最大的"公共事务"，是"垃圾分类"。

原先，亲和源12栋公寓楼里，每栋楼的每层，都设有垃圾桶。现在政府严厉推行垃圾分类，楼层的垃圾桶就撤销了，在每栋楼的地面安置了分类收集的垃圾桶。

这下子，老人反弹很大，立即拉起一个微信群，专门讨论此事。

不少老人反映，自己年纪大了，每天积下的干垃圾、湿垃圾，天天要去楼下分门投掷，"吃不消"。讨论来，讨论去，理事会也没有更好的方法平息这一场"口水战"。

怎么办？最终决定，有需要的老人将分装干垃圾、湿垃圾的塑料袋放在门口边,由志愿者帮老人扔到楼下大桶里。于是,我看见,公寓主任徐露和公寓管理层、行政人员作为首批志愿者,带动一些员工志愿者,于傍晚五六点钟下班那一会,利用自己的时间,一家一家帮着收集垃圾袋。邵鹰阿姨呢,也以志愿者身份,"承包"一户年逾九十的老人会员的每天扔垃圾任务。其他热心的会员也纷纷加盟志愿者队伍,帮助其他高龄及行动不便的会员。

亲和源设有"理事工作室",专门用于理事接待会员、理事专题评议或学习活动。

他们每月举行例会,汇总当月会员意见;听取公寓主任对于当月重大事宜的通报;而季度例会,与每季度最后一个月的月度例会合并召开。除月度例会议程外,定期公示公寓会员满意度测评结果,并由服务商通报当季度主要工作。

奚志勇也常常出现在这些例会上。"直接面对面与老人交流,获得许多一手信息,让我更加了解老人,也鼓励老人共同为亲和源社区的增值继续努力。"

这一点挺有意思。养老社区是一个俱乐部,其会员卡的增值,的确与整体品牌建设息息相关。包括先进养老理念的全面实现和展示,也包括所有服务上资源整合、产业联盟创造的服务品质。事实上,亲和源会员当初花 50 万元买的会员卡,在享受了数年养老服务后,那张卡的市场价值不仅没有"损耗",而且与亲和源的品牌一同成长增值。

对于这一点,老人会员体会到,"物有所值",也需要自己的主动配合。

亲和义工

亲和源的会员不仅参与社区管理,而且也参与社区服务。老人是服务的获得者,也是服务的参与者。这一点,成为亲和源养老新生活的一道耀眼的风景。

义工，英文是 volunteer，也叫志愿者，是指任何人自愿贡献个人的时间及精力，在不为任何物质报酬的情况下，为改善帮助他人、促进社会进步而提供的服务。起源于 19 世纪西方国家宗教性的志愿者服务，在世界上已经存在和发展了一百多年，其目的是服务社会，核心精神是"自愿、利他、不计报酬"。

亲和源很早就创设了义工文化及其管理制度。他们成立了"亲和义工"管委会，专门负责招募符合条件的亲和源会员，以及共建单位的志愿者，发扬"奉献、友爱、互助、进步"的精神，利用闲暇时间，尽自己所能，为社区的其他老人提供服务，并营造了互助、互爱的风气，其中还有附近的中小学生呢。对于会员义工，他们还建立一种管理机制，作为这一项活动能够可持续发展的保障。机制内容是：设立"时间银行"作为义工的个人管理系统，详细记录每个义工个人提供服务及接受服务的项目明细及时间，并根据"时间银行"记录及义工服务反馈，评选优秀义工，宣扬优秀事迹，并进行精神鼓励与表彰。

从服务内容看，亲和义工的触角伸向了住区的各项管理。有的属于"为老服务"，譬如陪同老人开展体育健身运动，陪同老人读书、看报、聊天，协助老人参加活动等；有的属于"协助管理"，包括协助亲和学堂老师进行教学组织、管理工作，协助亲和学堂进行班级管理，协助管理亲和源图书馆借阅登记，协助亲和俱乐部活动场所日常管理等。

有的服务还走出了"养老社区"，譬如结合史实教育、人生引导、人生回顾，以讲故事的形式在与亲和源结对的中小学、大专院校内进行汇报演讲；有的还担任"校外辅导员"，协助开展青少年教育；其他还有环境保护、慈善捐助、心灵互助、法律援助等。

亲和义工早已蔚然成风，成为老人会员自觉参与、不计回报的生活内容。社区老人有什么需求，会有众多的会员挺身而出，施以援手。

"会员即亲人",不仅提高了会员的社会参与度,增强了他们的社区归属感和认同感,也成为探索和实现老年人口红利的有益探索。

亲和源有一支义工队伍,开始二三十人,后来越来越壮大。他们自己制定了管理办法、活动章程以及奖惩制度,目的是进行"爱心传递"。

原来,小区里有个颐养院,里面住着许多需要照护的"第四年龄",也就是离不开医护人员提供专业照护的老人。健康的活力老人去参观,被那里的"寂静"深深震撼了!

活力老人天天享受着精彩生活,住在颐养院的老人却不得不沉浸在无声世界。

如何才能帮助他们打开一扇与外界沟通的窗户呢?

于是,一些相对年轻的老人被特需服务部动员组织,加入志愿者队伍,根据各自的专业或爱好进行分工,然后做了系统的"义工"服务的日程安排。

早上八九点钟,会有1-2名"义工"前往活动室,带领颐养院老人一起做康复操、唱歌、插花、猜谜,做各种互动的游戏。老人们非常期待这一时刻的到来,因为一天的活力似乎就是从"义工"们的到来开始的,而且充满了乐趣。有时,是下午的"手工课"。义工们带领老人做一些简单的手工活儿,锻炼他们的手部肌肉和灵活性。有时,义工们还带来精彩的才艺表演,唱歌啊乐器演奏啊,使得老人双眼发光,笑声连连。

住在颐养院的老人普遍身体状况较弱,人际沟通意愿不足。有的出现自闭,不愿意跟人交流。"义工"们针对这样的情形,采取一对一的心理疏导,帮助老人重建生活的信心。

譬如，有的老人习惯了卧床不起，久而久之，害怕下床。"义工"根据医嘱，耐心地鼓励老人下床"动动"。三番几次动员后，老人居然主动要求双脚落地，扶着东西锻炼腿力脚力。有的原先不愿意与人接触，在"义工"们开导后，心情慢慢开朗，不良情绪大大缓解。

一位陈阿姨，快80岁了，患有多种慢性疾病，但她爱锻炼，说一口标准的普通话，更有一颗服务他人、服务社会的爱心。她入住亲和源后，在参观颐养院时，看到一些手脚不便、言语不清、生活失能的老人，便心生同情。得知招募义工，她毅然报名，甘愿以一个相对比较健康的身躯，去为更需要帮助的老人带去温暖。她的"拿手绝活儿"有两项：做保健操、诗朗诵。于是，颐养院很快出现一个声音听起来十分悦耳的阿姨。她利用家里的写字板，在上面写上《气功手指操口诀》以及《我骄傲，我是中国人》的诗句，每逢周一和周四上午来到颐养院，召集了20位左右的老人练习"手指操"，还辅导老人跟着朗诵诗句。她说，看到一些原先提不起精神、闭眼打瞌睡的老人，在活动中慢慢睁开了眼睛，渐渐打起了精神，有的原先不愿意开口的也跟着朗诵了，个个手指都开始灵活地运动开来。

"有个曾患有脑梗的蔡先生，入住颐养院后整天爱睡觉，不愿意讲话。请他到活动室，一开始也两眼低垂，闷声不响。我教大家朗读诗句，教了几遍，蔡先生突然也开口大声念道'我骄傲，我是中国人'。我当时简直不相信自己的耳朵，请他再念一遍。蔡先生又清晰地念了四句。我顿时感动不已，鼓励他振作，多练发音，多跟人交流，也多活动……"

陈阿姨发现，颐养院是有趣老人集结地。老人有"故事"，而且挺幽默。

有一位当过国际海员的老伯伯，在出国还很稀奇的年代，就去过无数的国家和港口。晚年，他不幸患有糖尿病。有一次，他突然摔倒，急发脑梗,不得不坐上了轮椅。他常常一人独自在角落里发呆,跟谁也不说话,两眼黯淡。陈阿姨见状,试探着与他"搭讪"。不料,他一旦打开话匣,便十分健谈,会像孩子炫耀玩具般大谈自己的"海上见闻"。一天,聊到新加坡,老伯伯兴致盎然地问她:"新加坡的狮子还在吗?"她一愣,旋即明白了,回答说:"噢,那个鱼尾狮啊,当然在啊,热门景点嘛!"老伯伯笑了,说:"作为新加坡的标志,一共有三座鱼尾狮雕塑,一座在市中心,一座在山上,还有一座在圣淘沙。"

老伯伯见多识广,对年轻时的见闻记忆犹新,还会背诵唐诗。陈阿姨曾经逗他:"你会唱《生命之河》的,唱几句听听?"那是王菲、那英唱过的,颐养院也教过。不料,老伯伯调皮地来一句:"勿完全会,勿完全会,阿门!"逗得陈阿姨哈哈大笑。

陈阿姨体会到,帮助别人,也在帮助自己。她说:"走进失智半失智的老人中间,帮助他们'动口动手动脑',也让自己内心产生了快乐,甚至忘记了自己身体的病痛。"

公益成就老年价值,在"义工"们身上得以广泛体现。

论理"无理"

小到家庭,大到社区,最"无理"的事情莫过于跟老人强词夺理。

奚志勇言及会员理事会、亲和义工时提到:一个养老机构的愿景和文化,也要努力成为会员们的愿景和文化。当服务者与被服务者抱持一样的或相近的价值观,和谐便有了坚实的基础。

"我们之所以走在行业前列,主要不靠硬件,而靠会员制文化。硬件再先进,总会慢慢变老变旧,但构建和谐的会员制文化与时俱进,让老人始终享有至尊感。"奚志勇说。

他强调的"构建和谐",包括和谐的人际关系、和谐的会员关系、和谐的服务与被服务关系，以及和谐的共同发展关系。这种和谐，不是"口号"层面的意义，而是体现在"家文化""秘书式服务""共有共享"等各方面。我的理解，它是精神的、道德的，也是具体的信守，共同的理想。正因为企业领袖这样坚定，一群优秀的管理者这样执行，它成了软实力。

亲和源有一批服役期很长的老员工，从被称为"小张""小王"开始，一直跟随奚志勇到现在。譬如，侯坚、王甫、徐琪倩、秦芳、徐露、姚慧、吴秀娟、孙砾、金鑫……这样的名字可以列出一长串。团队之优劣，即体现在多大程度上自觉地理解和遵循企业的思想和理念，以及能否将共同的信念，通过自己的亲手努力，使之变为现实。

我接触下来，亲和源拥有一批出色的职业经理人，在天天面对老人、服务老人的过程中将个人梦想追求与社会贡献有机结合。他们怀着大爱和责任，却从身边的点滴做起。

生活中，他们是儿子儿媳、女儿女婿、父亲母亲、孙子孙女等，但在亲和源，他们岗位不同，却有个共同的身份——会员的服务者。每个员工都是服务者，奚志勇是首席服务者。他们的存在，就是为所有老年会员提供服务的，包括生活、健康、快乐以及其他方面。

他们信奉的价值观："永远是会员第一"。

构建和谐，谈何容易，真正做起来，有时左右为难。

有个顾阿姨，搬入亲和源社区那一天，小秘书们对她一口一句"阿姨"。要是别的老人，早就笑容灿烂了，但奇怪的是，顾阿姨始终显得高冷，一副凛然不可侵犯的表情。

秘书小朱担心"老人是不是遇到了什么不顺心？"

她想主动关心，但顾阿姨一见她走近，双眼流露戒备，显然表示"不欢迎"。小朱只能暗暗地观察，结果发现，顾阿姨指挥搬家工人，唯一关心的是一个盖着红布的盒子，生怕别人会抢似的，一路上紧抱怀里，进屋后放在了阳台的一角。

秘书们帮助顾阿姨安顿好，跟她道别时，小朱发觉阳台有什么在动。

难道顾阿姨带了宠物？小朱心头一紧，蒙上了疑团和阴影。

禁养任何宠物，是亲和源的"铁规"。每次签约之前，会明确知会于所有入住老人。之前有人违规，被其他会员举报后，宠物都被"请"出去了。

顾阿姨孀居多年，膝下仅有一女。女儿对她很孝顺，只是因为被单位派驻南非三年，在发展事业和照顾老人的矛盾上纠结好久，最终决定安排母亲入住被人称为"最先进"的养老社区。起初，老人对于搬至老年公寓，内心是抗拒的。对于一个带有抗拒心的老人，定然要加倍关心她，然而原则不能丢，否则人人效法，整个社区岂不乱套了？

翌日，小朱再次来到顾阿姨家，嘘寒问暖，"顺便"闲扯到了敏感话题。

"顾阿姨，这里不让养宠物，您听说过吧？"

顾阿姨"嗯"了一声，似乎表示知道，又模棱两可。

"搬家的时候，我留意到阳台上有个东西在动，是猫还是狗？"

"哪里有？你看错了！"顾阿姨口气坚决。

谁料，不早不晚，这时候一只小黑狗从沙发底下冒出来，灵巧地跳到顾阿姨身上，亲热地舔着她的手指……"西洋镜"不揭而穿，顾阿姨无奈地叹了口气。

"你看，它多乖啊，不吵不闹，我不会带它出门的。"

"顾阿姨，您能否支持一下我们的工作呢？"小朱满脸诚恳。

"我支持你们，谁支持我？"顾阿姨突然高声叫喊："女儿抛弃了我，难道你们还要将我这个唯一寄托也带走吗？跟你说明白，要想弄走小黑，除非我死了！"

如此决绝的态度让小朱无法再继续。她出门时有点儿沮丧。

按照亲和源的入住协议，顾阿姨隐瞒带宠物进社区属于"违约"，亲和源可以"勒令"她安置好宠物再入住，或强制停止服务。但小朱转眼又想到，顾阿姨孤苦伶仃，我们怎么能如此简单地处理呢？问题上报给了公寓主任，公寓主任又汇报给了奚志勇。

奚志勇沉吟一会儿，说："在亲和源，老人永远是第一位的。顾阿姨已经入住了，也带入了宠物，按照服务理念去做吧！记得我们的服务理念吧？"

"当然。但规章制度怎么办？其他老人提意见怎么办？"

奚志勇让下属们自己去想。

小朱想了一会儿恍然大悟：原则是刚性的，人是灵活的；在不影响别的会员生活的情形下，顾阿姨带入宠物一事可以"让路"。

小朱感到释然。但她更加留意顾阿姨，日日担心小黑有一天会"吠叫"。

转眼，三个多月过去了。其间，顾阿姨一直冷若冰霜。

有一天，顾阿姨给秘书台打电话。知道小朱在，她面带笑容下楼，将手里提着的袋子径直往小朱面前一搁，说："这些日子辛苦你们了，尝尝我刚包的粽子吧，很好吃的。"

坚冰融化了？小朱感动得鼻子一酸，说："顾阿姨，我们不受礼物的！"

"必须吃！"顾阿姨又提高嗓门，恢复了惯常的严厉，斩钉截铁地说，"如果你们领导不允许，我负责找他们论理……"

"那，小黑……"小朱以为宠物一事峰回路转了。

"免谈，小黑是我的孩子，别心存什么想法！"

说罢，她头颅一昂，跨进了电梯门。

日子照常，一天又一天地过去。

这件事情，多次被亲和源拿来讨论，至今谁也没有放弃立场。

195

小黑呢，还乖乖地生活在顾阿姨的阳台上，亲和源"暂时"容忍了这起违规事件。

多年来，小朱仿佛心里有个"小黑"，令她时常牵系。不过，看到顾阿姨渐渐热心参加社区各种活动了，意识到她也是个爱笑、活泼的人，小朱也挺高兴的。

让老人真心依赖和信赖，产生归属感，都基于"构筑和谐"。

第十三章 亦师亦友

王振耀

亲和源办公室里悬挂的一幅照片,是比尔·盖茨与奚志勇的合影。

我第一次留意时,亲和源一位高管说:"你看,比尔·盖茨,世界著名慈善家;奚志勇,泱泱大国的养老变革者。他们相会了,耐人寻味吧!"

的确,这是"有故事"的相遇。

日后听说,介绍他俩越过太平洋互相认识的,也是一个名气响当当的人物,他就是王振耀,北京师范大学中国公益研究院院长、深圳国际公益学院院长。

王振耀比奚志勇年长几岁,曾历任中国民政部基层建设司副司长、救灾司司长,社会福利和慈善事业促进司司长,并在哈佛大学获得公共管理硕士学位。多年以来,他致力于中外慈善与公益事业的研究和推动,提出了诸多先进的理念和独特的见解。其中,他在全国率先提出的"善经济"理念,影响了一大批企业家的思想和行为。

奚志勇创办全国第一家会员制养老社区,渴望能站得更高,望得更远,头一个想拜访的人物,是王振耀。因为王振耀当时在民政部分管养老这一块，有关养老政策的解读，应该是最权威的。一个偶然的机会，两人相遇，彼此一聊，惺惺相惜。

王振耀针对政府管理，说过一句"实在话"，令奚志勇钦佩不已。他说：

>中国当前（2015年）人均GDP已经过了7000美元，一些大城市可能都超过2万美元了。我们现在的主要挑战是不适应，不会管理。某种程度上，现在中国是古代的大禹治水年代。不过我们面临的不是洪水，而是财富的洪水。

奚志勇深以为然。

中国养老服务发展面临的现状，不也是这样尴尬吗？

一说养老就说福利、非营利，只以传统的养老福利院的标尺去考量现代养老服务的发展，这不正反映，一些政府官员抱着计划经济时代养成的意识和思路牢牢不放，根本不愿意谈论所谓"健康养老"。似乎"健康养老"压根儿就不是养老一摊的事儿。

价值观的趋同，使得二人彼此理解，情谊日益深入。当奚志勇倡议筹建"中国养老产业联盟"时，时任民政部社会福利和慈善事业促进司司长的王振耀大力击赏，并公开表示支持！

有一次，奚志勇与王振耀见面后，在街上独自走了很久。天空下着毛毛细雨，他却任雨丝打在头上、脸上、衣服上。因为他非常激动。

王振耀跟他讲了"善经济"，深入浅出，令他神清志爽，浮想联翩。

何为"善经济"？王振耀言简意赅：善经济，不等于慈善。慈善只是善经济里的一部分。

他向奚志勇介绍了自己的研究。善经济里的"善"，英文里一般说goodness，边界比较宽，可以理解成"好"。这个"好"，包含着多重含义，譬如，产品质量要好，个人的各方面素质要好，既有形式的好，也有内容的好，企业要尽社会责任等。如今，善经济时代来临了。这是一个崭新的时代，人类文明的发展从来没有到过这样一个阶段。在这个阶段，人类的生产力水平超过了人类衣食住行等基本需求，已经开始开发和满足潜在的、更好的需求。而且，它也开发了人类的善。大量以解决社会问题为使命的社会组织将对整个经济产生很大的影响，成为一种善的生产力。这是前所未有的。"

这个说法新奇呀，引起奚志勇强烈共鸣。自己创建的养老住区，不也是善经济、善的生产力吗？我们孜孜以求的，不也是以善的力量推动社会变革吗？

他想起了世界管理大师德鲁克撰写的《21世纪的管理挑战》。德鲁克在书中说道："20世纪有四个部门保持发展势头，即政府、卫生保健、教育、休闲。其中休闲产业在经济生产力和产量的巨大扩张浪潮中所占的比例可能是其他三个部门的总和。卫生保健、教育和休闲都是产品和服务的主要用户，但它们都不提供物质，即不满足物质上的需求，四个部门都不属于'自由市场'，不按经济学家的供求关系规律运转！这四个部门的趋势是企业战略要考虑的头等大事！"

在奚志勇眼里，王振耀亦师亦友。

王振耀以他从政多年的公共思维，以及钻研中外慈善与公益的深度，让奚志勇意识到：所谓以人为本的现代服务业，包括养老、儿童、医疗、教育、文化等。当下以及不远的将来，会有大量企业介入到"为人服务"领域，专注于研究如何更好地服务老人儿童等。譬如，在日本，一个拐杖就有上万种技术发明。日本还发明生产了辅助机器人、老年人的汽车等各种各样的装备、设备，来满足现代老人细分化的需求。

这说明什么呢？说明养老业已经不是简单的服务，而会带来很多新装备、新设备的应运而生，促进第二产业也跟着变，继而这又影响到第一产业，促进有机农业种植。也就是说，原来被多数人以为只是

"后端生活服务"的第三产业,也会反过来改造第二产业乃至第一产业,引发整个社会的产业结构和产业形态发生了重大变化。

多么有意思啊。

王振耀讲"善经济",深入浅出,娓娓道来。

他说,中国经济进入新常态之后,依靠大量政策去推动社会改革。推动社会改革,是要释放社会生产力,释放高质量的服务业,让资本切实解决人的需求,包括养老服务业。

这方面的能量十分惊人。

他举例说,2011年世界人均GDP为10040美元,2017年世界人均GDP为10722美元,六年只增长了682美元!说明什么呢?传统增长方式正在渐渐失灵,量的扩张呈现停滞状态,全球经济呈现下滑态势,中美贸易战旷日持久,人们的伦理知识增长乏力,社会资本萎缩……

传统方法难以解决现实的矛盾!对抗性思维必然转向质量和精神产品的需要与谐性竞争!经济价值决定社会价值必然向着社会价值决定经济价值转换。

基于此,再看世界风云变幻。东西方发展需步入新的平衡期,以"天下为公"为重要特征的中华文明展现了新的活力:从大同理想到构建人类命运共同体!

王振耀还谈及中西方社会财富观的差异。

他说:"我们的社会,恰恰缺乏让财富平和、有机制性地进行社会化进程的经验。公共部门、社会大众和公益慈善形成一种密切的联系,是一种内在的需求。"

奚志勇表达了他的认识:这个时代最基本的逻辑发生了变化,过去有钱才好办事,经济价值决定社会价值;现在呢,社会价值开始决定经济价值。这是天翻地覆的变化。

由此，我们想到，善经济的崛起，将导致经济与伦理的新融合，以及社会价值的新增长。譬如，真、善、美开始有了经济价值。有关想象力、艺术的东西在推动社会经济发展。善经济时代的来临，有一个可以观察甚至触摸的特征，即运用企业的方法来解决社会问题。有关养老、儿童的社会化服务莫不如此……

善经济的逻辑，归根结底，是社会问题引领伦理性很强的社会经济，社会问题的开发需要调整生产方式与生活方式。听起来有点儿绕，奚志勇深受启发。

马伊里

伊里大姐，是奚志勇心目中的"好大姐"。自从与马伊里"邂逅"后，奚志勇常向她掏心窝子。

马伊里，上海市民政局前局长，一个学者型的行政官员，发表过不少从社会工作视角出发，探讨民政、救灾、养老、扶贫等公共政策的论文。她走马上任民政局局长一职后，自然担负着整座城市的民政救助工作，也是养老保障管理的重要角色。有一次，她在办理市委领导批示件的时候，留意到，有个名叫亲和源老年公寓的项目在南汇区康桥镇兴建了。

一看"亲和源"三个字，她的心里情不自禁一动，忽然就想起若干年前，自己还在浦东新区任社会发展局局长的时候，一位外地企业家主动要求约见，并告诉她，母亲曾经教导他，哪天有了钱，第一要去办学校，第二要办个养老院。如此情怀，让马伊里感慨不已，但她心里比企业家更清楚，民营资本想投资兴办学校及养老院，政策、法规等根本没有准备，道路会非常艰难曲折。不过，她当即表示支持，并给了这位企业家一些建议。

后来，好几年，没有听到什么消息。也很正常，创办养老院不会是坦途。

孰料,等到她再次听闻与此有关的消息,亲和源已经呱呱坠地了。

彼时的亲和源,正因会员制收费模式备受议论,引人担忧。譬如花50万元购买一张会员卡,如果企业经营不善倒闭了怎么办?作为民政口的一局之长,她从维护老年人权益的角度出发,自然就率队对亲和源项目进行多方位的考察。考察的眼光是"挑剔"的,不仅深入实地随机抽查诸多项目,还约访了投资者、经营者、入住老人等多方角色。得出的结论是:"亲和源模式是民间投资养老事业的一次尝试。它的出现,是上海这座特大型城市应对人口老龄化的客观需要,是传统的养老投资、经营、服务模式的一次重要突破,同时也为政府部门研究相关政策提供了现实样本。政府与社会应该给予积极的鼓励与支持。"

在学林出版社出版的中国养老丛书的序言里,马伊里撰写了署名文章。谈及她与亲和源的"缘",更多是"多次陪同部、市领导和政协委员前去考察"。

亲和源的探索实践,像一面镜子,使她看清这样的事实:延续几十年的福利性养老项目的投资模式,"包揽不了"快速老龄化的服务需求。当养老市场尚不成熟,社会参与严重不足,家庭养老能力日益趋弱时,亲和源的探索首先是一种投资模式的创新。它的出现显示了民间投资养老机构的优势与空间。用马伊里的话说,"这种投资模式,试图在政府投资效率不高而针对性不强,与市场投资逐利而公信力不强之间寻找到某种突破的可能"。其次,她还从亲和源项目里看到,养老结构的创新。怎样回应养老需求多元而产品单一的问题?亲和源提供的全过程支持,全社区养老模式,让老年人多了一种选择,而这种选择具有结构性养老可组合、可进退、可持续的特点。再次,服务理念、手段、技术的创新。"人本""和谐"的理念,团队的专业化,以及新技术的运用,使亲和源站到了行业领先的位置。

马伊里对社会福利工作"情有独钟"。在2000年之前,她将几乎全部的出国考察机会都用在了研究老年福利问题上。她说:"我觉得日本跟中国有很多相似之处,所以,我就盯着日本的社会福利研究。在研究的过程中,我的确因他们的制度、经济、技术而惊讶。这方面他们是领先的。但日本社会福利给我的最大的冲击还不是那些技术层面的东西,而是他们的社会福利理念。"对于养老,她从基础性理念出发,对于"谁承担养老责任""养老是救济型、普惠型,还是福利型""养老是不是生产力",她都有过精彩演讲。

我印象极深的是,她在一次中国养老产业高峰论坛上讲到,养老最重要的是要尊重人格,要确立老年人主体性原理。不能把养老做成"恩赐型",否则,老年人的主体性就不见了。她以一个扶手为例:"我在东京一个著名的养老院看到,除了横着的扶手还有竖着的扶手,我就问他们为什么这样设置,对方回答说,有些老年人腿不能走了,社会福利工作有责任帮助这些老年人体现他的人格,即当他们想站起来的时候,他们需要一个竖起来的扶手,我们就应该设置有一个竖起来的扶手,帮助他们体现他想站起来的人格。"

对于"理想的老龄社会究竟应该长什么样",马伊里提出过一个小目标,叫做"让80岁的老人无障碍生活"。这个说法,也让许多与会者记忆犹新。

什么叫无障碍生活?马伊里列举了多种情境。

物理障碍:有的老人腿或脊椎有点儿问题,家住六楼,没有电梯,每天上下楼就非常困难。如果不解决这个物理障碍,病情又在加重,老人下不了楼了,就不得不跟这个社会发生了某种程度的脱离。

生理障碍:如果某个老人是脑卒中,一个手动弹不了了,怎样打理自己的生活呢?有没有一些辅助器具帮助老人恢复正常自理功能呢?

心理障碍:其实现在老年人对社会或多或少都有心理障碍,过马路时常常因为路宽、车快、时间短而有点儿紧张。

社会障碍：因为上述种种原因，老年人某种程度上会被社会边缘化。

针对这些情境，能否想方设法去激活老年人自身与社会消除障碍的动力？如何让老年人有尊严地生活？如何构建老年人健康生活的意义系统？如何让80岁老人尽管可能腿有病、手不行，却依然能够无障碍、有尊严地生活？马伊里提出："这些，都应该成为社会方方面面共同努力的目标！"

也有数次，我和马伊里都应邀参加亲和源的活动。

我留意到，身为"局座"的马伊里常常是与会嘉宾里官衔最高的之一，但从她与邻座热络交流的情形看，她毫无官架子，待人亲切友好。每次发言，她都务实求真，没有套话，与大家探讨养老行业中的种种现象，态度平和，观点鲜明。

看得出，她由衷感佩奚志勇在中国养老产业的果敢探索和智慧表现，才愿意一次次拨冗参加养老论坛或"圆桌会议"，并毫无保留、朴实无华地谈出自己的思考和见解。

多年以来，马伊里给予亲和源的态度，我感到，在一定程度上"代表"了上海市政府层面对于养老产业的关注、支持。整体而言，反映了这样的现实：

> 对于市场化养老的探路者、先行者，给予包容和鼓励；对于多层式、多元化发展养老服务，抱以开放的心胸。

得益于这样的开放性、包容性，奚志勇和他创办的亲和源，才能在争议中继续前行，才能在政策相对滞后的环境下，能够不断地"摸着石头过河"。

乔榛

奚志勇的朋友圈,有不少文艺界名流。他们是他的好友,也是事业的帮手。

乔榛,德艺双馨的著名艺术家,既是亲和源会员大家庭一员,也是践行"快乐养老"的榜样。他以积极作为的心态对待老境和病魔,成为"老了,那又怎么样"的精神标杆。

会员都熟悉他,也自觉或不自觉地受到他的精神感染。

记得有一次,我应邀去宁波的象山亲和源公寓参加活动。那天,因高架路堵,我赶到集合点略微迟到了几分钟,一登车,顿时惭愧不已。因为车上不仅有奚志勇在等我,还有乔榛和唐国妹夫妇、饶余鉴和任桂珍夫妇、马科和童正维夫妇。这么多老艺术家都早早地来到集合点,坐在面包车上耐心等一个迟到者,令我感到无地自容。还好,奚志勇几句话就为我解围,乐呵呵地吩咐司机出发。于是,一群人谈笑风生,从康桥驶向宁波象山。

那天,我第一次知道,几位艺术家早跟亲和源结缘了,无数次参加会员活动。其中,乔榛和唐国妹夫妇住在亲和源"旗舰",马科和童正维住在号称亲和源 2.0 版的迎丰公寓,饶余鉴和任桂珍夫妇是荣誉会员,随时随地可以入住亲和源在各地的老年公寓。他们一路谈论着老年公寓的各种趣事儿,让我感受到一样的老人,可以有不一样"精彩"。

不知不觉间,过了中午 12 点,每个人谈兴虽浓,肚子也"咕咕"叫了。

车至沪杭高速公路嘉兴服务区,稍做停留,奚志勇吩咐董办的同志去店铺里买些"填肚子"的。一会儿,裹挟食物香气的几个塑料袋送上了车。

车子继续驶上公路,奚志勇一边带头戴上简易的塑料手套,一边招呼大家"来来来，尝尝鸭腿"。老艺术家们一改众人眼里的优雅，兴致勃勃地动手动嘴，大快朵颐。"午宴"不过是卤味猪脚、鸭腿、凤爪、豆腐干等，加上罐装的啤酒、可乐，车厢里却充满欢乐。奚志勇不停地向大伙儿吆喝"每样都尝尝"。乔榛老师则调侃，老年的快乐与钱多钱少无关，与朋友圈和心态有关。今天的简易午餐也吃得心满意足。

中午一餐，就这样打发了。

下午，一行人抵达了崭新的象山养老公寓。

稍事休息，大伙儿集合起来参观这座矗立在一片填海造地上的养老住区。北边一排建筑已经建成，南面临近海边的地方仍在日夜开工建设。小区绿化很有设计感，会员俱乐部也已初具形态，老年阅览室、桌球室、棋牌室等一应俱全。令我印象深刻的是自助餐厅，实现了智能化的结算方式，罕见却有趣。晚饭时分，艺术家们与亲和源员工进行了小小联欢。

乔榛、任桂珍、饶余鉴纷纷登台表演节目。象山的员工忍不住要与艺术家们合影留念。艺术家们毫无架子，欣然配合。当晚，微信朋友圈里出现了老艺术家的风采。

翌日上午，象山亲和源举行了简单而隆重的开园仪式。地方政府要员、社会名流济济一堂。来自上海的著名艺术家们以会员身份在典礼上"站台"，成为一道耀眼的"风景"。

我从"旁观者"角度观察到，奚志勇与艺术家们亲如好友，毫无客套。

此后，我随奚志勇拜访了秦怡、牛犇等老艺术家，也在奚志勇的便宴上"邂逅"知名作家、影星等。尽管我不是"哈星一族"，却不由得暗暗惊叹，奚志勇好结朋友，性格坦荡。他能拿自己对养老事业的满腔热忱去激发别人的公益情怀，与文艺界"大咖"建立亲密的关系。文化"软实力"，为亲和源增添了不一样的力量，产生润雨无声的感染力。

老领导

中国有句老话：做事先做人，做人先立德。

人生一世，无非做人做事。想做一番不寻常的事业，必须自觉修身立德。

奚志勇弃官下海，在市场里搏击风浪，得到许多以前素不相识的领导和朋友鼎力相助，与他选择的养老事业天然带有"孝爱"文化基因有关，与他在创业过程中始终坚持社会效益有关，也与他信奉"做事业不能一个人奋斗，而要凝聚一群志同道合的人"息息相关。

必须说一说杨堤，一个睿智的老人。

他出生于战乱年代的上海，少年时期就立志追求革命真理，怀着爱国热情，离开上海奔赴皖南参加新四军。从16岁在皖南新四军教导总队青年队做普通战士，到排长、组织科科长等，一路不断进步。"文革"中他遭受迫害，平反后再度受到重用，先后担任了上海市邮电局局长、副市长、市委副书记等，是一位长期在上海任职、受人爱戴的老领导。耄耋之年，他将毕生积蓄拿出来捐赠给慈善事业，受人敬重。

有感于亲和源探索发展老年事业的壮志和决心，杨堤欣然为亲和源题词。

奚志勇每每谈及杨堤，满怀感激之心。他将我带到亲和源二楼的圆桌会议室，靠南悬挂着一幅几乎占据一堵墙的画卷《百老写真图》。画卷由多个老画家挥毫合作，气势磅礴，表现了上海老年人多姿多彩的快乐生活。为这幅巨作题写"百老写真图"五个遒劲大字的，就是杨堤。时年90有余的杨老，是上海老年基金会名誉理事长。他得知浦东康桥创建了全国第一座现代化的养老住区，不顾年迈，两次亲临现场视察，对于亲和源硬件设施以及管理服务力求"专业化、个性化、人性化"感慨不已，欣然书写了这几个力透纸背的大字。

如今，各国或各地来亲和源的参观者，都会在这一巨幅书画面前"打卡"。

亲和源是一家民营企业，却不是普通的企业。它大胆探索中国市场化养老模式，多年来得到了许多有识之士的赞赏和爱护。从小苗长成大树，为它热心浇灌的老领导很多。

我在2018年5月亲和源开十周年庆典上，"诧异"地看到这样一幕：奚志勇邀请来了一批老领导，部级、副部级、局级、副局级等都有，由奚志勇以及全资收购亲和源的上市公司宜华健康领导共同为莅临的领导们颁发了"创业导师奖"。

由企业颁发薄薄的一页奖状，为何领导们都欣然上台领受呢？

这是我敬佩奚志勇，也敬佩诸多老领导的地方。

在"官本位"文化深厚的中国，按照传统逻辑，领导们是不屑接受企业颁奖的，而作为企业家，也根本没有底气"胆大妄为"，肆意创造一个奖项，颁发给位高权重者。

奚志勇却敢，并坦坦荡荡，行云流水地做了这件事。

事后，我问奚志勇，为何这么做？

"因为我们所做的一切，是以商业的力量服务于社会事业，是在为社会老龄化分忧。领导们认同亲和源是一个特殊的社会性企业，它开创、致力的是于国于民都有益的老龄事业，是对公共财政承担的福利养老的有力补充。我们设立'创业导师奖'，是由衷地感谢领导们对我们理想与追求的理解、关心、支持。很难想象，如果没有他们的道义相助，亲和源会不会有今天……"奚志勇说到这儿时，情绪有点儿激动，眼睛湿润了。

第十四章 医养结合

改变"两张皮"

老年人选择入住亲和源,有个很难抵御的诱惑,是亲和源有内设医院。

须知,当年整个中国养老业处于比较落后的水平,市面上的养老院,无非是一张"病床"。即便是这样一张无法保障自由、尊严和隐私的"病床",也不是用来治病的,只是一切都靠"别人安排",提供护理服务而已。一旦老人患上疾病,养老院立马会通知家属将老人"转院",即家属安排看病。从医院出来的老人,养老院也会因养护风险而拒之门外。

如果说,超越一张"病床",给老人一个完整的家,以及会员制养老提供秘书式至尊服务,是奚志勇的首创,那么,率先探索"医养结合",也是他创新中的浓墨重彩。

亲和源的"伯伯""阿姨"编了个顺口溜,叫做:

健康地养老,精彩地生活,优雅地老去。

其中的深刻含义，许多年轻人一时是无法体会的。

顺口溜入木三分，刻画了现代老人的心理。人老了，需要"养老"。可是养老，只是吃饱穿暖、抱抱孙辈吗？

远远不止。养老二字，也意味着获得健康生活指导和高质量医疗服务。多数老人，身上没有患上什么惊人的恶疾，但是，时常受到常发、易发和突发的一些"老年病"困扰，他们比其他年龄段的人更加深刻地领悟到，医院对于日常养老是须臾不可缺少的"标配"。无论居家养老还是住在福利院，他们都经常需要配药、治疗，这一切却并不轻松。社区提供的日间照料服务，无法满足高龄老人、失能老人对于"生活照料+医疗护理"的叠加需求。而老年护理院呢，在各大城市都一"床"难求。在医院急诊室或病房，我也多次目睹，不少七八十岁的老年病人迟迟不愿离院，双眼流露的是内心的极度不安——他们害怕回家后，两个老人面对空巢，或者根本就是一个人面对空屋子。一旦有病，叫天天不应。

国家对于"医养结合"的养老需求，也重视并采取了措施。

我查阅了一系列有关医养结合的政府文件：2011年，国务院颁布了针对老龄事业发展问题的指导性文件——《中国老龄事业发展"十二五"规划》。同年，国务院办公厅印发了《社区服务体系建设规划（2011—2015年）》。这两个文件尚未明确提出"医养结合"，却显示了国家政策已经重视有关满足老年人康复护理的需求和呼声。2013年9月，国务院发布《关于加快发展养老服务业的若干意见》，首次提出"积极推进医疗卫生与养老服务相结合"。"医养结合"成为中国养老服务中的创新举措。

在政策的春风吹拂下，各种医养结合项目或机构如雨后春笋，当然有许多新做法，新经验。但毋庸讳言，一时"野蛮生长"的医养结合项目里，呈现出良莠不齐的现象。

须知，奚志勇有关医养结合的理念和实践，在2008年"基本成型"。

我在此使用"基本成型"四个字，是因为作为市场化养老的探路者、先行者，他的思考不一定非常完整，但不得不看到，他是敏锐的、前瞻的。他早就预料到，当"独生子女"作为生产主力军的一代活跃在社会舞台时，"养儿防老""床前尽孝"会成为整个社会一个"天大的难题"。所谓难题属于"天大"，是政府凭借一己之力根本无力破解。他说，在银发潮滚滚来袭的时候，传统的"居家养老"模式无法让独生子女的父母安度晚年。养老模式一定会以"革命性变化"，让"八〇后""九〇后"从传统的赡养老人的沉重负担里"解放"出来。

靠什么？靠的是社会力量和市场力量！

然而，很长一段时间，"医疗"与"养老"是两张皮，完全分离。

医疗机构与养老院互相独立，自成系统。养老院不提供医疗服务，医院里又不能养老。老年人一旦患病，不得不在家庭、医院、养老机构之间无止境地跑"马拉松"。

是啊，我便深有体会。有个长辈是个退休教师，也有高级职称。晚年令他最累的一件事是"就医难"。他曾一脸羡慕地告诉我，有一个大领导，白天外出忙碌，晚上直接让司机送至三甲医院高干病房。如果他也能住在医院里"养老"，是多么幸福和风光啊。

我听了一惊，毕竟自己对这一块极度不敏感。后来辗转打听，果然，某些大医院，都设有高干病房。一些人享有长期住在医院的待遇。

回到养老产业，普通百姓能不能摆脱"看病的地方不养老，养老的地方看病难"之现实怪圈呢？

能！奚志勇在酝酿养老公寓的时候，心里就萌发出"医养结合"的念头。

2008年亲和源开园，内设医院能解决"医养分离"的困境，老人们为之心动，聊起这点，眉飞色舞。

健康是"1"

俗话说，对于任何人，健康是"1"。有它，后面加多少"0"，包括地位、财富、荣誉、快乐等，都能成立。没有这个"1"，一切都烟消云散。

奚志勇的养老思想里，也将老人的健康和医疗服务放在重要位置。亲和源与福利性养老院的明显差异在于，后者往往单纯地为老年人提供"基本生活照护"，而亲和源则注重提供持续性的老年照顾服务，既能够满足低龄老人快乐养老的多姿多彩需求，也能满足高龄、失能、空巢、患病老人的医疗与养老的叠加型需求。

分析亲和源的"医养结合"，我发现他们的"医"，内涵极其丰富，令我这个"观察家"收获了很多新知。首先，他们的"医"，是注重老年健康保健。

奚志勇笑着说，以前只听说"首长""领导"有专门的保健服务。现在呢，我们的老年会员也享有。"治未病"，是最高的医疗之道。对于容易生病的老人而言，一定要让他们获得"防病"服务，不仅仅是定期为会员体检，而且开设各种专题健康讲座，组织老人交流养生体验，以此尽可能减缓老人生理、心理衰退的进程。其次是老年医疗服务。在亲和源，足不出"小区"就能看病，也"刷医保卡"，没有路途之忧，还可以预约健康秘书作陪。看病不再是难事。再次，老年康复护理和老年心理咨询，也是亲和源的强项。著名配音演员乔榛与奚志勇的相识并结下友谊，就缘起乔老师脑梗后需要护理，经人介绍住进亲和源，在医生和康复医师的精心照护下，他很快重新站立起来，回到了舞台。

纵观国内"医养结合"的养老机构实践模式，大致有几种模式：

重庆青杠老年护养中心，是全国首家医院下属的养老机构，由重庆医科大学附属第一医院全资兴建。它依靠医院强大的医疗支撑保障体系，集医疗、护理、养老、康复于一体。

合肥湖滨医院，也是医疗机构内设立养老功能的典型代表。它以医院的"老年科"为支撑，提供医疗、护理、保健、康复和临终关怀等服务，在安徽省颇具影响。

北京市第一社会福利院，被誉为"首都第一家集医疗、康复、颐养、科研、教学为一体的老年病医院"，主要接收国家优抚、需要照料的离退休老人、归国华侨以及老年病患者，也具有对区县养老机构的人员培训、业务指导和重症病人的住院康复、治疗等功能。

北京的泰康之家·燕园，是获得中国保监会批准的投资养老社区试点，目前已经成为国内领先的医养连锁养老机构。它搭建的是"三级医院临床治疗＋社区配建康复医院＋CCRC持续关爱社区"的医养服务体系，能提供预防保健疾病治疗、慢性病康复、长期护理等闭环整合型服务。

各地探索的"医养结合"服务，还有"颐家"和"福寿康"等公司提供的上门医养服务，借助日间照护中心、长者照护之家、社区护理站等，打造小规模、多功能、区域性全科医护。

总之，医养结合模式多种多样，这里不一一列举了。

相比之下，奚志勇在亲和源的医养结合实践，不仅最早，而且起点较高。从2008年起，它就将老人的"养"与"医"在社区里完成，一举解决了传统的"医养分离"给老人和家庭带来的不便。"我们的探索，既解放了老伴，也解放了子女。"奚志勇的这番话，意味深长。

我听到不少有关"医养结合"的故事。

邵伯伯，一个独居的高龄老人。亲和源秘书们对他格外"留个心眼儿"，就因为他独自一人进进出出。一旦哪天没有看见伯伯下楼活动，秘书们一定会专门上楼去敲门，确认伯伯的情况。一天，楼栋的健康秘书小张看见伯伯从电梯里走出时与往常有些不一样——显得有气无力,于是主动喊了声"邵伯伯",与之攀谈,发现他讲话也不利索了,手还有点儿抖颤。小张立即联系亲和源医院的医生上门。果然,他的表现都是中风前兆。小张立即打120急救电话,也及时通知了邵伯伯的子女。急救车开到三甲医院,子女也闻讯来医院会合了。当医生询问伯伯的身体状况、既往病史等,子女们直摇头,答不上来,而小张却详细讲述了邵伯伯最近的血压、血糖指标状况以及所吃药物等,为医院及时诊治提供了宝贵的时间。家属非常感慨:多亏了健康秘书小张的及早察觉并安排就医。

还有一位刘阿姨,一天膝关节炎犯病,痛得她一走路就钻心地痛。子女都在国外,得知情况后非常焦急,却无法立刻飞到上海。这期间,公寓主任和健康秘书们就像儿女一样,仔细询问刘阿姨症状,然后多次陪她去医院,来回几次排队、挂号、付费、取药;回到亲和源后,又天天上门了解情况,直到老人慢慢康复。家属非常感动,特地写了感谢信给奚志勇。

再说说宁伯伯。

亲和源老人的口里,宁伯伯是一位了不起的冶金研究专家,新中国建立前从海外名校留学归来,毕生沉醉在枯燥的公式和实验室里。他和妻子方阿姨育有二子,一个在高校做教授,一个在大型国企任CEO。儿子们原先给老爸老妈安排的养老公寓在美国亚利桑那州。那里终年阳光充沛,是美国"有钱老人"的首选养老地。但宁伯伯和方阿姨住不惯,回到上海搬入常人羡煞的黄浦江畔"看得见风景的公寓",也住不惯。有一次,他们应邀参加亲和源活动。方阿姨与几位"老圣约翰"会员一见如故,聊得特别投缘,仿佛回到了校园时代。为了报答她跟随着自己在长达几十年的科研生涯里颠沛流离,这一回,他满足了妻子的心愿——搬入亲和源。其实,他也一眼相中了带有内设医院的亲和源,环境也优美。

宁伯伯年事已高,早年在实验室埋首苦干落下不少"毛病"。

入住后，经常去亲和源医院"串门"。医生嘱咐他，他患的都是"老年病"，没啥可怕的，只要遵嘱按时配药和服药，还热心地为他制定了轻松休闲的锻炼计划。

于是，他每天晨起，即步入楼下花园，参加回春保健操锻炼；早餐后略作休息，再去多功能舞厅。他不怎么会跳，先是看着妻子方阿姨和其他老伙伴随着美妙的慢三、慢四翩翩起舞。后来有别的阿姨邀请他，方阿姨也鼓励他，他心动了，下定决心走入了舞池。从一开始老是踩舞伴的脚背，到渐渐找到跳舞的感觉，他的心情变得越来越好，常常情不自禁用一口流畅的美式英语与舞伴们开玩笑。一段时期过后，负责他健康管理的朱医生十分惊喜，称赞他"血糖、血脂、血压，各种指标都控制得非常好！"

"被医生表扬"令宁伯伯非常开心。

当生命步入最后一程，身体越来越虚弱，他执意不去外边的医院。因为这里的医生、护士永远笑脸相迎，每天还有会员朋友前来探望。终于，他在"熟睡"中完成了"告别"。

年轻人常常疑惑，老人为何"喜好"找医生。

其实，老人多病是常态。他们住普通公寓，最担心是身体不适却"叫天天不应"。

有一位阿姨拿来一本公开出版的纪实作品，说："侬看看，独居教授，一个人住在三居室的宽绰大屋，出门一把锁，进门一盏灯，每天佝偻着腰，拎着饭盒去校园食堂买饭吃，几天不露面，竟然谁也不知。直到有学生去探望，察觉情况'不对'，叫人打开房门，才发现恩师躺倒在地板上已经整整三天三夜了。被发现的时候，虽然还有一口气，但三天没有进食，完全虚脱了。当被众人七手八脚送至医院，已经错过抢救的最佳时期，不幸溘然长逝……"

阿姨因为不想重蹈书中所写教授的悲剧，果断地选择入住亲和源养老社区。

她喜滋滋地告诉我，亲和源为每个老人定制了一本"绿皮书"，即健康档案。它不同于"病历卡"，记录的内容比病历卡详细得多。老人的一切健康状况，包括得过什么疾病、有什么病痛、注意什么问题、忌食什么东西，种种情况一目了然。保健医生每月进行巡诊。楼栋还有生活秘书和健康秘书密切关注老人的生活特点或健康信息，以便及时指导和帮助。

后来我专程去采访亲和源的健康档案。原来它也不只是一本"绿皮书"，一头还连入亲和源自主开发的ERP管理系统。日常生活中，由健康秘书在ERP管理系统的健康管理工作平台上，为会员建立数据化的健康档案，包括会员体检报告和健康日志，血压、血糖、心率等日常检测数据，B超、X射线、核磁共振等医疗检测数据，以及疾病史、诊疗史、住院记录、用药情况等，涵盖会员与健康相关的种种信息。

"老人经常去医院没啥奇怪，小毛小病啥人没有？只要及时得到治疗，照样活到九十九。长寿的关键是，看病即便变成'家常便饭'，也不能得过且过，而要认真对待。"这位阿姨说。

她夸赞医生医术高明，还特别满意"健康秘书"的服务：陪老人去医院挂号、导医、配药，秘书们几乎都是小跑，"鞍前马后"，细心照顾。有时通过"绿色通道"去外面的三甲医院看病，健康秘书更是照护有加，代配的药，代付的钱，总是分毫不差。

为老年人建立健康档案，在2013年才正式被民政部纳入《养老机构管理办法》，而亲和源早在2007年创建健康、生活、快乐三大秘书服务体系时，已经将健康档案作为健康秘书的"重点服务内容"之一。

第十五章 养老政策

福利局限

中国的老人有各种福利。而上海老人,应当说福利水准相对较高。

一向以世界一流城市为坐标的这座城市,养老措施之多之细,令我眼花缭乱。

"老了坐在家里,天上都会掉下各种福利。"一位老伯伯告诉我。

"天上"掉下的福利有哪些?养老政策有着怎样的变化曲线?

简而言之,上海老人享有最低生活保障,低保家庭中年满70岁的老人享受帮困粮油卡,60—69岁的老人享有帮困粮油券;老人还有综合津贴,每人每月从75元、150元到180元不等;符合条件的高龄老人还能享有"长期护理保险",即在公共财政补贴下,支付很少的费用,享受居家上门服务,包括养老护理员上门提供助餐、助洁、助急、助浴、助医、康复辅助等"十助"服务。还有免费办理遗嘱保管、遗嘱公证、定期健康检查、老年教育等。

上海正式进入老龄化社会是1979年。这一年,60岁及以上户籍老年人口占户籍总人口为10.2%,65岁及以上老年人口占户籍总人口7.2%。按照国际标准,算是"变老"的元年。上海首家区办养老院——

虹口区幸福院，也于1979年5月成立。媒体做了广泛报道。

此后二十多年，养老机构呈现"百花齐放"的状态，有孤老包护组、街道敬老院、老年康复中心、养老院、社区老年活动室等。其中市级、区级养老机构规模齐整，内设的医疗机构很早获准纳入"医保结算"，既方便了入住老人，也促进了养老事业发展。它们有个"共性"，都是属于社会福利事业，即政府全资或部分投资，实行"病床式管理"，收治对象一律是孤寡老人、失智失能老人等。

后来，社区老年活动室，在上海市政府的指导和推动下，得以有计划、成规模地发展。大大小小的老年活动室很快便星罗棋布，虽然简陋，却在老人的"家门口"。上海还将"新建老年人日间服务中心"列入了政府实事项目。此外，还广泛开展"与老人家庭结对关爱"行动，针对独居老人开展问候、咨询、救助等。其间，上海主办了首届"上海国际残疾人老年人康复护理保健展"（后更名为"中国国际养老、辅具及康复医疗博览会"），上海与鹿特丹合作开展了"上海－鹿特丹养老福利培训项目"，举办沪港社会救助和养老福利论坛、首届"上海民政发展论坛——2006上海老年人照料体系国际研讨会"等，显示了"大城养老"的国际化视野和胸襟。所有这一切，都发生在2008年之前的探索。

2008年之后，又有许多新的政策，新的做法出现。

我之所以将2008年划一条横线，是想看个"究竟"，奚志勇创办全国第一个养老社区开园之前，他所颠覆或超越的福利性养老究竟有着怎样的图景。

这段时期，上海、北京分别出台了养老计划。

上海是"9073"，北京是"9064"，内容大同小异。所谓"9073"，即90%居家养老，7%享受社区养老，3%安排去机构养老；而"9064"，即90%居家养老，6%享受社区养老，4%安排去机构养老。

公办的养老机构，倾向于照顾孤寡、独居、失智、残障和失独老人，大约占老人总数3%—4%。实际上这个比例很难做到。媒体曾披露"居家养老一条腿长，机构养老一条腿短"，反映的就是现状。占老年人口高达96%—97%以上的老人居家养老，能得到一些社区提供的适老化服务，包括志愿者上门关爱和照顾，去老年活动室打牌、下棋等。

其中有"不公平"吗？

有。奚志勇指出，由于对养老认识停留在计划经济时代，公共财政提供的养老补贴主要在"病床"和社区服务体系上，对于社会资本建设的大型养老住宅区，没有给予实质性扶持。

这是上海的现状。外省市呢？广大农村呢？

有人说，奚志勇的想法更具"公平"和"博爱"色彩。他执拗地认为，凡是属于福利性的养老补贴，无一例外应该让所有老人都能分享。但入住养老社区的"活力老人"当下被政策有意无意地"忽略"了。"福利"成了"分配"，只给了在福利院的老人。

"这就好比住房，在计划经济主导下，很长一段时间，亿万民众的住房只能依赖福利分房，别无选择。随着住房制度改革，福利分房逐渐取消，商品房完全取代了福利分房，使得房地产业成为中国最大的支柱经济。市场化养老服务会不会步房地产后尘，成为推动GDP发展、提供民众生活品种的支柱经济？完全有可能！"奚志勇态度很肯定。

与机关公务员聊起这些，公务员们普遍抱持怀疑：养老产业成为支柱产业，可能吗？！

坚定，是坚定者的信心。奚志勇认为，占据公共财政很大一块的养老福利，只能用来"托底"，而市场化养老，不仅仅是政府官员眼睛里看到的"生活照护"，它包括涉及养老生活方式的各个方面，包括老年公寓、老年食品、老年汽车、老年手表、老年手机、老年教育、老年旅游、老年娱乐、老年电视、老年广播、老年服饰、老年"达人"大赛等。它是全面推动社会变革的重要战略,如果坚决打破福利服务小而散的局面,使老人得到系统化、全面化的服务,养老产业一旦被深入发掘,潜力无穷,能释放"原子弹爆炸"的社会能量。

怀疑,是怀疑者的疑虑。无论国家层面还是上海这样的大城市,大力发展市场化养老,时机尚不成熟。养老的主体仍然是"福利""公益",而不是"市场""行业"。之所以允许市场化养老机构探索和存在,是因为看到,应对人口老龄化,单单依靠政府福利,力不从心。

既然,政府官员已经感受到,肩负"民生托底",追求"床位"建设,已经累得"趴下",压根儿顾不上所谓的"高端养老",但他们又不愿意"放手",不放心"放手"。

由此导致一个"死结",政府对医疗保健、能源产业、计算机产业、机器人产业、互联网行业等都出台不少实质性的政策予以推动,但对于养老业仍旧在观望。

养老项目申请土地,没门!申请银行贷款,没门!申请税收减免,没门!

呼吁"补贴"

说说一个小故事,奚志勇不知不觉成了老年产业的建言者。

有一天,奚志勇去拜访民政主管部门的一位领导。两人聊到国内的养老产业政策,他竟然与别人争论起来。争论的话题是由"未富先老"问题引发的。

所谓"未富先老",是内地非常流行的说法,意思是:北欧、日本、意大利等国家尽管走在了世界老龄化社会的前列,但人家社会早已富裕,从人均 GDP 看,有足够的财力为老人安排更多的福利。而中国的 GDP 总量已经成为世界"老二",但算到人均,却依然属于发展中国家，有些老少边穷城市还非常"穷"。因此，涉老政策只能"穷过渡"，将有限的福利用于约占老人总数3%—4%的失能、失智老人身上。通俗地讲，"多建床位"。

奚志勇对此说法不以为然。他嗓门很大，慷慨陈词："这样的观念太老了"。

他说：国家实行改革开放三十多年了，经济上突飞猛进。要论贡献，谁最大？毫无疑义，是目前年纪七八十岁的人。他们真正是开拓者、实践者、贡献者，也是牺牲者。目前的养老政策一味地抱守"穷过渡"思维，在相当程度上引导老人节衣缩食，甚至容忍买不起房或出国买洋文凭的下一代继续"啃老"，社会的孝道传统去哪儿了？停留在嘴上说说吗？

他举例说，世界上不少国家和地区都实行"高龄补贴"。譬如香港对70岁以上的老人发放高龄补贴，每人每月1000港币；日本对老人也发放"高龄补贴"，而且为了鼓励、支持"活力老人"继续为社会作贡献，还发放老年就业发展补贴。此外，长者就业培训，政府也承担一半费用。为什么上海不能率先探索新时代的"高龄补贴"？

"我们要以实际行动，唤回孝心，唤回大爱。"他变得情绪激动。

领导听了奚志勇演说般话语，笑了，解释说："国情、社情不同。我们还没有达到发达国家、发达地区那样的福利程度，拨不出那么多钱普惠所有老人。我们只能在社保基金上保持平稳发展。这一点，上海已经高于全国大部分省份的普遍水平了。"

争论归争论，民政部门的领导从内心是敬重眼前这位大叔的。

他们太了解社会层面的老人福利状况了，也了解奚志勇一心扑入老龄事业，所探索的事情"超越"了福利性养老服务。在某种程度上，他已经成为钻研中国养老问题的专家。他拥有最接地气的"田野调查"，掌握了大量鲜活的老龄生活案例，对老年问题发表的见解是社会的直接反应，也是真知灼见。所以，听他滔滔不绝，也算给他"道义支持"。

所谓"道义支持",往往口惠而实不至。

换位想象,站在创业者、从业者角度,难免为"看得见窗外阳光却间隔一层厚厚的玻璃而无法直接触摸"感到失望和悲凉。这,似乎是当下中国养老产业的普遍困囿。

养老企业,得不到"阳光政策"的倾斜,要像普通企业一样自负盈亏,自生自灭。而政府部门的监管是非常严厉的,可以允许"八仙过海,各显神通",但要确保维护老年人权益。

这就是现实状况!

第十六章 乐龄文化

"研究中心"

自踏入养老行业,奚志勇好像鱼儿游进了大海。

他一头扎进这一片世界,喜悦于各种新的发现,时而搏击风浪,时而自由呼吸,上下求索,自在遨游,不亦乐乎。

当然,如潮水般涌来的老年问题,也让他感到自己一辈子不可能穷尽这些问题。有些属于知识问题,有些属于观念问题,有些属于技术问题,还有些属于社会问题,纷繁复杂。

触发他思考、查阅、研究这些问题的,都是在养老实践里遇到了具体困难。

奚志勇很早提出创建"老年生活形态研究中心"和"老年建筑研究所"。这两个机构超越了老年住区经营管理范畴,但奚志勇下决心尽早建立。

他感到,所有适老服务的水平提高,都建立在"研发"的基础上。

亲和源人嘴上一直挂着的"研究中心",就是"老年生活形态研究中心"。

亲和源还在孕育的时候,研究中心就开始运作,做了大量的评估和论证。它比亲和源社区诞生得更早，寄寓了奚志勇渴望产业探索与产业研究"两条腿并行"的愿望。奚志勇本人兼任过研究中心的主任。后来的继任者有华山、周根兆、侯坚、姚慧、王剑等。

我多次跟研究中心打过交道，也跟几任主任有过直接交流，意识到它是一个"开放式的共享平台"，也是一个行业联络、社会活动组织、养老理论研究和交流、创新思想发端和当代老年人生活形态研究的"基地"。它充分整合国际国内"智力"资源和"人脉"资源，也善于调动老人会员里的专家资源。全国政协委员邓伟志、上海市政府发展研究中心副巡视员顾性泉、华东师范大学教授桂世勋、《解放日报》理论部主任周智强等曾受邀成为"研究中心"首批特聘研究员。他们成为奚志勇探索养老事业的"高参"或"智囊"，提供了丰富的思想和建议。

此时，亲和源的建筑工地上日夜忙碌，以"浦东速度"在日日生长。与此同时，亲和源团队也一刻不停地钻研当代养老精神和理念，创建先进的养老管理和服务模式，传播养老的新思想和新观念。

奚志勇有一个特别的观点，即中国进入了老龄化社会以后，老龄化的社会结构，无疑应当以老年人为中心之一，调整目前的经济社会的有关政策、法律、法规等。他还提出：亲和源养老探索，对于老人个体而言，改变的是生活方式；整体而言，则追求的是实现老年的价值。

显然他也认为，目前这一块，理论研究和社会实践都做得"非常不够"。

在亲和源内部，"研究中心"是精兵强将的集中地。但凡企业策划重大活动，需要所有部门一起合作参与，牵头的往往是"研究中心"。

奚志勇有关老年生活、老年价值的系列思想，主要发端于这个阶段。一开始，并没有那么多"远见卓识"，只是迫切地渴望寻找一个崭新的养老方向。就连建设中的项目究竟是老年公寓还是老年社区，他们一开始也不那么明确。后来经过反复论证，目的才渐渐明朗。

他们抱以这样的自觉：一个专业为老年人提供养老服务的机构，"天赋使命"是让老人获得健康和快乐。他们想到，重阳节早在春秋战国时期就已形成。农历九月初九，入秋时分，正是无数作物收获之际。按照传统习俗，人们此时会出游踏秋，登高望远，食糕饮酒，遍插茱萸。如何利用重阳节，将它真正办成万千老人倾巢出动，热衷享受的"老年节"？经过一番策划，在2006年这一年的重阳节，建设中的亲和源主办了首届"爸妈，为您过节"主题活动。

由于亲和源还在建设，活动地点安排在附近的川周公路和慈桥路交叉路口的"五德会广场"。时任上海市委副书记、上海市老龄办主任杨堤送来了亲笔题写的"亲和源"三个字；德艺双馨的电影艺术家秦怡欣然出任亲和源爱心大使，著名昆剧演员张军也赶来为"盛大的节日"助兴。这次活动，是亲和源品牌第一次步入公众视野，或者说，是亲和源首次"亮相"于社会。它有效地传递了一个信息：亲和源专注于老年快乐，以及老年的现代生活方式。

当我日后与奚志勇探讨这一先于实体项目运营并持续举办至今的活动时，奚志勇解释道：当年社会对于现代养老的认识，如同未开垦的野地。那时相关的理论研究和思想传播都亟待进行。因此，我们举办"爸妈，为您过节"。这个主题活动朴实、直接、亲切、明了，却赢得一个极大的"延展和包容"的空间，有望唤醒或激发孝爱文化，吸引更多的人关心老年生活方式。

"很长时间，对于老人生活方式研究，我们的社会做得实在'不乍地'。"奚志勇说。也因此，他们策划的"爸妈，为您过节"，没有关起园门自娱自乐，而是嫁接和依靠社会资源来设计活动内容，还尽可能挖掘和保留传统特色——遍插茱萸，组织附近小学的师生在手工课上，将一种果实如小粒枸杞的茱萸装入香囊，在活动现场为爷爷奶奶佩戴。民间在重阳有爬山登高秋游的习俗，而他们以分糕和吃糕来代替。当一只足足有大圆桌台面那么大的重阳糕被推入活动现场，全场一片欢声笑语，气氛达到高潮。

如今，每年重阳节的"爸妈，为您过节"，内容变化无穷，成为老年会员期待的"自己的节日"。许多并不住在亲和源的会员亲友，闻讯也会赶来"轧闹猛"（沪语轧闹猛之意）。

也正在"研究中心"成立之初，首任主任的奚志勇与副主任华山等一起，奔赴北京，拜访了时任民政部福利司司长王振耀，想听听负责全国养老事业的官员对现代养老的看法。大喜过望的是，此行拜访收获丰硕，王振耀司长是个务实派，还具有国际视野，极富创新思维，对建设中的亲和源大为赞赏，乐见其探索成功，还娓娓而谈，给以目前的政策分析。

奚志勇"趁机"又向他汇报另一个想法，拟联合一批养老企业，发起组建"中国养老产业联盟"，以实实在在的产业研究和思想交流，推动整个国家养老服务的深化改革。

王振耀当即表示："大力支持！"

不久，"中国养老产业联盟"宣布成立。作为主要发起人，奚志勇义不容辞，提供了办公场地、常设人员、活动经费。顺理成章，其招牌也挂在了上海，与"亲和源老年生活形态研究中心"并列，合署办公。迄今，该联盟连续举办了十届"中国养老产业高峰论坛"，还于2011年举办了浙江养老产业论坛。持续不断的论坛活动，在行业内产生广泛影响，收获了大量来自一线的养老经验和思想。奚志勇与王振耀也因此建立了深厚情谊。在此期间，亲和源集团与王振耀主持的北京师范大学公益学院以及深圳国际公益学院保持了密切合作。

"高参"王志纲

那一年，王志纲受邀出任了亲和源的产业策划顾问。

王志纲，早年做过新华社记者，受益于在改革开放的前沿阵地广东的熏陶，成为一位著名城市规划和产业运营策划人。2007年春节刚过，他率领工作室成员，来上海亲和源建筑工地实地考察，并与亲和源高层进行了面对面的交流。

当年，王志纲提出，中国快速老龄化催生老年消费市场。老年消费市场占有社会消费总量越来越大，但养老消费需求不等于有效需求，消费总量大不等于消费能力强，需求旺盛不等于能转化为消费的"有效需求"。中国的养老消费存在着众多的瓶颈和障碍，如观念障碍、经济障碍、资源障碍、体制障碍等。这些或多或少都阻碍着老年事业的发展。

关于观念障碍，集中表现在传统的"养儿防老"观念非常强大。老人住进养老机构，常常会受到传统观念的抨击，被认为不孝顺。关于资源障碍，反映在应对人口老龄化，社会心理准备不足，应对措施远远不够。针对老年群体的服务性机构"量少质差"。

彼时有专门针对儿童、妇女的医院，但很少有专门针对老人的医院。在老年"出国游"方面，卡脖子的限制很多。老年人口基数大，看似需求旺盛，养老市场的发展空间很大，然而，由于种种因素制约，实际上可进入的市场空间并不大。中国压根儿没有进入大众老年消费时代。这就需要亲和源找准"有效的市场空间"。王志纲在十年前提出这样的忠告。

中国的区域经济发展具有典型的非均衡特征。譬如，北京、上海、广州等地经济发展水平都已达到中等收入国家水平，局部地区已达到发达国家水平。这些地方，高端老年市场的有效供给严重不足。因此，亲和源具有"先发优势"，包括企业自身资源优势、所在地康桥镇区域资源优势、上海城市资源优势等。上海是亚洲经济龙头和世界级城市。各种先进要素不断向上海集中，可供整合的资源相当丰富。仅以医疗设施为例，上海市三级甲等医院多，对比北京较强的体制因素，上海的高端的医疗资源更具有市场化、社会化的特点，宜于整合操作。难得的城市土壤，为亲和源发展老年产业提供了广阔的市场和坚实的基础。

由于养老服务行业的社会属性、民生属性和市场属性，王志纲也看到，亲和源在赢得先发优势的同时，也承担着"先行者"的压力。老年产业是一个陌生的领域，缺乏成熟的运营经验，建设中的"亲和源"老年公寓项目已初具雏形，前期模糊的市场定位导致产品品质不上不下、不尴不尬，经营运作思路较多受房地产项目惯性思维的影响。针对养老服务的高端需求，他从优势(strength)、劣势(weakness)、机遇(opportunity)、挑战(threat)四个方面，做了SWOT分析。优势是银色浪潮席卷中国，老龄产业蓄势待发。上海是一个率先进入老龄化的大城市。据零点公司调查数据，其中高收入老人的比例占到6%。高收入老人的数量相当可观，使得亲和源老年产业的发展具有先天的机遇和良好外部市场条件。

他也提出，亲和源项目很长一段时间会"孤独地存在"。中国养老服务行业本身尚不成熟，身处一个较为陌生的行业，企业的学习成本会比较高，不仅要"交学费"，还有可能走很多弯路，随时可能出现经营风险、市场观念瓶颈、政策限制等各种难以预料的危机。

此外，由于民办非营利企业的性质，一旦盈利模式把握不好，可能出现投入难以平衡的问题，使得亲和源老年产业的发展"中途流产"。

对当时的市场环境和市场需求做分析和判断后，王志纲认为亲和源面临的选择是：

"大做"还是"小做"？"大做"即做高端、做示范、做网络、做平台。"小做"即项目思维导向，就公寓而做公寓，就社区而做社区。"虚做"还是"实做"？"虚做"即做"携程""爱康"类的网络服务平台经济，做服务体系，坚持不落地。"实做"即做奥古斯汀类的高端老年公寓，以项目实体形式实现规模扩张及连锁扩张。"长线做"还是"短线做"？"长线做"即把目前的康桥"亲和源"项目作为龙头和样板来考虑，一切从企业的长期的战略需求出发，而不仅仅满足于眼前的现金回流或者赚多少钱的问题。"短线做"即着眼于眼前快速的现金回流及项目价值收益最大化。他们认为：亲和源老年产业的发展应紧紧抓住目前难得的先发契机，先行先试，着眼于企业长期的发展战略谋篇布局，力争填补行业空白，形成一种全新的发展模式，从而成为"老年产业"话题的制定者、拥有者和解释者。亲和源发展老年产业的思路应该是：大做、长做、虚实结合、长短相济。

"实事求是地讲，王志纲领衔形成的报告，对我、对创业团队是有不少启发的。"奚志勇认为，"但企业发展壮大身处瞬息万变的环境，需要随时调整方向。"

发掘"需求"

"研究中心"对于老年的研究，从覆盖的领域看，几乎涉足老年世界的各个方面。其中，他们研究得出的"老年新需求""老年消费也增值"等结论，令我耳目一新。

人对物质和精神的消费需求，构成了一个巨大的潜在市场。2010年，有研究表明，中国城市老人中有42.8%的人拥有存款，实际比例数很可能更高。如果将每年老人的离退休金、再就业收入、亲朋好友的资助加在一起，可支配资金量相当惊人。为老服务的市场潜力是巨大的。

商家眼睛喜欢盯着女性和孩子，习惯抱怨老人的钱难赚，数落老人的消费观念落后，却没有认真反思"供给侧"方面存在的问题。譬如，老人主要有哪些需求？潜在的哪些服务具有普遍的消费力？不同阶层的老年各有什么消费倾向？等等。

"研究中心"通过抽样调查以及搜集大量报道、文献，分析得出这样的结论：

> 新时代老年需求明显变化，尤其老年旅游市场"商机无限"。

他们做过调查，老年群体的基础消费包含了生活、健康、娱乐等多个方面。其中，旅游消费需求非常突出，约有70%的老人都表达了"想出游"的意愿。

入住亲和源的老年会员，普遍喜欢旅游，向往"远方"。往往，经常出游的老人，心态更为开放，热衷于与自然、与社会的交流。一说到旅游，许多人眼睛发亮。

事实上，不仅亲和源的老人如此，社会上中高层老人普遍有这种特征。他们在改革开放和经济发展中积累了一定的财富，多数还有稳定的离退休工资及养老保险收入。对于国内外旅游，很少人表示经济上有"负担"。他们也有充裕的时间，愿意走出去，饱览祖国风景名胜或周游世界。而旅游业通常有淡季、旺季之分。老年旅游的开发可以使淡季不淡。而老年最有可能成为休闲度假游的消费主体，也能对旅游市场起到"削峰平谷"的作用。

从世界发达国家和地区的资讯看，老年旅游占整个旅游市场总量60%。从中国有关统计数据看，2005年老年旅游占旅游市场总量的25%，之后逐年呈上升势头。相比发达国家和地区，国内老年旅游消费还有很大的发展空间。

除了旅游，老人的服务空白点还有很多，譬如，教育市场、康复市场、养生市场，甚至在时尚、文艺、学术、金融等领域，都能"发掘"老年人的新需求。

供需是一对矛盾的统一体。供给侧一方需要研究需求，发掘需求，而随着社会消费层次和消费结构发生变化，老人消费观念、消费需求，也处于不断的更迭中。

以往经济欠发达,许多老人抱持"重积累、轻消费;重子女、轻自己"的传统观念。如今,财富有了显著的积累,老人开始注重自我的生活品质和精神世界的充实。

他们发现,老年群体最根本的消费在于养老消费。这是他们的消费主体,涉及衣食住行、健康娱乐等,关联到社会整个养老产业链和养老服务平台。当社会化和市场化养老服务日益壮大,不断精细,反过来也会促进老人消费观念的形成。其中的"硬核"是:养老将越来越多地走出"小家",走向社会,养老的责任由家庭转化为社会经济发展的重点之一。

人们步入老年,不仅拥有奋斗一生的积累,也理应得到社会的赡养和关心照顾。尽管具体到每个人,人生道路不同,遭际也不同。但是,一个有良知、有道德的社会,都会主动顺应人口老龄化的变化,建构以老年服务为重要产业之一的发展目标,尽社会的力量让老年人群拥有一个服务多样化的健康安稳的晚年。

所谓"老年的富足,才是社会真正的富足",也意在老年消费能够满足多阶层的需求,尤其当下,粗鄙化、低品质的老年消费较多,精细化、高品质的则明显短缺。

奚志勇提出,社会各界都应该高度关注养老消费的新需求,从改变观念开始,从研究"供给侧"入手改革,从各方面引导社会和市场重新认识老年,尊重老年,继而构筑一个健全的、优质的社会养老服务体系和消费市场。

消费增值

在欧洲,曾有过这样一则香水广告:"滴一滴——为了自己;滴两滴——为了情人;滴三滴——什么事都可能发生。"广告推出后,销售业绩扶摇直上。为什么?

原来，这款香水是专门针对三四十岁年龄段的职业妇女设计的。应该说，在香水品类里，它品质上乘、价格也高，市场表现却不好。调查公司对此进行了调查。调查发现，当年，欧洲这一年龄层的妇女大都拥有幸福的家庭、稳定的职业，有的还自己创下了成功的事业。她们的消费能力远超校园女生或刚毕业的"月光族"。但是，她们内心里又都潜藏着一种愿望：在日复一日的生活中，希望在自己身上发生点什么故事。其实，是渴望"浪漫"。

果然，调查又发现，购买使用这款香水的妇女中，真的相信几滴香水能够换来浪漫爱情的人其实很少，但是，女人们还是对这款香水趋之若鹜。因为，女人们买到的不仅仅是一瓶香水，而是满足或实现了对浪漫爱情的向往心理，属于精神消费，

而目前我们的社会和市场提供给老人的精神消费，乏善可陈。

活力老人在告别职场后，他们精力充沛，经验丰富，财力非凡，却渴望得到具有针对性的精神抚慰、心理引导、再出发的激励。这类需求又能演绎出哪些消费项目呢？

市场空白点还真不少。

亲和源研究发现，老年人的某些消费，特别是满足精神层的消费，也会"增值"。

有个张伯伯，退休前是个一局之长。局里的业务，他说了算。在位的时候，生活的特征是"忙"，天天早出晚归，睡前还有文件要看。退休后，在家待了几年，脂肪肝、高血压、糖尿病等接踵而至，情绪越来越低。有一天，电视实况转播"国庆大阅兵"。一向关心时事的张伯伯竟然看也不想看。儿子发现后，说服母亲陪他去看看心理医生。诊断书上果然写着"抑郁症"。望着惊讶得合不拢口的一家三口，医生解释：抑郁症并不专属于任何特定人群，形成原因有遗传因素、性格因素、环境因素、生理因素。考虑到张伯伯没有抑郁的家族史，性格也一直开朗，医生建议从环境入手排查原因，并开了一些药物。起

初,张伯伯排斥治疗,觉得自己没得抑郁。但听了医生讲述的成因和表现,他沉默了。的确,他一度悲观厌世,感到生活没意思,生命也没价值。但妻子秦阿姨和儿子不想放弃努力,果断决定搬入传说中的老年乐园——亲和源。新环境不仅比家里漂亮、舒服,而且年轻的秘书们个个是有心人,也很可爱。秘书小赵得知张伯伯围棋下得好,主动向老张"拜师学棋"。几乎每天,小赵一下班就找张伯伯切磋棋艺。一段时间下来,小张棋艺大有进步,在棋院考出了业余"围棋三段"。"无证老师教出有证学生"的消息传开后,会员也纷纷登门请老张指导,或者与老张对决。原先的局长转而成了亲和源围棋小组的"头头"。这让老张又忙了起来。

亲和源医院也特别有心,张伯伯每次找医生,了解他情况的王医生从来不表露对其抑郁症的关注,只是告诉他,他的病症都是老年常见病,夸他身体比别人好,更对他在亲和源培养棋手、参加义工、组织赈灾义卖、协办老年夏令营赞不绝口。不久,原先给张伯伯诊治心理疾患的医生回访时,十分惊奇张伯伯的转变,情不自禁地说:"这恢复得太快了吧!"

秦阿姨开心地说:"您说的环境因素,我们当真去改变了,没想到起了大作用!"

如今,张伯伯把从医生那里学到的心理疗术与自己的心理历程相结合,也成了一位受人信任的业余心理咨询师。其他会员有什么不顺心的事情,都主动找老张聊聊。

老张退休后有过围棋组"头头"、心理咨询师、"亲和义工"等多个身份。这是他在上海担任局长时从未想到过的。如今他过得很快乐,跟抑郁症彻底"拜拜"了。

"像老张这样,以积极心态参加社会活动及公益活动,既有益于社会,也有益于家庭和自身。它体现的价值,可能是萤头微光,也可能是烈焰灼灼。不管怎样,任何消费,如果带给老人精神愉悦,有利于老人的健康,也是增值。"奚志勇说。

情绪与神经内分泌免疫,存在密切联系。研究表明,与健康长寿有关的所有保健措施中,心理平衡是最关键的一项。保持良好快乐的心境,几乎可以抵抗其他与健康有关的所有内部、外部的不利因素。根据免疫学学说,良好心境能使机体免疫功能和各器官的功能均处于最佳状态,对于抵抗病毒、细菌的感染,预防抑郁症、阿尔茨海默病、肿瘤和心脑血管等疾病,都至关重要。此外,老年人对大件物品的消费,如房子、车子、古董、收藏品等,既提高了老年人的生活品质,愉悦他们的精神感受,其实也是投资行为。

老人财富

60—80岁的老人是老人世界的主体,他们经历过较长一段时间的物资短缺生活。他们的青少年,经历了票证时代,也遭遇了"文革"动乱,不仅粮油肉布样样限量供应,而且生活极度匮乏,出国旅游十足是做梦,去外省旅游也少之又少。那时,许多人游历过大江南北,往往与"大串联"的记忆相捆绑,非常艰苦;或者是出差附带的福利。改革开放初期,他们也体会到种种阵痛,房子不够住,家里收入不够花销,不得不为家里老小的生存而疲于奔命。他们的生活"常态"是艰苦奋斗,一分钱掰成两半花,以致价格是否便宜,往往影响、左右他们挑选商品的眼光和动力。

但是,随着改革开放和经济发展,社会也从物质极度短缺一步跨入极大丰富的时代,人们收入显著提高,生活品质也是小时候想都不敢想的。尤其,在目前处于买方市场下的"过剩经济"阶段,消费者占据市场的主导地位。"四〇后""五〇后"购买商品不再像以前一味地追求低价格。品质和实用成为他们决定"买或不买"的真正因素。

由于他们一辈子没有享受过"奢华",补偿性消费心理也受到压抑。

奚志勇认为：

> 应该鼓励老人从"重积蓄、重子女"的传统理财观走出来，实现老有所学，老有所为。在花钱买健康、买潇洒、买快乐中，让人生变得更加丰富和充实。

吃，是人类生存的第一需要。恩格尔系数是食品支出总额占个人消费支出总额的比重。19世纪德国统计学家恩格尔根据统计资料，对消费结构的变化得出一个规律：一个家庭收入越少，家庭收入中（或总支出中）用来购买食物的支出所占的比例就越大。1978年，中国的恩格尔系数平均值为60%，属于贫穷级别；2019年，平均值为28.2%，属于富足级别。这些年来，中国正处于从小康向富裕型阶段的转变，其消费结构也必然开始变动、转型、升级。

目前，老年群体理应在出行交通、住房条件、继续教育、旅游度假、养生保健和养老服务等方面，走在市场消费的前列。这体现了社会的良知、后代的孝心。

因为，老年一生积攒下来的财富，理应由他们自己享用。他们已完成了对孩子的抚养和教育，也履行了对社会的纳税义务，余下的，倾其所有满足养老需求是正常的，合理的。最大限度地将潜在的消费力转化为现实的购买力，支撑自己所需要的高品质养老生活体系的各项服务购买。

如果赞同这样的观点，那么"四〇后""五〇后"，以及步其后尘的"六〇后""七〇后"，他们退休时，到了为自己而活的阶段，理应"挣脱束缚"自由自在地享度晚年的每一天。但事实上，许多人却无法做到"省心"，自己时时都省吃俭用，出门不舍得坐出租车，隔夜的剩菜也不舍得扔。

奚志勇时常对老人推心置腹：财富，是用来让生活更舒适、更符合心意的"一般等价物"。老人应该懂得利用财富来满足自身的需要，要舍得把钱花在自己身上，为快乐而活，为梦想而活，让自己的价值得以实现，学会悠闲地享受生活乐趣，而不是"人在天堂，钱在银行"。

"你不欠这个世界，世界也不欠你的，是合理合情的老年理财观。"

是啊，互联网上有个资讯，讲述了瑞典皇家科学院做过一个题为"什么样的人，才能实现品质养老"的研究。他们花了五年时间，耗费相当几个亿人民币的经费。

他们得出的结论挺有意思：首先，女性比较容易实现品质养老，这一点全世界都一样。女性的平均寿命普遍比男性长嘛。其次，受过完整教育的人容易实现品质养老。因为他们足够理性，有较好的心态。再次，住房比较宽敞的人比较容易实现品质养老。居住空间大，适合老人室内运动和放飞心情。此外，不抽烟者，也容易获得品质养老。烟有百害而无一益，这一点不用我赘言。最后一点，老伴还在的人，养老较有品质。老来伴，伴到老，白头偕老，磕磕碰碰也幸福。

老太太，受过高等教育，住大房子里，老伴儿还在，不抽烟，比较容易实现品质养老。听起来，像是"段子"，信不信由你，反正我信了。

而从亲和源的实践看，品质养老根本取决于"快乐"。

让财富变"快乐"，是奚志勇倡导的老年财富观。

第十七章 形态"研发"

"大不同"

老年社区的环境、建筑、室内,与普通人家有"大不同"?还真如此。

与奚志勇聊聊这个,他反问我:老人的住宅,是大客厅小卧室,还是小客厅大卧室?卧室是单一功能,还是复合功能?见我迷惑,他笑着说:老年的住宅理应有自己的特殊性。这一切,不靠拍脑袋,需要对老人的生理、心理、社交、娱乐等深入研究。

奚志勇麾下,有个"老年生活形态研究中心",专注于中外养老文化、生活方式等深入研究。还有个"老年建筑研究院",专注于从老人生理、心理、生活趣味出发,提供养老院、老人公寓、养老住区的现代设计业务。令亲和源自豪的是,上海以及国家的有关养老服务标准化、养老住区室内全装修设计标准研究等,都有亲和源作出的"贡献"。

譬如,2018年3月,中国国家标准化管理委员会发布《国家标准委关于下达第五批社会管理和公共服务综合标准化试点项目的通知》,上海亲和源老年公寓《上海市公寓养老服务标准化》被立项为国家标准化示范试点项目。其实,早在三年前,亲和源的"公寓养老服务"就被立项为上海市标准化示范试点项目。"老年生活形态研究中心"与上海亲和源老年公寓共同研究拟定覆盖整个养老住区各个领域的生活服务、健康服务、快乐服务、服务支持、客户关系管理、服务质量监控等专业养老服务标准化体系,并于2017年在有关部门验收中赢得"高分"通过。他们的研究成果于2018年获得国家立项,意味着国家有关部门对亲和源的探索实践格外认可和信任,因而委托他们按照国家社会管理和服务综合标准化试点项目要求,结合国家最新颁布的养老服务指导意见及行业标准,扩充原有标准体系,以此标准在全国范围的公寓式养老企业里推广。

聚焦到老年住区设计,亲和源当年面对的是一片"未开垦的荒地"。

放眼全国,没有任何"样板"可以借鉴。

他们从研究入手,总结归纳了老年需求的三个层次。

其一,基本需求。老年人有所居、有所养,几千年的人类文明史,特别是农耕时期的居家养老,基本满足了这个层面的需求。其二,满足老年群体情感、娱乐以及健康等方面的需求,也就是马斯洛阐述的安全和社交需求。把养老服务引申到精神层面,创造条件让入住的老人老有所学、老有所乐、老有所医、老有所为,这是目前养老机构都在积极实践的。其三,自我价值实现。让老人在社区环境里获得良好的交往需要、文化审美的需要等,使老人得到社会的赞许与认可,体现自己的品位和个性,显现个人身份和成就的标志。

带着老人的三大需求,他们挑选一家日本公司进行规划和设计的时候,谈了自己的服务理念和追求,包括对"至尊老人的家"的理解,以及从大到环境、小到室内如何确立"适老化"的标准,等,一切都靠自己在混沌中摸索。实事求是地讲,亲和源旗舰社区的规划设计,从"标准"上而言,是超高的。后来反复比较、研究后认为,所有养老社区建设的公寓建筑与配套服务建筑,可以按照9∶1或者8∶2

落实。而亲和源养老社区的配比是7∶3，即用于配套服务的建筑设施占全部建筑的30％，这是他们目前的"研发"结论。

目前，亲和源在海南三亚，浙江的杭州、海宁、桐乡、象山以及山东的青岛等，都建有老年公寓。但他们没有做简单的摊大饼式的规模扩大，而是因地制宜，针对不同的情况做出不同的设计特色。譬如，有的养老公寓属于一片住宅楼宇中的一幢。这样的"嵌入式"养老公寓如何与周边协调且又符合老年公寓的特性，其中的老人住宅与医疗护理、娱乐休闲、康复运动设施等如何合理布局，他们都做了合理的配置。分布在各地的亲和源养老公寓，设计模式并不完全一样，但联系起来看，构成了一个丰富的养老公寓"博览会"。

许多亲和源会员特别青睐于养老会员卡的一个增值服务，即冬天去海南，夏天去青岛，秋天去桐乡，春天在上海。这是亲和源连锁经营带来的独特优势。

有一年，我去了浙江海宁的亲和源老年公寓。

它建在一片宁静的田园边上，又毗邻高铁站。由于当地中高档养老机构几乎是空白，方圆50公里之内的中产老人，包括机关公务员、事业单位专业人员以及中小企业管理层，想享受机构养老服务的，自然有了高品质的去处。但我感觉到，那里也是上海老年人的"后花园"。上海老人乘坐高铁，差不多花半小时左右就能抵达一个远离都市喧嚣的"桃花源"，不仅环境、空气、水质等具有优势，去往丰子恺故居、茅盾故居、木心美术馆以及福严寺等，极其便利；其招牌美食，羊肉、风味煲、卤味、糕饼等，令人百吃不厌。

对于养老社区研究，亲和源特色鲜明。

我听下来，感到深奥。他们研究分析，老人中存在"四不现象"：

不喜欢"陌生"，不喜欢"孤独"，不喜欢"无聊"，不喜欢"轻慢"。

老人不喜欢"陌生",普遍有怀旧心理,对环境特别敏感。所以,养老住区如果完全开敞、交通混乱、人员嘈杂,会令老人恐慌。老人喜欢安全宁静的优美环境,喜欢与讲文明、有教养的邻居共处。基于这些,他们倾向于养老社区设计能营造一种恬静、和谐,又充满关怀、充满生机的居住氛围。与此同时,老人集中居住的地方,容易显得暮气沉沉,所以从建筑布局、楼宇形态、外墙色彩等方面,也要精心设计。亲和源住区的弧形建筑、赭红色砖墙配以小桥流水,显然在消除老人集中地暮气沉沉方面,别具一格。环境设计和建筑形态本身也能带来"活力"气氛。

老人不喜欢"孤独"。中国老人渴望来自晚辈的关怀和照顾,却不愿意在生活上给子女增添负担,所以养老住区的设计规划,要消除老人与他人的疏离感。在建筑与建筑之间,以及同一幢建筑的大堂、楼道里,安排更多的凉亭、长廊、桌椅等交往互动空间,方便老年之间社会交往,让老人方便结识朋友、邻里,甚至与素不相识者进行攀谈。

老人也不喜欢"无聊",总想让时间变得"有意义"。所以,养老住区规划里,少不了满足老人继续进修或培养兴趣爱好的场所,以弥补过去的遗憾和不足,譬如老年大学、歌舞文艺沙龙、健身运动场所等。老人仍有自我实现的需求,但自身能力、社会环境条件与个人意愿经常发生矛盾,做事力不从心。养老住区应该提供帮助老人实现梦想的场所和平台。

老人最不喜欢"轻慢"。传统的养老机构,尤其"一张床"式的养老,最让老人抗拒的就是采用医院管理模式,将老人视作病人进行管理。养老者没有隐私、没有私密空间、没有行动自由。其实,老人,哪怕失去自理能力,他们也有尊严,渴望隐私被尊重。所以,在住区功能布局上,也应该在尊重老人的自由度和充分体现保护私密的基础上，全方位地设计能够体现个性化生活照料、健康医疗、文化娱乐等养老服务的设施。

说完"户外"，再说说"户内"。老人居室研究，也要符合其生理需求和心理需求。

有个名叫伦纳德·海弗利克的外国专家曾提出"老化钟"理论。他说，人的细胞在生存和繁殖一定时期后，必然会进入衰弱状态而死亡，也即随着新陈代谢，细胞逐渐出现老化，身体的主要器官机能都会有明显的下降。80岁老人相比30岁的年轻人，基础新陈代谢率为85%，心脏每分钟压出的血量为65%，最大呼吸量为40%，肾脏原形质的流量为45%，神经传导速度为90%，手抓力量为65%。这意味，老年人身体出现了不同程度的萎缩，固体物质（蛋白质等）丧失，肌肉必然出现萎缩。导致身体功能的变化：身体尺寸会变小，出现弯腰弓背的现象，手臂伸不直；运动能力下降，关节活动范围变小，机敏度和持久力下降，力量明显下降；骨骼脆弱，关节组织出现弹性减弱。感觉功能的变化：感觉功能衰退，对温度变化不敏感；视觉衰退明显，敏感度和识别力降低，对明暗度感觉能力下降；听觉衰退，分辨力度降低，表现迟钝；嗅觉、触觉和平衡感下降，表现迟钝。不仅存在身体内外各种因素造成的器质性的病变，生理机能的自然老化，还表现在形态的变化和生理功能的减退。唠叨这些，是为了说清楚生理需求的基础。

针对老年生理上的反应系统、运动系统、控制系统、感觉能力、神经系统的变化，老年公寓的住宅设计，理应考虑入口处适当增宽，地面平坦，使轮椅可以通行。室内地面没有高差，不设门槛等障碍物。厨房和卫生间的面积适当加大，便于坐凳或坐轮椅使用。老人容易失禁，厕所需靠近卧室，并设长明灯。老人身高会缩短，有时可达6—7厘米，因此，开关、门铃和门窗把手等设施的位置也要适当降低。老人容易摔倒，室内地面和浴室地面都须考虑防滑，改变方向和高矮的地方用显眼色彩。老人视觉功能下降，将房间照明提高两倍以上。老人不适应眩光，对眩光必须加以抑制。老人听力降低，要提高电话铃声、报警声响等的音量。

老年公寓的室内，还有许多"道道"，譬如尽量不用普通建筑的平开门，而建议使用推拉门；厨房洗涤台和灶台以及卫生间洗面台等下面凹进，以便老人可坐下把腿伸进去操作；电视遥控、电话机、煤气等各种开关上的字加大，以利老人辨识。

老年公寓的户型设计，也有讲究。养老住区的老人，家庭生活相对简单。除了日常起居，老年人有"大把"的时间休闲消遣，如养花种草、习字看书。老人普遍有不舍得丢弃旧物品的习惯，这些都需要在起居、会客、休闲和储藏空间做出安排。老人容易感到孤独、怀旧，要尽可能创造一种开放、舒适方便的交往空间，方便邻里交往和子孙团聚。

老年人的卧室和起居室应保证朝南，保障有充足的日照。老年人去卫生间的次数大大超过年轻人，尤其夜间起床上厕所频次增加，卧室与卫生间的线路要"短且直接"。最好紧挨老人的卧室，或者在老人卧室内设置独立卫生间。而卧室与起居室可以保持一定的空间距离，避免干扰，因为老人有特殊的生活习惯和睡眠习惯，喜欢早睡早起，也容易失眠。

普通住宅中，客厅（起居室）无疑是整套住宅风格和气质的核心体现，而老年住宅大不同。老年人卧室应该成为整套住宅的核心。亲和源研究发现，68%的人认为老人卧室应该大于客厅，是家里相对最宽敞的空间，最好还配有阳台和卫生间。另外，41.3%的人认为老人卧室应该是住宅中采光最好的空间，以保证充足的日照。朝南方向为最佳朝向，有助于增强老年人生活的信心和活力，有增进身体健康和缓解衰老的功效，体现了住宅与使用主体——人之间的和谐促进的关系。在以老年卧室为参照对邻近空间意愿调查中发现，首选老人卧室应该最靠近卫生间的占被调查总数的52.3%，其次是书房和阳台。而老人的卧室，绝非人们理解中的功能。它的功能超越单一功能，不能趋于小型化，面积不宜小于10平方米。

此外，由于老年人多数有起夜的习惯，同床休息会影响老伴，特别是女性老人睡眠较浅，容易被惊醒难以入睡。因此，多数老人选择分房或者分床睡。老人卧室不仅可宽松地容纳双人床，也有换成两张单人床的余地，以及预留可以轮椅进出和上下床的通道。

厨房是家庭生活的重要场所，是联系家庭成员情感的纽带。养老住区中，厨房不能过于紧凑，有的甚至要考虑适合轮椅的活动范围。储藏部位也不能过高或过低，以免造成老人难以自由触及。亲和源建议厨房最好采用L型布局，让工作路线简洁，在一定空间中操作面长，以便工作路线流畅。此外，老人行动不便，端着热的、容易洒的东西移动更加困难，在灶台上完成并就近放在餐桌上较好。厨房兼餐厅二合一，在养老住宅中是比较可行的。考虑到老人的记忆力退化，忘记关燃气的阀门的概率增大，加之嗅觉、视觉退化，行动缓慢，对于燃气泄漏和火灾事故不能及时处理，因此必须设计相应的报警应急设施。

卫生间是老人易发生意外的区域，无障碍环境等至关重要。

邱绍华，亲和源建筑研究院院长，一位看起来温厚又聪慧的中年人。

他告诉我，他并不是第一批参与亲和源创业的人，但他参与了老年建筑研究院的筹备和组建。他清晰地记得，奚志勇对老年公寓设计的要求非常明确，要求不仅仅从"普适性"的角度贡献出"行业标准"，还要求根据不同用地性质、建筑特点，创造性地给以针对性、实用性、创新性的设计品质，使得老年建筑设计研究真正成为一个"研发基地"。

老年公寓的"普适性"的要求，包括安全无障碍，良好的物理性能指标，康复和医疗的保障等。具体而言，由于老人反应力和应变力趋缓，相对于普通人的安全环境往往会给老人带来伤害，譬如台阶、楼梯、低矮无扶手坐凳、蹲式便器等，都会让老人感到不便；在光滑的地面上行走，穿越车行道路或处于陌生环境，也会令老人紧张慌乱；强烈的灯光和嘈杂的声音会对老人造成刺激；诸如门窗、扶手、墙面突出物等处理不当，也会给老人带来麻烦。

"物理性能"方面，重点要考量的是日照、采光、通风等。因为老人尤其体弱多病的长者，每天在室内活动时间比户外更长，空调等设施对老人并不适用。居室是否能保持充足的阳光、良好的通风和自然的采光，是否能保证室内空气新鲜，是至关重要的。老人居室还应尽力考虑设有良好的隔窗观景视线，以减少老年人独居室内容易产生的烦闷。

"康复和医疗"是老年公寓不可或缺的功能"刚需"。如果老年公寓临靠大型医疗机构，如同学区房临近名校，对老人是有益的。除此之外，住区内应针对老年人的健康需要设立具有急救设施、老年病和慢性病等配合治疗的基础医疗站。在老年住宅内部，智能管理系统必须体现适合家庭防护和紧急呼救的特点，还要考虑健康管理的必要设施和设备。

牛犇的家

说到这儿，我想说说老艺术家牛犇的家。

人群里的牛犇爷爷，跟普通老伯伯没什么两样，头发花白，衣着朴素。但无论走到哪儿，他都会被电影迷们一眼认出。他是家喻户晓的影视表演艺术家，几代观众都熟悉他，热爱他。他多才多艺，成就突出，从10岁初踏影坛，到如今80多岁，成功地饰演了大大小小无数个角色，也导演了许多部影视作品。目前，他仍然十分活跃，是"中国电影史上的铺路石与见证人"。

头一次去他家拜访，他就跟我大谈特谈"信仰"。

原来，他在2016年参与了拍摄了电影《邹碧华》。或许是受邹碧华事迹的感染，在剧组杀青举行庆祝的时候，他将一张小小的字条悄悄地塞进上影集团演员剧团团长佟瑞欣的手里，说："这是我们之间的小秘密。"佟瑞欣打开字条一看，禁不住热泪盈眶。

牛老师写道："我们一块，从今天起，考虑塑造自己成为一个合格的中国共产党党员吧。"

一个老艺术家，八十多岁还坚定地向组织申请入党，表现出一种毫无功利、非常纯粹的政治信仰，感动、感染了许多人……经过严格考察和组织程序，上影集团演员剧团党支部专门举行党员会议，讨论了牛犇的入党申请。牛犇的入党介绍人有两位，一位是上影集团总裁任仲伦，另一位是著名表演艺术家秦怡。巧了，那年早春，我随奚志勇一起去华东医院看望时年96岁的秦怡老师。秦怡坐在病房的书桌前，一字一字慢慢写下了介绍人意见：

"牛犇是个好同志，是个好同志。我愿意做他的入党介绍人……"

牛犇83岁入党的新闻，一时传遍了全国，成了美谈，各地争先恐后邀请他去"座谈"。他住在亲和源的家，因被一群"小鲜肉"探秘上了湖南卫视，成为更多人好奇之所在。

我去牛犇家仔细地参观过。牛犇陪着一一介绍，看得出他非常喜欢这个"家"。

他告诉我，他与妻子早就听说了亲和源老年公寓的大名，并准备申请入住。当他俩作出搬迁决定时，妻子突然因病而去，留下他独居了。悲痛之余，牛犇将新家布置成充满情趣的地方，房间里的插座位置都贴上了熊猫卡通。他说："老伴看见，也一定会喜欢的。"

牛犇的家，坐落在亲和源迎丰老年公寓，卧室朝南，连着一个宽大的阳台。白天，牛犇喜欢坐在卧室或阳台里看书看报，阅读剧本。阳台上有一排大玻璃窗，天气晴朗的时候，温暖的阳光能够照射到床上，摸着床被都有一股暖意，令他倍感惬意。有时候，他还喜欢腰间围着饭兜,蹲在厨房里剖鸡杀鱼,享受烹饪的乐趣。他特别满意公寓提供的养老服务,生活秘书、健康秘书、快乐秘书,一叫就到。有时需要衣架啊牙膏啊,拎起电话吩咐一下,年轻人就帮他代购并送来了!公寓楼下就有医生护士,有个头痛发热什么的,抬脚就能看病。

牛犇其实一直很忙,在各地拍戏、座谈什么的,活动一个接着一个。但他对亲和源的会员活动特别热心,我几乎每年都看到他出现在亲和源组织的亲子夏令营活动中。他乐呵呵地带领一批老人孩子,去参观嘉兴南湖红船,给孩子们上党课;登台表演节目,或来一段"脱口秀";有时候一大早起床后,在公寓花园锻炼,或跟一群老人跳"抖音舞"。

言归正传,继续说牛犇的家。那是典型的"客厅小、卧室大"。

起初,我还不免疑惑。他家客厅小小的,中间位置却摆放着一张大圆桌,似乎随时准备招待朋友吃饭似的,客厅里没有普通人家常见的大电视和长沙发。而他家的卧室比较宽敞,有一张大床,还有电视柜、书桌、书橱等。显然,卧室功能设计不是仅仅满足晚上睡觉,而是复合型的,白天也适合转悠。卫生间离卧室很近,不设门槛,地面防滑,方便出入。

在他家里,我留意到,紧急呼叫系统、拉铃、摁钮触手可及,足以应付各种不测。

听公寓秘书介绍,像牛犇所住公寓的室内,所有设计都经过充分的适老化考量。譬如,洗脸池的高度比普通人家的高度低些,且洗脸池选用半挂式,给老人留有伸脚的空间。

卫生间内所有的龙头,都采用杠杆式安全型龙头。因为老年人握力减退,旋转式龙头对他们较为不便。考虑到老人普遍记忆力衰退,手盆、浴盆经常有不关水龙头的现象发生,冷热水分开的水龙头,放热水时容易发生烫伤的事故,所以这里一律采用恒温的水龙头,确保老人会员使用安全。

奚志勇说，过去几年，我们为老年"度身打造"住宅，尽管考虑得比较周密，但还不够精细。将来会设计开发一些不同风格的老人住宅，供老人们自由选择自己喜欢的风格，从大一统的"度身打造"，向个性化的"度身定制"发展。譬如，有的入住老人每天坐轮椅，对他们洗脸池的高度、轮椅的扶手能否插入洗脸池的下方而水又不会顺手流向肘部等细节，都会有更加精微的设计。洗衣机也要适当降低高度，机前留有足够的轮椅回旋空间。

随着智能技术的完善，将来老人凭掌纹、面相、虹膜等识别技术即可自由出入。

"没有最好只有更好。老年建筑设计、室内设计等，所谓好，是要尽可能多地体现人性化的细节，也就是人们常说的'魔鬼细节'。"奚志勇笑着说。

第十八章 基金会

终身养老

迄今为止,国内外恐怕没有一家养老机构敢于承诺——"终身养老"。亲和源却很早喊出了这一口号,且落地实现。

早在2006年,亲和源筹建之初,奚志勇就考虑设置基金会,一为更好地将民间资本与社会老龄事业紧密挂钩,二为老人会员构建一个保障体系。那年就写了可行性报告。翌年,他们向上海社团局提交申请。审批手续比较顺利。得到批复后,2008年5月,也就是亲和源举办开园仪式的同日,基金会也宣告成立。原始基金250万元由新建桥集团出资。后来,该基金更名为亲和宇宙老龄事业发展基金会,由亲和源增资1000万元。其间,亲和源集团在上海老年基金会设立亲和善孝专项资金,也累计捐赠500万元。这些是"文献"里查阅到的情况。

有了超前的"终身养老"理念和机制后,后来遇到一串"麻烦事"便迎刃而解了。

有一个会员入住半年后,忽然跌落于无法继续交年费的窘迫。

怎么办?公寓主任满脸焦虑找到奚志勇。

奚志勇仔细了解原委，老人入住是几个孩子凑钱帮助购买的会员卡。但入住半年后，几个孩子之间发生矛盾，原先答应给的日常资助突然断供。老人惊慌失措，六神无主，眼看交费期临近，但是其账户里没钱。他担心会被赶出住区。

奚志勇召集管理层开会，专题讨论如何化解类似的突发情况。

大伙儿七嘴八舌，吧啦吧啦又提出各种可能发生的"变故"。

譬如，老人单身住进来时是活蹦乱跳的，过了几年突然因病瘫痪，导致失能或半失能，咋办？或者老人原先并不痴呆，入住后渐渐有了痴呆迹象，如何提供应变服务？

解决起来，似乎既难又不难。

老年是有一个漫长变化过程的。随着时间推移，一旦由"活力老人"发展到失能或失智，生活再也无法自理，原先的服务就不得不"升级"，解决的关键涉及两方面：医疗保障和资金保障。

其实，无论哪一家老人公寓，从收进老年会员伊始，就必须考虑"终身养老"这一实际需求。它早晚会"不请自到"。若想不陷入手忙脚乱的被动，唯有未雨绸缪。

讨论至此，奚志勇决定从基金会拨款救助。创立基金会，原本就为老年服务的。急会员所急，帮他们排忧解难，理所应当。

不久，又有一个高龄老人"告急"。原来，伯伯是一位离休干部，高级工程师，身体看起来蛮硬朗，每天是他搀扶着颤颤巍巍的妻子在社区悠悠地散步。谁看了都羡煞他俩的感情深笃。谁料，人算不如天算，伯伯先于妻子突然去世了，一点儿预兆都没有。

身为离休干部的伯伯，他健在的时候离休金、保健待遇等十分优厚，但伯伯身故后，阿姨的生活顿时变得捉襟见肘。年费像座大山，压得她透不过气来。

得知情况，奚志勇动用基金会补贴，及时给予老人经济援助。

消息传开，其他会员甚为感动，庆幸"搬入亲和源，生活有保障"！

基金会的成立，使得奚志勇在公益与慈善的交集地带，得以进行更深的探索和更大的跨越。一开始，基金会将更多资金和精力用于"会员托底"以及"老人文化公益项目"，譬如，主题为"爸妈，为您过节"的重阳节活动，十多年来，已经成为上海敬老活动的一个"经典保留"项目，年年由基金会出资并主办，老人非常乐意参加。同时，基金会也积极推动行业交流，是"中国养老产业高峰论坛"的主要组织者和出资者。

后来，基金会还面向社会开展扶贫帮困项目，譬如，捐助崇明堡镇人民村为老服务项目；面向失独老人发起成立"星星港-亲和源爱心活动基地"。2008—2012年，资助骨折老人、患急性白血病的困难老人八位。基金会还设立"银杏奖"，奖励为发展老龄事业做出杰出贡献的团队和个人。他们在长沙民政学院、江苏经贸职业技术学院设立教育基金，还资助开展老龄事业发展研究，以及举办上海老年书画比赛、康桥老年合唱团活动等。从2008年至2019年，基金会累计捐赠额为1100多万元。

说到这里，想起亲和源员工透露的"秘密"。奚志勇与太太姚桂仙乐善好施，多年以来自掏腰包用于慈善非常多。每年春节，姚老师会拿出私房钱——给老人发红包，这成了亲和源会员吃团圆饭时的一个"高潮"项目。

持续的捐助活动，让奚志勇体会到，养老与公益、慈善属于"一家人"。

奚志勇自参加"全球善财领袖计划GPL项目培训"后，对探索公益与慈善更积极了。

那次培训，奚志勇结识了"全球首富"兼首屈一指的慈善家、美国微软公司联合创始人比尔·盖茨。奚志勇向比尔·盖茨介绍了自己和所从事的养老事业,并向比尔·盖茨提议,来中国举办公益论坛。而比尔·盖茨表示,通常自己每年会去中国一次,很多时间是在北京,做一些与艾滋病、结核病、烟草等有关的工作。特别是他所在的基金会与中国政府在非洲合作的项目,都需要去北京洽商……能与中国政府及中国的创新者一起做些事情,使他每次去中国都怀着兴奋和期盼。

谈到"全球善财领袖计划",奚志勇十分感慨。他告诉我,由比尔·盖茨倡议,比尔·梅琳达基金会共同捐资主办的这一计划,英文全称Global Philanthropy leaders Program,简称GPL,是深圳国际公益学院的核心项目,旨在培养企业家在商业与慈善领域的"双重领导力",以造就新一代顶级慈善领袖。而奚志勇是GPL首期学员里唯一一个专注做养老的。通过这个项目,他得以"结识"多个全球顶级慈善家,并与他们共同探讨交流。

在与洛克菲勒家族、比尔·盖茨先生、印度的莫迪先生等交流中,他意识到,随着社会发展进入更高阶段,企业家产业做大之后,会更多地将目光对着社会事业。而社会事业难以用商业手段去开展,却可以运用公益的力量去推动。未来社会,公益与商业将成为"兄弟俩",彼此促进,在社会事业发展的道路上形成良性的互动。

参加首届GPL培训项目后,他在第十届中国养老产业高峰论坛上,推出了一个"让爱不消失,关注阿尔茨海默老人公益活动"。因为他身处养老一线,接触到患有阿尔茨海默症的老人"非常多"。他说,这个病症是一种神经系统退行性疾病,不仅给老年患者带来生活品质极度下降,而且给家庭和社会带来深重的负担。我们一定要更多地普及阿尔茨海默症的相关知识,关爱他们,也帮助他们的家属。在那一届论坛上,他们还邀请了冯仑、王守常、陶虹等行业外的知名人士共同发起头脑风暴,探讨养老以及关爱阿尔茨海默症群体等。

身为上海亲和宇宙老龄事业发展基金会创始人,奚志勇有个小秘密:"亲和宇宙"四个字,是将亲和源与孙子奚宇宙的名字做了"组合"。奚志勇暗暗希望,老龄事业在自己的家族能得以传承,一代代深耕不止。

我问他:"身为企业董事长,又是基金会创始人,如何处理商业追求和社会影响的关系?"

"亲和源的养老服务天然带有更多的社会责任。它与亲和宇宙老龄事业发展基金会的目标是一致的,利益上相辅相成。各自的发展都有边界,却能够良性互动。商业化思维与慈善公益并不矛盾。无论当下还是未来,企业的社会责任越强,越容易得到用户和客户的信任,而慈善公益在创造社会价值的时候,也会促进商业的可持续发展⋯⋯"他回答。

中印夏令营

这一极具特色的"民间外交"活动,是奚志勇一手创办的。

从 2017 年开始,计划举办十年。

每年夏天,由印度国家美术学院选拔的 10 名学生便兴高采烈地飞到上海亲和源公益慈善项目基地,与上海尚德实验学校国际部 10 位学生一起,欢度为期 10 天的夏令营。

夏令营里,每个印度学生与每个中国学生,都与一个老人组成一个"亲和之家"。老人会给印度学生起一个中文名字,带领他们学习书法、绘画、八段锦、太极、钩织、乒乓、手绢舞等,内容非常丰富。中国爷爷、奶奶们说起英语个个"顶呱呱",与印度学生交流起来亲密无间。老人们也非常享受这一别出心裁的"家庭结对"活动,对自己所"认"的印度孩子十分亲热,敞门欢迎,手把手地教他们包饺子、做剪纸、说中文,气氛热烈而感人。

许多老人都是八九十高龄了,与孩子们"玩",十分投入。

88 岁的郭阿姨、97 岁的祝伯伯,平时都是很有品位的"生活家",

将每日的生活安排得丰富多彩，但连续三年，遇到中印文化艺术夏令营开办，都一如既往地支持，热情地带领孩子们一起学习和活动。我亲眼看见，他们与印度的"孙子""孙女"谈笑风生。

祝伯伯在活动中结缘了印度"孙女"尤娃诗（Ms.Urwashi）。这是一位活泼爱笑的姑娘。祝伯伯喜欢她，夸她聪明好学。他快乐地跟她一起做游戏，还给她讲述自己年轻时的有趣经历。

尤娃诗回印度后，念念不忘中国爷爷，发来一封中文邮件，写道："我叫世平，我的名字是中国家庭赐予的。我从没遇见过像中国爷爷祝寿嵩先生那样的人物。我作为您的印度孙女，感到非常幸运。我非常喜爱您赐予我的中国名字。我将永远铭记于心。"

还有一位印度小伙子，在夏令营活动中感受到中国爷爷奚志勇的人格魅力，回国之前满怀深情，为奚志勇画了一幅惟妙惟肖的炭笔肖像，也令奚志勇感动和难忘。

中国爷爷里，有一位是老艺术家乔榛。他说："我已经参加了三届夏令营。每次参加，都感受到一种源自两国人民的深深情谊。"每年开营，他都登台，声情并茂地表演最拿手的配乐诗朗诵，让全场老少沉醉或动容。

影视艺术家牛犇也是中印孩子们热爱的"中国爷爷"。他在夏令营传播"红色文化"，带领中外学生去浙江嘉兴参观"红船"，一路上给孩子们讲述中华民族自强不息的故事。

我问奚志勇："什么缘由，想到举办这样的国际交流？"

奚志勇说：

在老龄化社会，帮助老年人幸福地安度晚年，不能只是盯着生活和健康照护，更重要的是让老年人发挥才干，感到自己身上的价值。

奚志勇告诉我，中印学生文化艺术夏令营，是他和王振耀、莫迪共同策划的，由深圳国际公益学院、上海亲和宇宙老龄事业发展基金会、印度国际美术学院共同主办。从一开始，就计划连续举办十年，让入住亲和源的老人们有一个国际性舞台，持续不断地展现智慧与才能，也借助印度学生与中国老人、孩子的交流沟通，促进民间文化交流。

噢，文化公益，国际视野。

奚志勇的格局、眼界之开阔，由此可窥一斑。

从"终身养老"的初心出发，到今天各项慈善公益事业齐头并进，奚志勇在"养老＋公益＋慈善"的道路上走得甚欢。而这方面，我体会最深的是"老人纪录片"的拍摄。

老人是宝

一天，奚志勇约我见面，问："能否给老人拍摄系列纪录片？"

"拍纪录片干什么？"我一头雾水。

他说："老人是个宝。他们的经历、感悟和精神是精神财富啊。"奚志勇侃侃而谈。

他从我喜欢的艺术谈起，说到了帕布洛·毕加索。

毕加索是个特别不服老的厉害家伙，说自己7岁学画，14岁时就像拉斐尔画得那样好，在经历了"蓝色时期""玫瑰时期""黑人艺术影响时期"后，开始玩上截然不同的立体主义；后来将立体主义、现实主义和超现实主义混搭，玩出抽象派。80岁的时候，画了一辈子"深奥画"的他，返璞归真，开始创作看似寥寥几笔、却洋溢纯真气息的"涂鸦作品"。他还敢说："我用很短的时间画得像一位大师，却要用一生的时间像孩子那样画画。"

"老了，更加听从内心，了不起！"奚志勇说。

他还讲到德国思想家、作家歌德，25岁发表蜚声文坛的《少年维特之烦恼》，82岁仍笔耕不辍，完成了不朽名作《浮士德》；讲到俄罗斯文豪、被誉为"俄国革命的镜子"的列夫·托尔斯泰，一生创作了《战争与和平》《安娜·卡列尼娜》《复活》等巨著，80岁还写《我不能沉默》；讲到温斯顿·丘吉尔，晚年完成了二战前写出初稿的四卷本《英语民族史》，等等。

随即，他谈到亲和源的会员：

秦怡，几代人心目中的艺术家，耄耋之年，还参加亲和源公益活动。乔榛，八次与死神擦肩而过，八次又重回舞台，回到话筒面前，可敬可爱。牛犇，80多岁了，年年热心参加亲和源爷爷"趣"哪儿夏令营，从来不叫一声累。饶余鉴和任桂珍，歌唱家伴侣，不惧奔波的美妙歌喉，是老年文娱演出的保留节目。还有京剧导演马科和影视剧演员童正维，银幕著名老太太陈奇……他们哪个不是活到老，奉献到老？

人生价值贯穿于一个人社会生活的全过程，包括老龄阶段。

奚志勇说，一个人步入退休后，仍然有能力为社会尽责任和义务，进一步实现自我价值。当他们继续做了贡献，社会应当给予尊重，也给予相应权利。他一再叮嘱："你一定要替亲和源做成这件事：拍系列纪录片，上电视台和网站播放、传播！"

我答应了。

多年以来，我爱看《焦点访谈》《新闻聚焦》等电视深度专题。心底也有个纪录片情结。奚志勇有意宣传老人，我义不容辞啊。

奚志勇是个出色的出品人，不仅负责投资，还亲自将我一一介绍给老人。

对于他口口声声所说的"老人是个宝"，我在组织采访、编剧、拍摄的过程中，深深体会到"不枉"。不少老人的美好青春是在战乱、贫困、离散中度过的，但他们养成的浩然之气，豁达心胸，让人心底油生敬仰。他们不是流量，而是"脊梁"。

先说说奚志勇带我拜访的第一个老人：祝寿嵩伯伯。

个子精瘦、满头银丝的祝伯伯，96岁了，依然精神矍铄，耳聪目明。一听说要给他拍纪录片，他连连摆手说：别拍别拍，别拍我，一切早已过去了。

"你的故事不能只藏在自己的记忆里，要让更多的人分享……"

奚志勇做起老人的思想工作，头头是道，几句话，便说得老人不再反驳。

随即，奚志勇又飞快地拉着我，去敲开了孙纬伯伯的家，向他推介了我。身材高大的孙伯伯，依稀保留着年轻时的英俊。他起初也一口婉拒拍摄。

奚志勇照例又是一番动员，理由也是"社会需要，历史需要"。"给未来留下一些闪光的东西吧，青年一代需要你，需要你的讲述！"他说。

奚志勇给老人做工作，不是施以利诱，而是晓之以理，激发对方的情怀和责任。不得不说，他在老人中威望不小。亲和源里的老人，从内心尊敬他，感激他。一支烟的功夫，我便拿到了闯进老人"记忆库"的通行证。

时隔数日，我再度一一拜访老人。一段段尘封已久，与共和国的苍茫历史深度交集的陈年往事，清晰地浮现了。令我惊讶的是，平均年龄超过80岁的老人们，一旦接受采访，打开了话匣子，他们所亲历的无数动人心魄的故事，立即脱口而出。

丛林战士

祝寿嵩，看其眉宇，便知是充满睿智的老人。

他生于 1922 年，苏州人，父亲毕业于东吴大学生物系。从小受父亲言传身教的熏陶，他中学毕业后决定走医学报国之路，考上了燕京大学医学系。这位当年的学霸，能说一口标准而优雅的英语，能朗诵英文诗歌，爱唱英文老歌。

他的叙述，不仅将我带到了战火纷飞的印缅战场，也让我情不自禁想到电影《无问西东》里的台词：

愿你在被打击时，记起你的珍贵，抵抗恶意。愿你在迷茫时，坚信你的珍贵，爱你所爱，行你所行，听从你心，无问西东。

这不正是祝寿嵩青春的写照吗？

1941 年，一身戎装的小伙子，背着行军包，走在树林里。

彼时，太平洋战争爆发，日军封锁北京校区，环境优美的校园转眼成了日军的病院。

战乱频发，国难当头。祝寿嵩跟着学校师生辗转至成都燕大时，适逢部队征召远征军在前线的翻译官，他也没有跟家里商量，就怀着满腔热情报名，决定辍笔从军。

"当年，像我这样的很普遍，没有什么了不起的。青年学子和知识分子，爱国激情很旺。所谓少年智则国智，少年强则国强。我们从小都有这样的想法，好好读书，报效祖国。"

伴随着战场上士兵的吼叫，以及枪声、弹雨声、炸弹声，祝寿嵩一行乘上美军的运输机，从昆明出发，飞越世界屋脊赶赴印缅战场。飞机足足飞了五六个小时，终于降落在了印度东北一个叫丁索加的小型机场。

祝寿嵩清晰地记得，穿上空军制服成为随军翻译的次日，他便接受指令，马不停蹄地改乘火车，赶往中国驻印军指挥部所在地一个名叫列多的地方，那里也是中缅公路起点。

印缅战事严峻，行军路线危险。那里有一条"二战"时的重要航线，是中国联通国外转运战略物资唯一的国际空中通道。空中通道的下方是喜马拉雅山脉，群山耸立似骆驼峰背，故名"驼峰航线"。那里风云变幻莫测，空难事故较多，也被称"死亡航线"。

不少空军去了那里，都有去无回，不知影踪。

到达印缅战场后，祝寿嵩被安排在工兵10团，团部驻扎在离列多大约20多公里的丛林里，山深谷幽，是虎豹狼猴出没之地。营地的帐篷一律在地面上悬空而筑，生活环境非常恶劣，尤其当地有一种陆地蚂蟥，身体小却很可怕，人被叮一口会血流不止。

祝寿嵩所在的团就在丛林里打仗，起初有130多人，打到后来只剩40多个。

丛林战争是最难打的。敌我双方相距二十几米，彼此都不容易看清。有时敌人躲在附近也不知道，随时可能遭到突袭。

祝寿嵩参加了加迈战役，之后经过休整，又随团南进。谁知没有倒在枪林弹雨中的他，却不幸在行军途中患上了丛林斑疹伤寒，浑身乏力，高烧不退，脑子晕晕的。恍惚中，他记得耳边不断响起美国军官关切的慰问："Are you ok？ Are you ok？"

"我得病时候，天天发高烧，战友找了一匹缴获的日本老马，天天驮着我走。我不想成为别人的负担，想过自杀，被战友知道了，他们就把我的枪和手榴弹都没收了。生病的几天，体温时高时低，反反复复，又不得不随着部队转移，我的命真是被捡回来的。"

在祝寿嵩几乎不省人事的危急时刻，一位美军联络官中校向指挥部发出电报，请求派飞机营救。幸运的是，很快来了一架平时专运邮件的美国通信飞机。就是这架飞机将昏昏沉沉的祝寿嵩运往收复不久的密支那美军第十四野战医院。他醒来时，发现自己躺在久违的帆布床上。经过美国军医的治疗，他终于病愈，随即就被安排留在野战医院做翻译，直到对日战争结束。

老人反复告诉我们："我的命是一位美军中校帮助捡回来的！"多年以来，他一直在网上试图找到当年那位中校，但是战后，两国长期隔绝，带走了一切音讯。他有时思念救命恩人，掐指算算，他也该年逾百岁了。"我一直祈祷恩人健在。没有他，我早就埋在缅北丛林的某个角落了。"

抗战胜利后，祝寿嵩于1946年再度复学。1947年他又再次考入了协和医学院。毕业后，他与夫人双双被分配到了军事科学院。后来他被调至上海铁道医学院（同济大学医学院前身）从事教学，直到离休。

祝寿嵩告诉我们："我在协和念大学时，夫人在协和护士学校读书。我们也算是同学，在校园图书馆里认识的。她是一个比较单纯的人，前两年去世了。我们生了三个孩子，两个男孩，一个女孩。他们都在上海，都在高校任职，也都快退休了。"

老人的青春热血，奉献给了抗战。随后的日子里，他时常在脑海、在心头忆起当年校园慷慨激昂的抗日大合唱歌声。半个多世纪过去了，许多往事模糊了，但他始终难忘青春时期的家国情怀，和当年"燕大学子"的报国之志。他倍感欣慰的是，在耄耋之年回忆往事，很自豪自己没有远离国事的洪流，而是投身于抗日战争的印缅战场。

经历了血火淬炼的战争年代，亲历了新旧社会的对比，他感受到祖国一天天变得强盛，对世界和平也有深度思考。90多岁高龄的他，每年都作为带教的导师，为参加中印学生文化艺术营的"00后"孩子们讲述中国文化。他能将燕京大学校歌一字不漏地背出：

雄哉壮哉，燕京大学，轮奂美且崇。人文荟萃，中外交孚，声誉满寰中。

燕京，燕京。事业浩瀚，规模更恢宏，人才辈出，服务同群，为国效忠。

良师益友，如琢如磨，情志每相同。踊跃奋进，探求真理，自由生活丰。

燕京，燕京，事业浩瀚，规模更恢宏；人才辈出，服务同群，为国效忠。

情系蓝天

孙纬伯伯，生于1932年，17岁时逢新中国成立，上海正遭国民党的肆意轰炸。在动荡岁月里，他成长为新中国第一代飞行员，在参与1950年上海领空保卫战和抗美援朝战役中，荣获二等功一次，三等功六次。他向我们回忆当年的峥嵘岁月，让我们了解到新中国人民解放军空军从无到有的成长史；也让我们看到，当变成老人后，他们骨子里仍有的家国情怀。

驾长风逐日月，搏九天揽风云。这是人民空军在空中划出的壮美航迹。

2019年国庆大阅兵，孙伯伯在亲和源的家里收看了电视直播。当看到经过七十年建设的人民空军，已经发展成为一支多兵种、多机种的现代化高技术军种时，他神情激动，眼里噙着泪花。中国空军白手起家的年代，他是第一批的建设者。

孙纬伯伯告诉我们，他15岁的时候，在南通中学念书。当时，有一位地下党老师，叫钱素凡，同学们都知道他。有一天晚上，大半夜，孙纬与同学们住在学校里，听到门外有急促的敲门声。原来是国民党特务闯进学校，抓走了钱素凡老师。几乎所有学生都目睹了惨烈的一幕，特务将钱素凡五花大绑后活埋，头朝底，脚朝天……地下党员的悲壮，深刻地烙印在他的脑海里。

今天的上海理工大学，前身是上海国立高级机械学校。1948年，孙纬考入了这所学校。他从心底痛恨国民党的腐败和凶残。就在那时，他开始参加地下党的外围组织，当时被称为"人民保安队"。这个组织实际上接受了秘密任务，就是做好一切准备迎接上海解放。

1949年5月27日，上海解放。

时任上海市市长陈毅曾这样表示：我们解放了上海，但只解放了领土，还未解放领空。那时上海只能算是解放了一半。据孙纬介绍，彼时的上海防空力量几乎是空白，而国民党空军的实力十分强大，国民党空军拥有约300架飞机，其中有158架战斗机，65架轰炸机。因此解放军组建自己的空军力量，把上海的天空保护起来，刻不容缓。

孙纬回忆说："1949年的7月，地下党组织通知我，解放军要组建空军了，并决定介绍我去参加。第一代空军招募有着严格的政审，只收两类人，一是地下党输送的进步学生，有文化的；另一是部队里的现役连排干部，大老粗，但是觉悟高。"

孙纬和伙伴们被送到了航空学校，由苏联教授负责任教。上课方式很"老土"：苏联教授在黑板前讲一句，翻译立即翻译一句，学生在下面记上一句。

"我们当时要学的东西很多。空气动力学、飞行原理、发动机原理，还有军舰、仪表电器、无线电。一直拿枪杆子的连排干部哪里听得懂啊，即便我们学生也得慢慢琢磨领会，才搞得明白。党组织考虑到实际情况，将我们编在一个班，互相帮助。我当时是自己先用功听，下课后再给连排干部做辅导。那段时间的学习生活真紧张，上课听，下课讲，晚上连洗漱的时间都没有。困了上床倒头便睡，有时梦里都在演算题目。"

最后，孙纬所在的班，包括那些连排"大老粗"，全都毕业了。部队进行评功的时候，大伙儿一致同意给"小老师"孙纬记一个二等功。

孙纬介绍：说起来是靠互帮互学立的功，实际上比打仗拼刺刀还累。

他们没有按原计划学两年，只学了七个月就毕业了，变成了速成班。

为什么？当时周总理说：你们要提早毕业。

的确，形势所逼啊，上海解放不久便遭遇"二六轰炸"，杨浦发电厂都被炸了！

据查，1950年2月6日，是上海领空最黑暗的一天。中午12点25分至下午1点53分，国民党空军出动17架轰炸机，分四批次，对上海进行狂轰滥炸，共计投弹67枚。上海市最大的发电厂——杨树浦发电厂所遭破坏最严重。空袭过后上海的发电能力从25万千瓦骤然下降到了4000千瓦，造成上海市区几乎所有工厂停工停产。"十里洋场"陷入一片黑暗。

新组建的解放军空军不得不尽快上阵。

"其实，那时我们的飞机很落后的。"孙伯伯介绍，"现在飞机操作多么简便，一个操作台，非常精致。而我们那时驾驶的飞机，单单是一个驾驶杆，就有多种功能。"

孙纬边比画边介绍说："驾驶杆向左或向右，用来控制飞行方向；而这样一动，是用来照相的，可以拍摄地面；再掰过来，是用来发射炮弹的。而油门上的设备，既要通话或发报，还要负责控制速度。最要命的是，那个时候的飞机不是密封舱，我们都是戴氧气面罩上天，开氧气瓶的。氧气瓶不能遇到油，因为氧气一遇到油会爆炸啊，也没有弹射座椅，什么现代设备都没有，非常简陋。"

那个时候，上海每家每户都备有一个黑灯罩，一到晚上，只要警报一响，老百姓就把灯罩上，窗户玻璃上面也都贴上了不透光的纸，遇到空袭，老百姓就躲在家里面。

从空中俯瞰，整座城市一片黑暗。

孙纬他们毕业后，解放军空军便成立了四个团。国民党却不知道中国空军已经成立并秘密抵达上海。这一年的7月，国民党轰炸机又飞来了，气焰嚣张，也不关灯，就亮着航行灯开来，左边红，右边绿，尾巴白，毫无忌惮地在上海头顶转悠。

国民党空军如此嚣张，也因为当年的解放军高射炮只能打5000米，他们只要飞在7000米高空，根本就奈何不了他们。但是，他们万万没有想到，孙纬所在的解放军空军某团，所驾驶的飞机不开灯就起飞，在空中下滑倒转，对着国民党飞机的肚皮一开炮，"砰"的一下，将它打落了。地面上，老百姓远远看到国民党飞机冒烟倒栽，都"哇"地叫开了，非常开心！

翌日，《解放日报》以"血债必须血还，一架匪机被击落"为大标题，报道了国民党轰炸机被击落的消息和飞机残骸的照片。

在此之后，逐步成长的解放军空军四战四捷，先后击落国民党空军各型飞机6架，有力地制止了国民党空军对上海的轰炸破坏。

1950年的10月，上海国土防空部队又给孙纬颁发了一个三等功。

鹰击长空，逐梦高远。抗美援朝时期的中国空军，尚属建立初期的摸索阶段。但是中央决定，组成中国人民志愿军空军，开赴朝鲜，参加战役。

孙纬是最后一批带队参加抗美援朝战斗的空军干部。当时中国空军没有住在朝鲜，和苏联空军一起驻扎在安东、凤凰城附近。据孙纬介绍，当时苏联空军参加作战属于高度机密，他们都身穿中国人民志愿军制服。部队驻扎在凤凰城、安东、大东沟。那里有大和岛和小和岛，到处是敌人的雷达。我们只要一起飞，美国雷达就测到了，他们的飞机也会起飞。所以，我们的任务，是拔掉大小和岛上的"毒钉"。

资料显示，大和岛距鸭绿江口约70公里。当年，该岛及其附近的小和岛上，盘踞着美国和南朝鲜陆海空情报机关人员1200余人，设有大功率的雷达，日夜侦听中朝军队情报，指挥空军轰炸中朝军队重要军事目标和交通运输中心。

美军有雷达监测，解放军怎么应对？

聪明的空军将领制定的作战计划是"浑水摸鱼"。原来，孙纬他们先在浪头机场做好起飞准备，然后一声令下，80架飞机"哗哗哗"

全部升空。眼看美军那边也跟着起飞，高空漫天都是飞机的时候，我们有4架侦察机悄悄地起飞了，带螺旋桨的，"肚皮"里带着照相机。那时候孙纬负责打前站，等4架侦察机低空飞行拍了照，完成任务了！我们的飞机回来后，大伙儿兴奋地分析侦查照片。当时司令员聂凤智就表扬：照片上连敌机上的细节都拍得清清楚楚。

有了侦察拍照，中国人民志愿军空军便做了周密的研究，制定详细的作战计划，在大小和岛上空与敌人进行了激战。最终，两度成功奇袭大小和岛，拔掉了"毒钉"。

孙纬给我们看他的手：你看，我的这边手指，到现在都是弯的，就是那个时候留下来的，治不好了。怎么造成的呢？当时苏联空军支援中国人民志愿军，所驾驶的飞机是红尾巴，而志愿军飞机是黄尾巴。美军见了专挑黄尾巴打。怎么办？孙纬当年想了一个主意，跟大家说，今晚都不要睡觉了，换尾巴！他们忍受天寒地冻，连夜将自己的飞机刷成红尾巴，把苏联人的飞机红尾巴洗掉，再刷成黄尾巴。时值12月，用冰水洗，手都冻坏了。辛苦一夜换来第二天的"神奇"。第二天，美军还挑黄尾巴打。而美军一打，就被苏联空军勇猛地反击。

孙纬说，抗美援朝是一场艰苦卓绝的战争。中国空军成立尚未满周岁，便与世界头号强国美国空军直接厮杀。这其中，有多少报国志士付出了汗水与泪水，鲜血与生命……

那个时候，美军其实也害怕跟中国空军打。不是因为中国飞机跟他们一样好，技术强，而是中国空军敢拼，敢跟美军对头撞！美军一看，飞机朝他们对头撞过来，他们害怕呀，马上拉杆拉起来。他们一拉起来，飞机肚子便朝天露出来，中国人民志愿军就开炮。

狭路相逢勇者胜！话是这么说，但勇者的行为不仅仅通往胜利，也通向死神……那个时候，常常早上飞行员们还在一起吃饭，晚上降落时，就有人永远回不来了。

孙纬说，飞机遭袭，不行了，跳伞是有生还机会的。但那时候，空军个个非常单纯，且十分勇敢。为了国家，死算什么，一撮灰而已。人人表现出大无畏精神，视死如归，什么都不求。

孙纬立功后，作为英雄多次深入基层做演讲。在一次演讲的现场，被人一眼"看上"。后来经此人介绍，他认识了现在的妻子。他们恩爱至今。孙纬说："我们这一代心地单纯，为了新中国，想参军，想入党，想立功，其他什么都可以不要，连命都舍得献出。这样的青春，我无怨无悔！"

丘吉尔对英国皇家空军说过："在人类征战的历史中，从来没有这么多人对这么少人，亏欠这么深的恩情。"这句话，今天也理应献给孙纬和他的飞行员战友们。

晚年的孙纬，在亲和源享受着岁月静好，却不吝啬继续奉献。

我们拍摄纪录片时，尽管80多岁的他身体欠佳，但一想到奚志勇的嘱托，还是坚持了下来，留下了"口述实录"的视频文献和一段段无比生动的"青春故事"。

玫瑰人生

说了祝寿嵩、孙纬，我还要讲讲郭慧秋阿姨的故事。

奚志勇跟我介绍她时，只交代一句："她有故事，有风骨，去发掘发掘吧。"

于是，我走近88岁的郭阿姨。

她满头灰发，身骨弱小，腰板挺直，五官精致，一看气质便裹挟鲜明的知性。她还是大学青年教师的时候，因一场扩大化的政治运动而遭受噩运，却没有自怨自艾，平反后带着"夺回二十多年损失"的精神，在高校教学一线奉献。退休了，搬入亲和源了，她依然以英语和钢琴的特长热心服务于公益。

岁月从不败美人。当芳华渐逝，深刻在她灵魂中的优雅和智慧，也愈加闪耀。这话用在郭慧秋身上,再贴切不过了!

郭慧秋,出身书香门第,9岁开始弹钢琴。

"音乐对我意味什么?它是我的宗教。"她言语平静,却有力量。

她从少儿时代开始触摸琴键。自那时起,她的生命里再也没有离开过钢琴和音乐。

在她的人生面临巨大痛苦时,尤其在无琴可弹、私人收藏的唱片全被砸得稀巴烂的时候,积淀在她心底的音乐,给予她度过黑暗的力量。过往日子的极端屈辱,有时像不速之客袭上心头,但她只要一坐到琴凳上,随着双手飞快地在琴键上跳跃,就超越了苦难。

音乐旋律告诉她,无论遇到什么样的风暴,都要撑住。

老人的命运究竟经历了怎样的跌宕起伏,为何身处耄耋依旧那么刚毅?且听我慢慢叙说。

七十年前的上海茂名南路,叫迈尔西爱路。这栋呈现台阶跌落式的高楼叫 Grosvenor House,建筑的中间部分为18层,人们习惯称其"十八层楼"。郭慧秋的少年时光就在这里度过的。

她家在裙楼。阳台对面,是昔日的法国总会,当年几乎天天灯火通明。外国人开着汽车鱼贯而来,开 party,纵情享乐。傍晚时分,花园里,街道上,到处可见身穿礼服的先生小姐,音乐至深夜都不会停。小慧秋的多少个夜晚,都是在隐约飘扬的音乐声中入梦的。

郭慧秋的记忆,与一位美国记者 G. E. Miller 的记载十分吻合。

这位记者如此描述:"法国总会的一切都很意识化,从建筑到装饰,并且门内的空气与门外完全不同。金碧辉煌的大厅里包裹着一种氤氲之气,灯光照射在一缕缕的烟气上,幻为奇彩,真比锦霞还要好看。一切人,无论是老的还是少的,男的还是女的,都在鲸饮,在狼吞,在畅谈,在喧笑。人间假使有天堂的话,这里大概就是了……"

郭慧秋家的楼下,往北走几分钟,是兰心大戏院,当时上海演出活动最丰富、层次最高、最豪华的剧院之一。工部局交响乐团每周在那儿举办"星期音乐会"。对于贝多芬、施特劳斯、柴可夫斯基等人的交响曲、圆舞曲，少儿时代的郭慧秋就从那儿观赏和感受了。

在浓厚的艺术环境中成长，音乐和艺术早已融入她的血液。

1950年，上海刚刚解放，郭慧秋高中毕业，遇到全国第一年统一招生。全国设有两个考区，她在华北区报考了燕京大学，在华东区报考了复旦大学和圣约翰大学。结果，三所大学都发给她录取通知书。而燕京大学音乐系钢琴专业在华东只招三人，她便是其中之一。

当时高考结果会登报，《新闻报》《大公报》的考生录取榜上都有她的名字。

燕京大学，是近代中国规模最大、质量最好、环境最优美的大学之一，而圣约翰大学曾有"东方哈佛"之誉，复旦大学也是国内一流学府。郭慧秋同时收到三份录取通知书，父母甚感欣慰。女儿初长成，才情横溢，学业出色，前程似锦啊。但局势动荡，父母左思右想，死活都不让她去北京念书。因为朝鲜战争全面爆发后，上海的坊间盛传消息：美帝国主义可能会侵略中国本土。为此，她的父母十分担心，一个女孩子去到千里之外的京城上学，万一铁路因战事中断，可能就失联了。特别是她的母亲，希望子女平平安安，都留在身边，说什么也不肯放她走。于是，当年没有去成燕京大学读书，成了她一大遗憾。

留在上海的郭慧秋，最初选择了复旦大学。谁料，抗美援朝正酣，高校学生报名参干运动风行，复旦校园几乎处于停课状态。迫不得已，郭慧秋在第二年转入了圣约翰大学。

诞生于1879年的圣约翰大学，是在华办学时间最长的一所教会大学。顾维钧、林语堂、贝聿铭、张爱玲等传奇人物都曾在那里求学，是中国教育史上的一段传奇。

我拜访郭慧秋的时候，她不假思索就能说出圣约翰大学的英文校训——Light & Truth（光与真理）。她时常会哼唱母校的校歌："Leaving the lowlands, faces to the dawning, Scaling the mountain heights, heeding not fears warning, Sons of the Orient, children of morning, Seekers of light we come!"（歌词大意：离开低地，面向曙光，攀登山峰，不必害怕，东方之子，我们是光明的寻求者！）

她告诉我，在圣约翰大学的学生时代，是她一生中最难忘的时光。整个学校的气氛轻松、活泼、自由。他们当年上课，不像现在，一排排桌椅在教室里几乎一动不动。在圣约翰大学校园里，有一棵十分茂密的樟树。上英语口语课的时候，老师会带他们到大樟树底下，围坐成一圈上课。日后，她特别怀念那棵大树，怀念学生跟老师间的无拘无束。当时，郭慧秋班里的男同学，在下课之后大胆地邀请女老师去看电影，参加 party，一点儿不算"出格"。同学与同学，学生与教师情谊，可以用"真情实意"四个字形容。

"许多年过去了，当年的圣约翰同学都早已两鬓染霜，但我们每年聚会，互相见面，轮流负责招待。你会体会到真情实意，没有一点点儿的虚伪感情掺和在里面。"她说。

再说回念大学的时期。大三那年，郭慧秋被举荐到北京的中国人民大学。国家在中国人民大学设立了政治理论专业强化班，从各地挑选成绩拔尖的文科生去学习马列主义。学业一向优异的郭慧秋也被选中，兴奋劲儿不亚于抗战时期进步学生去往延安。自中国人大毕业之后，她被分回到上海，在上海交通大学主讲"中国革命史""中共党史"等课程。

那年9月，高校开学。21岁的郭慧秋第一次开大课，心情有点儿紧张。她穿着当时流行的人民装，站在讲台上往下面看，底下坐着的七八十个学生，年纪似乎跟自己都差不多。但她很自豪，通过精心备课，将在人大强化班学到的东西与自己的信仰相结合，娓娓而谈。

转眼到了1956年，非常时期，上海交大响应国家号召决定西迁，去西安，在那里创建西安交通大学。当时的师生们手中都握着一张特殊的车票，橘红色的，上面印着"向科学进军，建设大西北！"它充盈上海交大人的"西迁精神"，无比豪迈！

郭慧秋回忆当时的西迁情境，说道："真的，场面很壮观，激动人心。"

所有从上海运往西安的东西，是用整列火车、整列火车发送的。许多老师是举家搬迁，拖儿带女。郭慧秋的妈妈，以前死活不让她只身去燕京大学念书，这一次，却是特别积极和支持：国家哪里需要我们，我们就奔向哪里去建设。父母将家里的不少西式家具打包得严严实实运往西安，包括她从小到大一直弹奏的那架钢琴和她最心爱的沙发，全都运至秦岭脚下的古城。

郭慧秋便这样，高唱时代歌曲，踏上了奔赴西北的建设之路。

孰料，1957年，一场始料不及的扩大化运动，使得她在1979年获得彻底平反之前的二十多年里，历经磨难，粗粝的日子令她不堪回首。然而，无论人生的道路变得多么坎坷，头顶上长久笼罩着一团乌云，她都以顽强的姿态选择"前行"。Whispering Hope，一首英语老歌，成为她在那段岁月里的良师益友。在人生的低谷时刻，钢琴被人搬走了，弟弟从国外为她带回来的全套贝多芬唱片被搜出和砸烂了，她心里却傲然不屈，想："砸吧，砸吧，这些旋律，早就烙印在我心里了。"Whispering Hope 里有这样的歌词：

心存希望，等待黑夜过去；心存希望，等待风暴消散。

郭慧秋依靠音乐里的信仰，度过了本应美好却昏暗的年代。

我听过郭慧秋弹奏 You Raise Me Up。与其说旋律从她手里飞出，不如说是从她的心底流淌着。琴声如诉，说不尽她的悲伤、她的衷肠、她的希望！

1982年，从西安调回杭州，离上海近了许多，郭慧秋在杭州师范学院教英语,一直教到退休。退休后回到上海,她陆续联系上了昔日的圣约翰大学校友。他们放下各自经受的苦难,守望相助,经常聚会,以一种奇特的方式——唱青年时代耳熟能详的英语歌,纪念青春,继续前行。

郭慧秋弹琴有着"童子功",许多英语歌耳熟能详,于是带领大家学唱。

她说,从圣约翰校友会的合唱组,到亲和源的会员合唱团,宗旨都是3个H——Happy, Healthy, Harmonious, 也即快乐、健康、和谐。

"这三个H,非常符合老年人的需要。希望通过唱英语歌,使得大家可以得到快乐,也可以锻炼身体,生活更加和谐美好。"郭慧秋说。

她自己编辑演奏曲目,将其印成小册子,制成光碟。她说,等到有一天她老了,弹不动钢琴了,仍然希望依靠小册子和光盘,帮助其他老人继续快乐地学唱英语歌。唱英语歌是需要伴奏的,而大家可以通过光碟,在家里、在社区演唱练习。

这就是郭慧秋阿姨的故事。我感慨亲和源不止有一个,而是有一批这样的老人。

生活宛若钢琴,白键是快乐,黑键是悲伤。黑白键的合奏,使得他们的人生显得如此的与众不同。郭慧秋此生有灿烂,有劫难,但她笃信,黑夜终会过去,风暴终会消散,明天会再来,太阳照常会升起。无论平和的日子还是艰难的岁月,要保持自尊和优雅。

88岁高龄的她,诠释了什么叫"玫瑰人生"。

暮年"芳华"

据2010年全国第六次人口普查,全国60岁以上丧偶者,占老年人口27%,约为4748万人。如今丧偶老人数可能又有增长。

情感处于"缺损"状态的他们,哪怕只住几个平方米的狭小空间,心理上也时常会陷入"空空荡荡"。长期的寂寞，使许多老人愈发抑郁。对于丧偶老人之间增进交往，进而摩擦出火花，奚志勇是乐见其成的。他一直乐呵呵地鼓励丧偶老人：可以重新点燃爱的火焰。

站在二三十岁的角度看这个问题，得出的结论往往截然相反。他们可能以为：七八十岁的老人心如枯井，在感情问题上波澜不惊。其实大错特错。在老年公寓，高大风趣、幽默潇洒的伯伯，或优雅动人、善解人意的阿姨，都会博得异性的爱慕。有的老人用情之专之深，一点儿不亚于小伙子小姑娘。也对，人无论处于什么年龄段，都有追求爱的权利。爱情不是年轻人的专利。黄昏恋也是天赋人权，更不是什么"丑事"。

  我不去想，是否能够成功，既然选择了远方，便只顾风雨兼程。
  我不去想，能否赢得爱情，既然钟情于玫瑰，就勇敢地吐露真诚。
  我不去想，身后会不会袭来寒风冷雨，既然目标是地平线，留给世界的只能是背影。
  我不去想，未来是平坦还是泥泞，只要热爱生命，一切，都在意料之中。

这是一位诗人写的《热爱生活》。亲和源有一位老人将它抄写在纸上，一句句念给奚志勇听，问道：人到了老年，经历过各种风雨，见识过成功与失败，收获过真诚与热情，再读这首诗，还会激情澎湃吗？

奚志勇望着她，肯定地说：是的，只要情怀依旧，激情也炽热！

亲和源有一对老年人的爱情故事，对这点作了生动诠释。

我遇见沈坤维阿姨的时候,她已年过八旬。

那天,她和老伴邵英伯伯跟我聊起他们的耄耋爱情多少还有些害羞,但在邵伯伯一往情深的眼神鼓励下,她还是清晰地讲述了晚年邂逅当年战友的"意外"感情。

生于1933年的沈阿姨,小时候家住上海南市倒川弄42号的石库门。16岁那年,新中国建立,有一天看见报上登了一则航空部队招兵启事,她毫不犹豫地报名了。部队组织的第一轮考试,招考老师问她,准备去干什么?她说:"招我干什么,我就干什么。"

"那么离开上海呢?"

"我哪里都去。"

看她如此积极且坚决,身体素质又好,部队录取了她,安排她进文工团跳舞。

而邵伯伯,1949年那年,是上海的学生,跟着刘邓大军参加了解放西南的战争。他们一路上往西南走,经过湖南,进入四川,一路上看到的败落出乎他们的想象。军旅生活非常艰苦。湖南有个吉首土家族苗族自治区,他们曾住在那儿。有一天,他们看到村民的屋外挂满山芋,以为是甜的,于是掏钱向村民买。一咬,淡得跟水一样。原来是地瓜。那里的人,一年到头都吃这个,没饭没菜。地瓜是放在火盆里烤,熟后,端来一碗水,削一点儿盐块到水里,盐水过地瓜,一年吃到头。就在那儿,邵伯伯被组织安排,去了开赴抗美援朝战场的文工团。

文工团,中国大时代背景下的产物。战士在前线保家卫国,舍生忘死。作为文工团,深入前线歌之咏之,舞之蹈之,能有效地提高士气,给官兵鼓劲儿。

尽管是文艺兵,作息时间与部队保持一致,训练上也毫不示弱。每天早上5点钟起床训练,压腿啊拉筋啊,非常艰苦。下午呢,组织学习讨论什么的。每天安排得满满当当。

不久，沈阿姨作为华东空军政治部文工团一员，跟随部队奔赴抗美援朝前线。

"雄赳赳，气昂昂，跨过鸭绿江。保和平，卫祖国，就是保家乡。"唱着这样的歌声，他们从中国的安东市出发，坐火车过桥。由于是军事行动，他们乘坐的火车犹如闷罐，外面什么也看不见，耳畔听着"哐喊哐喊"就过了鸭绿江。一下火车，满眼惨淡，稻田里都是冰冻，泛黄的植物毫无生命气息。过江后吃第一顿饭时，战友们都躲在山洞里，端着一份米饭和一点辣白菜，此外什么也没有了。上海人从小不吃辣，彼时的沈阿姨又冷又饿，也顾不得辣不辣了。就这样，她开始了抗美援朝的演出生涯。

彼时，比她大四五岁的邵英，是文工团外勤兵，负责搭台、维护设备等。两人在同一个文工团，彼此知其名而不识其人。谁也没想到，数十年后，文工团战友聚会，他们被命运安排了重逢。此时两人均经历了婚姻并回到"单身"状态。或许是有共同的战火青春，或许邵英提出，现在可以一起携手环球旅行，反正，两个耄耋老人走到了一起。

其实，人不管身处怎样的环境，或贫穷，或战争，爱都会被点燃。

亲身经历过血与火洗礼的两位老人，更懂得和平和相爱的价值。他们前半生的主旋律是"雄赳赳，气昂昂，跨过鸭绿江"，也经历了几十年的奋斗。如今彼此情投意合，便珍惜机缘，给人生放个悠悠的长假。"世界那么大，我想去看看"。他俩决定携手圆个大梦：环游世界！

电影《芳华》的结尾，人们无限感慨，一代人的芳华已逝。

但沈阿姨和邵伯伯，年过八旬，芳华依旧。鹤发童颜的他俩，一起报名参加亲和源书法兴趣小组。他们俩都练习过毛笔字，对于起承转合，笔断意连，彼此心领神会。常常，一个人写好了一幅书法，便邀请另一个人进行品鉴。对于一个个字的横平竖直，刚柔并济，两个人能说个没完。

有一天，沈阿姨当着我们写了"承平盛世"几个大字。放下毛笔，风吹动宣纸那一刻，她不禁又回忆起往事。她说："我这辈子，写过最难忘的信有两封。第一封是我跟随文工团抵达朝鲜的头一天晚上写的。当时刚躺下，外面警报就拉响了。晕晕乎乎里，跟着大伙儿转移到一个防空洞里躲着。三个人一个洞，我们站在洞里，眼睛往外面看，亲眼看到美军飞机空袭我们刚过不久的鸭绿江桥。他们想将桥炸毁，阻止后面的中国志愿军部队过江。我们两边的高射炮就对着美军飞机发射，不让敌机得逞。整个夜晚战斗激烈，我们站在防空洞里，两腿一直发抖，整个身体不受控制地抖。那时，我满脑子想的是来战场之前写的绝情书：'誓死请求参战，抗美援朝，保家卫国。'来战场的每个战士都写的，有一些人把手指头咬破写血书，表示决心。说实话，谁不害怕呢？但是，跨过鸭绿江，就是准备去牺牲的。"

沈阿姨告诉我们，经历了头一夜的磨砺，后来再遇战斗场面，腿就不抖了。天天晚上都有轰炸，感觉渐渐"麻木"了。人啊，都是一点一点坚强起来的。晚上睡觉，大家都将脱下的衣物按顺序叠好，什么放上面，什么放下面，遇到黑暗中警报一拉，几分钟时间，大家都能迅速地穿好衣服，紧急集合。那时候不是慌里慌张的，而是第一个人站在门口，然后喊名字，第二个，小幺，第三个，小张，靠"叫名字"排队，战友们手拉着手摸索着前行。那一刻不能有一点亮光的。一有亮光，人家炸弹就来了。所有人就这样转移到一个很大的防空洞。洞很深很深，可以蹲200个人。洞壁湿答答的。不管外面轰炸多么激烈，我们挤在里面又打瞌睡了，毕竟是半夜，人困得要命啊。

还有一次写信是在前线。好几个月了，允许写一封平安信，写的信都不准封口，因为怕泄露军情啊。一封信里，其实只有四个字：我们平安。然后统一交给政委。政委检查后统一寄出去，也没有回信地址。我在朝鲜战场四年，没有收到过家里的任何消息。

"平安"家书抵万金。在抗美援朝的战场里,有机会写一封信寄给国内的父母,是多么的不易。参军的战士中,很多并不擅写字。文工团的姑娘们主动承担了写信任务,一封封承载思念的平安信从她们手中写出,飞向祖国的大江南北,给无数亲人以慰藉。

战场上,生死瞬息万变。面对猛烈的炮火,前面的战士冲上去,倒下了,后面的战士接着往前冲。真是前仆后继。我们属于空军。飞机升上天空,我们在下面提心吊胆。有的时候飞上去几架飞机,回来少了一架,就抽空开个简单的追悼会。遗体也没有。大伙儿面前放一顶帽子,或一把头发。我记得我第一次参加战场的追悼会,眼泪"哗哗"直流。那么可爱的一个人,昨天还笑脸相迎,怎么就没有了呢?

后来,第二次、第三次,几乎天天开追悼会。战争真的太残酷了。

文工团,战争阴霾下的阳光,在炮火的间隙,给士兵带来鼓舞和温暖。

在朝鲜的时候,表演舞台在哪里呢?在稻田里。

冬天的稻田一片寒冰。文工团战士在冰上铺几块木板,算是搭了台子。那时的冬天真冷啊,零下30摄氏度,寒冷直刺骨头。文工团女兵跳朝鲜舞,把棉毛衫穿在里面,袖子卷到胳膊上。跳舞时,袖子要甩的。袖子一甩出去,光溜溜的胳膊露出来了。女兵们冷得牙齿"嗒嗒嗒"地打战,简直控制不住发抖,但大家还是努力屏住气息,表情欢快。身体也是这样锻炼出来的。

夏天呢,有着另一番艰苦。连续十五天没水洗澡,浑身上下臭得不行。结果,几个男士兵提议,他们在江边的外围,围成半圈作为屏障,让女兵去洗澡。而女兵们攀着石头,衣服也不全脱,用手伸进衣内擦一擦,总算洗去积垢和劳累。那一次洗澡,沈阿姨终生难忘。

由于坚持在朝鲜战地待了四年,直到战争胜利才回国,沈阿姨荣获了抗美援朝二等功勋章。她说:"现在回想当年在朝鲜的简陋舞台,回想舞台下战士们一双双淳朴而坚定的眼睛，我，无悔于热血澎湃的战斗青春。"

回到国内后，沈阿姨格外珍惜和平岁月。

退休后，每天早起练太极招式。由于有文工团练舞的底子，学太极比较轻松。

"学太极好处蛮多，既强身健体，又修炼心性。"她说。她不仅坚持自己练太极，还带领周边的老人们，十年如一日在豫园绿波廊前的空地打太极。

潭面无风镜未磨。这里是她晚年绽放光芒的舞台。

后来，她遇到了当年的战友。他俩不在乎身外之物，不在乎世俗的目光，珍惜当下，过好每一天。平常的日子，他们一起健身，或一个打桥牌一个观战，乐此不疲。

……

采访了祝寿嵩、孙纬、郭慧秋、沈坤维等一群老人，为他们拍摄纪录片，我也再次理解了奚志勇的眼光和深意。

他说"老人是个宝"，是因为这样的老人，现在再也遇不到了。

他们经历了那么多艰难险阻，取得过一定的成就，但他们无一例外，在老年阶段依旧努力"完善自我"，在一些不怎么起眼的事情上尽一份力量。

这是自觉而高尚的追求。这群老人构筑的精神世界，是后人取之不尽的财富。

第十九章 "黄埔军校"

迎战痛点

"养老变革是一场艰难的长征。"奚志勇多次发出感慨。

在社会老龄化序幕拉开后,顺应其变化的改革措施越来越多。但随着养老需求不断深化,五花八门的问题也不断冒出,使整个社会体系的支撑显得"乏力"。

譬如,现代养老业人才捉襟见肘,十分短缺。

众所周知,政府在养老方面的工作重点在于"托底",在于满足汹涌而来的"床位需求",以及对于散布各个街道、里弄居家养老的孤老、病老的特别照护,所以,对于养老方面服务人才的专业化培养,主要着眼于养老护理员职业发展,以及完善相关职称评定与人才培育机制。

国家在2011年颁布了《国家职业技能标准:养老护理员(2011年修订)》,进一步加强了养老护理员队伍的专业化和规范化建设。而在《民政事业发展第十二个五年规划》中指出,要努力推进民政技能人才队伍建设,在民政职业院校中大力推行学历证书和职业资格证书并重的"双证书"制度。2012年,民政部在全国建立了26个养老护理员职业技能鉴定培训基地,用于各地养老护理员的培训和资格认证工作。据说,全国有100多所高校设置了养老护理或老年服务管理专业。这些都是从公开报道中可查到的数据。

事实上,对于身处养老公寓"一线"的亲和源而言,他们得到的感受是:服务于"健康老人"的专业人才,实在寥若晨星。奚志勇看出的问题,是公共财力无暇顾及的中高端养老服务人才。他认为:整个社会的养老机构过于单调和陈旧,亟待更新迭代;而从业人员呢,基本停滞在护工、保姆、钟点工水平。行业最为紧缺的是优秀的经营管理人才。

"你看,各地陆续兴建的养老公寓硬件越来越好。人才呢,打着灯笼也招聘不到几个,只能在成熟的企业里挖墙脚。行业管理能力和文化观念普遍很不到位。"他说。

的确,你去各地新办的养老企业转悠,不难发现,从业者普遍年龄偏大,青年人才十分短缺。为什么?因为整个社会的认知,依然停留在世俗的层面。高校毕业生最心仪的职业是机关公务员,是跨国企业或中央企业,以及带有互联网背景的新经济机构等。极少有人一毕业就向往去知名养老机构。长期以来的社会观念,影响了人的就业思维和择业选择。

亲和源这样的机构,创业多年,早期入职并走上管理岗位的,眼见年龄都"涨"了不少。且不说"新鲜人"很少补充进来,即便老员工,也常常被同行以高薪挖走。

还存在这样的矛盾:舆论上,养老产业是朝阳产业,投资风口。似乎养老项目像一头幸运的"猪",站在了市场需求和产业发展的风口,将被吹到天上。具有讽刺意味的是,企业每年参加高校毕业生的就业见面会,养老院的"摊位"面前,常常门可罗雀。

在人们心目中,养老服务等于伺候老人,为老人擦身、喂饭、做护理。想法不能说错,却流于表面,以偏概全。在亲和源,日常的养老工作哪里是这些啊，擦身、喂饭、做护理等，这些都轮不到大学毕业生动手。他们中不少人也跟CBD的"白领"一样，衣着体面地坐在办公室里，搜集全世界养老新案例、新做法，研究如何改进、提高中国的养老服务，或者筹划建设新的养老项目。亲和源的"白领"，完全可以被称为新一代的养老设计师、养老管理者、养老心理师等。

养老是生活，生活的内涵远比床位照料丰富许多。养老的主要目标是"快乐"。对于这一点，外界有多少人了解呢？又有多少人在这个领域进行过深入研究？

与此同时，不得不触及一个非常敏感的话题：

> 目前，养老工作者的社会地位，与这份工作的重要性、普遍性远未匹配。

行业呼唤领军人才，养老企业渴望知识结构完备的"新鲜人"加盟。

但深入"北清复交"等著名高校，养老企业的招募如抓瞎，能抓住一个是幸运，专业对口不对口管不了，指望日后慢慢地培养。社会对于养老是如此"忽视"。

面对种种"痛点"，奚志勇坐不住了！他找到王振耀，表达了对养老行业人才培养上明显缺失的担忧，琢磨着如何采取实际行动，去改变和推动行业乃至社会的变革。

结果，王振耀、奚志勇再次以改革的勇气和魄力，决定"破天荒"——为全国养老业同行首创一所"黄埔军校"。由深圳国际公益学院与上海亲和宇宙老龄事业发展基金会联手，计划招收"985""211"等名校的毕业生，趁他们职业生涯还是"一张白纸"的时候，通过六个月的集训，使他们养成一颗大爱之心，让他们在较高的起点跨入养老管理行列。

"我希望，他们在八年、十年后能成为养老行业的领军人物。"

奚志勇说。

奚志勇这一回又裹挟着游侠骑士的精神，如堂·吉诃德大战风车。他高举"理想""情怀"的长矛，志在为解决养老人才短缺杀出一条育才新路。

理想是丰满的，市场是骨感的。付诸实践，道路曲折。

首先遇到的问题，是如此重担交给谁？奚志勇脑海里走马灯一样转过一个个面孔，最后认定"非她不可"。

她，叫侯坚，亲和源集团副总裁，跟随奚志勇创业奋斗好多年了。

奚志勇了解侯坚的学识和性格。她有超强的韧劲，一旦接手项目会千方百计去做好。她也是非常严谨的人，对于工作细节的苛刻，近乎偏执。她的老拍档王剑曾跟我"抱怨"：一般人做事有七八分严谨已经属于优秀了，侯坚却总是要求我们冲向十分，这令人畏惧，有时遭人厌烦。

不管怎样，侯坚成为奚志勇驰骋沙场的一员良将。

披荆斩棘

开拓没人走过的道路，非常艰难。

养老，并不是热门职业。高校毕业生就业，也不尽然是个体的兴趣选择，而是社会导向、家庭影响、个人期望等多股力量合在一起的产物。多年以来，为老服务给人感觉"既苦又累"，直接联想到病床护理等情境，收入也跟护士、护工不分上下。所以许多"一本"大学生一听养老企业招聘便直摇头。他们热衷去跨国企业、中央企业，热衷金融、外贸、房地产等行业，有的不惜与千军万马一起去挤国家机关、事业单位的"独木桥"，很少有人内心有跟老人打交道的驱动力，更不要说想为养老事业奉献一辈子。这是当下教育的缺失，养老业的悲哀。

所以，当侯坚、王剑等出击招募特训营学员，去复旦、同济、上海交大、华东师大、上外等跑了一大圈，"甜酸苦辣"里就缺"甜"字。他们真切感觉到，不少高校老师对于现代养老服务是一知半解且带有偏见的，有的干脆流露"不屑"。在他们看来，优秀毕业生理应去麦肯锡、德勤、摩根士丹利、谷歌等，哪舍得将他们输送到养老机构呢？

侯坚与王剑也是轻易不服输的人。他们带着董事长的嘱托，本身也抱有奉献养老事业的情怀，相信亲和源首创的"特训营"，是帮助大学生成为养老专业人才。他们的宗旨是高尚的——"公益成就产业，价值引领市场"；他们的目标也有足够吸引力——"一出校门就做总经理"；待遇呢？半年后上岗，立即实现每月税后八千元。

如此"感召力"，虽然不可能打动所有人，但的确吸引了一部分人跃跃欲试。

报名的学生以户籍外地的居多。当然不可能来者都收，也要符合亲和源近乎苛刻的考核，包括：为人正派，有社会责任，有爱心，善于沟通、表达能力较强，等。

严格的面试筛掉了大部分人，17名稚气未脱的学生成为亲和源特训营首批学员。他们清一色来自知名高校，譬如复旦大学、上海交通大学、浙江大学、厦门大学、兰州大学、台湾大学、华盛顿大学等。他们知识结构现代，不少人在微信、抖音等诸多社交软件上积累了"佛系"经验，从小小手机屏上的"吃鸡""养蛙""玩农药"中体会到些微情感波澜。而老人世界怎么样？他们使用木心的诗歌《从前慢》里的一句来形容："车、马、邮都慢，一生只够爱一个人"。

他们对老年的认知，如一根羽毛，轻盈而浪漫。

2017年6月27日，特训营正式开营。

课程是精心设置的。"大师课程"里，国务院原参事、国家发改委能源局局长徐锭明讲授"打造有情感的养老生活"，"声音雕刻家"、亲和源会员乔榛讲授"把大爱洒向人间"，上海市民政局原局长、中国养老产业联盟顾问马伊里讲"老龄产业,一个待开垦的处女地",慈济慈善事业基金会人文发展处主任何日生讲授"善经济"。行业课程则有一批企业家、高管承担。此外,还有宜老化设计、工程管理、合约预算、集中采购、筹开运营、营销管理、会员管理、公寓运营、秘书式服务、养老项目投资、内控管理,以及有关老年照护中的技能知识。几十门课程,丰富又紧凑。授课老师来自高校、社科院、知名企业和一线业务骨干。

让稚气未脱的应届高校毕业生,接受"接地气"的特别训练,比较全面、专业地了解老年产业的现状和需求,涉及意志培养、爱心锤炼、职业眼光、管理技能,涵盖了术、道、势的各个方面。且不说对于课程设置,侯坚和王剑如何绞尽脑汁,单单讲述他俩与青年学子天天待在一块儿摸爬滚打,一同流汗流泪,我就能体会特训营的滋味和甘苦。

亲和源举办的特训营,并不是封闭地只传授内部经验和文化,也开门办学,带领学员外出考察"鸿泰·乐璟会"等养老机构,让学员们比较分析不同养老机构的目标客群定位、服务特色,为学员们扩展行业视野;还开设人文课程,给予他们心灵滋养。

令我感慨的是,举办"特训营",寄托了奚志勇对于养老事业的理想和责任。他在青年学子心里植入了一颗高贵的"精神种子",告诉他们:所有的养老企业,是天然的社会型企业,胸怀大爱和良知,以商业思维去从事社会公共服务。从现在起,你们即将步入的职业生涯,是将企业家精神与人文情怀紧密结合,将个人追求与社会责任紧密联系的……

没有人文精神、社会责任,再聪明的人也成就不了大事业。

他更以一种前瞻性的预见和期望,给出这样的教导:

> 养老,是世界上最受人尊敬的职业之一。当前很少人认识到这一点,但我希望你们牢记。老人是社会的功臣,时刻要怀着敬

重之心对待他们,帮助他们。

"你风华正茂,我点石成金"。经过半年的"压缩式"强化训练,学员们分别在导师们的指导下,撰写了有关养老模式、养老服务、养老创新、会员价值体系、医养结合项目等研究型论文。在结业典礼上,他们一个个登台亮相,让应邀从各地赶来"选才"的养老企业老总眼睛一亮,为之心动。行业多么渴望这样的"新鲜血液"啊,养老机构从福利院的基础性服务,提升到市场化、多元化的高品质服务,需要一大批知识结构崭新又具有大爱的"新锐"。

在现场,我看到,一些用人单位的负责人眼睛湿润了,表情发亮了。他们恨不能马上点兵点将,为自己公司挑走几个朝气蓬勃的好苗子。

的确,训练与不训练大不一样。

吴斌是一个帅小伙。他是特训营一期的毕业学员,在完成六个月的集中训练后,被深圳海王集团"买"下了,成为特训营首批输送到亲和源外部企业的"人才成果"。

他回忆训练结业准备做定岗决定的时候,一度想留在亲和源,毕竟这是中国最早的市场化养老机构,品牌认可度很高,对于自己继续获得实操锻炼很有好处。但当海王集团发出邀约,他还是鼓起勇气迎接挑战,奔赴了未知的陌生地。彼时,海王集团刚刚组建康养事业板块,"摘牌"吴斌后,即安排他以创始成员的身份参与海王康养大型养老社区的规划。

拥有三十年医药经验的海王集团,看好下一个三十年康养事业的繁荣。

青涩的养老新锐,带着特训营里养成的精神和底气,从零开始,寻找可行项目、规划功能定位、测算财务模型、计划团队人员,经历了项目前期工作的方方面面。人才的成长需要教育,更需要实践的平台。在海王康养项目的筹开过程中,企业领导给了年轻人充分的自由和授权,使得他们敢于以创业者的角色和心理,学会为项目负责,也为自己负责。

何为负责?吴斌说,我慢慢体会到,即便我们在职场上似乎还是新人,但社会并不会因为我们是新人而给予足够的宽容。相反,可能因为我们的"不专业",让企业承受巨大的损失。我们所做的每件事,对海王康养而言都是"历史性创造";对自己的职业生涯而言,也是具有历史性的突破。因此,我们的任何决策,都将影响到项目和自身,若是继续抱有"打工者"心态的话,那么谁会为我们的行为买单呢?

吴斌感到"庆幸"的是,他能够摒弃"打工者"心态而以创业者的角色和心理投身事业,是因为可以站在"养老巨人"亲和源的肩膀上,寻求突破创新。亲和源的养老商业模式,富有前瞻性,有着很好的口碑。借鉴其模式运用到筹开的南宁新项目上,也有示范价值。基于对亲和源模式的研究,他得以更快地切入市场,融合当地环境,打造具有吸引力的养老产品。他的梦想是尽早将海王康养板块的南宁项目建好并迎客。

很难想象,如果没有经过专业的强化训练,一个20多岁、刚走出大学校园半年的"娃娃兵",羽翼未丰,怎么可能被海王集团赋予筹开大型养老住区规划的重担?而吴斌又怎么会获得这样的感悟,自己是去投身"养老创业"而不仅仅是"打工仔"?!

杨湘韵,一位漂亮、活泼的姑娘,目前在广州保利和悦健康养老服务有限公司任高级经理,负责公司运营管理、标准化建立、项目经验总结以及外拓支援。

她也是特训营一期的学员。她回忆说,一提起养老,大多数人都会认为这是一个缺乏活力且女性居多的行业。她在读硕士期间,也抱有这样的认知,故而曾刻意回避了与老年研究相关的调查和项目。直到毕业论文的选题确定,她参与了上海普陀区石泉街道老年人需求调查,才发现:"在光怪陆离、繁华喧嚣的大上海,老年人也避不开被边缘化的命运。游离在养老政策和家庭原子化趋势下的老年人与社会出现断层,表现出明显的无力感和薄弱的自我价值感。"她为之深受触动。当她选择踏入养老行业,第一"目标"就是由上海亲和宇宙老龄事业发展基金会与深圳国际公益学院主办的养老"黄埔军校"。在六个月的强化训练以及后来在亲和源的岗位锻炼中,她理解了"家文化""零服务"。她体会到:随着独立意识的增强与个人空间的重视,未来社会的养老一定是打破现有的家庭结构,重建带有群体特征的"新家庭"。在制度、政策和管理体系的框架下,高度趋同的陌生人之间产生"家的连接",共享晚年,催生新的个人价值。

像吴斌、杨湘韵那样,建立起对于养老的全新认识,并在实践中受到器重,在特训营首期毕业的学员里比比皆是。如今,陶冲、李文静、魏诗语、罗京、姜玲、于李昭晖、张燊、龚乾坤、王高举、裴祥浩、胡培楠等一众"养老新军"在康养事业一线迅速成长。

担任亲和源工程项目管理公司总经理助理兼采购经理的陶冲,毕业自复旦大学。他所干的工作并非直接与老人打交道,实际采购的所有东西都跟老人日后搬入的生活品质息息相关,所以,他在业务一线忙碌中体会到"养老一定要有大的情怀"。他给"战友"的寄语是:

即使脚下充满泥泞,也别忘了仰望星空。

一期学员特训成果累累,二期呢?
2018年6月27日,特训营二期选择了与一期同样的开学日。
特训的"第一堂课",也是由烈日下魔鬼般的严格军训开始的。而后是密集的课程、一线的实习、营销实战、承办"985"高校学生双创大赛。砺兵秣马后,他们也成熟起来。

崔晓,眼镜男,厦门大学哲学系硕士毕业。酷爱棒垒球的他,在二期集训营里，显著地表现出不一样的"哲学气质"。他从特训营结业后，加盟了养老投资板块和旅居板块工作，从养老项目的合作咨询到项目洽谈，从旅居活动策划到带队出行，他边锻炼边思考。他说，在特训营，经历了养老专业课程的学习，担任了专项活动负责人，在虚拟公司担任 CEO 和销售总监，也在桐乡老年公寓参加实训。收获最多的是对从事养老有了自信。这种自信心来源于特训营里的锤炼，尤其是敢冒风险，不怕"试错"。未来可期，他将一心一意投身养老，做出更多贡献。

洪张青，一位沉着冷静、乐观豁达的美女，是上海外国语大学管理学硕士。她从二期特训营结业后，进入了亲和源集团"董办"。这是一个统筹协调沟通各个项目以及子公司等工作的综合性职能部门。她一头扑进了"养老文化"，负责在官方微信、微博、头条等平台的内容构思、文案设计、排版构图以及技术操作，以及《亲和源报》和抖音号的全责运营。这是一个感性和理性兼具的岗位，建立养老与新媒体的连接，传播老年的生活、思想、行为、心理等。她的体会是："要学会系统性的思考和战略布局。"

无论怎样，学员们的进步，是奚志勇最想看到的"果实"。

奚志勇告诉我，希望不远的将来，一提起养老工作者，人们会像听到教师、医生、科学家等职业，从内心会产生一种敬重。这是人口老年化发展的必然，也是社会改变对老年产业看法的进步体现。而目前，人们观念里的养老工作，依旧非常狭隘，联想到的几乎只是护工，又脏又累，似乎只有大妈大嫂可堪胜任。这实在是社会对现代养老认识严重不足导致的偏见。老人的确会走到这一步——瘫痪在床。一旦发生这样的窘迫，不管你是否接受，喂食、翻身、擦身、插导尿管等，都需要借助护工的服务。但这只是千万个养老岗位上很少的一部分。更大部分的岗位需求，是现代高品质养老所带来的创新。需要各个专业的优秀人才，包括医疗养生、休闲运动、互联网构架、人工智能技术、内容策划、文化传播等。

所以，"特训营"是面向海内外知名高校所有专业开放的。

"培养创新领军人才，目的是创造更多更丰富的养老生活。"奚志勇说。

道路尴尬

特训营，是为解决行业人才短缺而孕育的教育培训项目。

它是公益的，却也需要以商业逻辑经营，否则只有投入没有产出，"做好事"难以为继啊！奚志勇最初设想，至少举办十期特训营，让养老"黄埔军校"的种子撒遍全国。

奚志勇给侯坚、王剑等布置这个项目的时候，提出一个"看似不可能完成的艰巨任务"。他说，教学的成功与否，不只看学员们脑子怎么想，嘴上怎么说，还要看一点：

特训营的学员能否被各地养老机构争先恐后地"付钱要人"！

他酝酿特训营项目之初，企望能够实现有效的"人才培养模式"。

2017年、2018年两期特训营的强化训练，使年轻学子的精神面貌发生了显著变化。媒体对养老业以"特训营"形式培养人才的新生事物给予积极关注，《文汇报》《新民晚报》和新华网、《解放日报》客户端、《澎湃新闻》《青年报》等都做了深入报道。

然而，奚志勇期望的用人单位"争先恐后"支付培养费要人的情景并未出现。

卡在瓶颈的"木塞"是：特训营六个月的教育培训的所有花费，

七七八八加起来，大约人均十五六万元。奚志勇设想，学员结业后，如果用人单位愿意支付每人20万元的培养费，项目持续办下去就没有压力。实际上，用人单位虽然看到了特训营的价值，将一个对养老懵懵懂懂的"小白"训练成抱有坚定的养老理想的"革命军"，将初涉社会畏首畏尾害怕冒险的新人变成勇于担当、主动开拓的新锐，但他们也顾虑重重：学员再牛，也只念了速成班，与实际岗位多年历练形成的工作经验、开拓能力，还不能画等号。

他们更希望奚志勇"白送"。这样的话，争先恐后被抢则完全可能。

奚志勇当然意不在此。他目标很清晰——培养有高度，去向有热度。为了"热度"，在内部开会分析的时候，他毫不掩饰地表达了严重不满。

有一天，商量新一期集训营学员招募，我目睹了奚志勇冲着侯坚、王剑大发牢骚。奚志勇怒发冲冠的那一刻，侯坚、王剑等一众表情尴尬。

熟悉"宫廷剧"的我，情不自禁想起一句台词：臣妾实在做不到啊！

当然，这是玩笑。"老板"发火，绝不硬辩，应该是智慧。彼时难免尬笑，但等"发火"过后，还是可以继续冷静商量，寻找对策。再说，谁没有个发脾气的时候呢？

果然，会场里沉默了片刻，气氛渐渐缓和了。尽管针对向用人单位收取培养费一事没有更好的建设性意见，但会议还是顺着议程安排得以继续。

过了一阵，奚志勇亲自召集"外脑"举行了一次私董会，其中有政策专家、市场专家、养老机构负责人等，请大家出谋划策。"外脑"帮助诊断的时候，观点也不尽然一致。

有人认为，奚志勇创办养老"黄埔军校"，为行业培养人才，是一件大好事儿。目前只举办了两期，成果显著。但对于实现"市场付费用人"，需要有一个过程，"希望奚总不要对项目的价值产生怀疑，要坚持举办"！也有人建议，为了减缓经济压力，对现有的培养模式可以略作调整，一部分在应届大学毕业生中招募，还有一部分接受用人单位派送委培生。还有人干脆主张，特训营只招委培生，课程内容委托第三方高校"外包"。

私董会是"思想冲浪""头脑风暴"，参与者知无不言。用人单位负责人也毫不忌讳坦陈他们的担忧：特训营学员身上有鲜明的亲和源文化基因，是优点也是缺点，每个企业都希望员工更加认同自己的文化。

一堆意见，五花八门，一直说到人人肚子饥饿，午饭时间早已过了。整理、消化、归纳、调整，任务落在了侯坚和王剑身上……

目前，特训营项目仍旧在摸索中前行。

第二十章 心碎至极

并肩战友

一个好汉三个帮。奚志勇开创市场化养老,求贤若渴,不拘一格。

他深知,要做成一项事业,绝不可能"单枪匹马",需要各种精兵强将,有的是点子大王,有的是营销高手,有的是管家能手。而建立队伍的过程中,有人进也有人出,这都是"常态"。其间,被他招至麾下的各行各业的精兵强将里,有一个人,被奚志勇引为知己、兄弟、战友,时常怀念。他叫华山,一个长相敦厚、学识丰富、表达颇有感染力的人。

说起来,还挺有意思。彼时的华山,从轻工业局退休后,加盟了一家房地产开发公司,正在南汇区大团镇负责楼盘销售。一个叫周正康的镇政府干部向华山推荐了亲和源项目,建议他参与中国第一座养老住区的开发建设。人有慧根,不请也自到。华山对于现代化养老也怀有理想和憧憬,一听老周介绍,跃跃欲试,提出:要么不去,要去只做"老板的副手"!

经过老周穿针引线,奚志勇与华山有了"第一次会面"。

华山比奚志勇年长十多岁,但他们俩相见恨晚,志趣相投。

原来,华山的"第一职业",是上海市轻工业局宣传干部,常在四川南路一幢机关大楼出入,也从那里办理了退休手续。他是退休后一头扑入新兴的房地产业的,在市场的大海里"游"得十分带劲儿。他性格开朗,激情充沛,一聊起来灵感四射。

亲和源以及各地养老业的高管群里,人们并不熟悉他的"轻工业局生涯",但对他的"第二职业"——参与中国市场化养老开拓的专家身份——更为熟悉。

在亲和源,资历老些的人称他"老华",年轻一点儿的称他"华总""华老师",更年轻的,叫他"华爷爷"。"华爷爷"的确为亲和源的传奇留下了许多故事。

华山被奚志勇"请"来共同创业,先后任研究中心主任、亲和源副总裁、顾问等。他既是一个出手很快的"笔杆子",在报社、电视台、作家圈等拥有广泛的人脉;也是一个拥有文化视野的品牌行家,为亲和源最初的品牌定位、文化建设、市场推广等立下了汗马功劳。

他加盟亲和源的创业团队后,与奚志勇一样,是每天最早来公司的少数几个"早鸟"之一。他家住市中心的徐家汇商圈一带。无论春夏秋冬、刮风下雨,他习惯了早早出门,驾驶私车趁着早晨交通不堵,驱车赶往20公里外的亲和源总部办公地。

华山一上班,头一件事情就是拎起电话,问奚志勇:"你到了没有?"

他俩那么默契。早晨七点多钟,两人便于董事长办公室碰头,彼此一通"神侃"。聊得热火朝天,不知不觉间,太阳升高了,同事们也陆续来上班了。

他和奚志勇一起,联手政府主管部门,举办了十届"中国养老产业高峰论坛",为中国养老事业鼓动了更多的专家、学者、企业家共同参与,可谓影响深远。

华山作为中国第一代市场化养老的创始成员之一,也多次参加全国同行有关养老模式的思想交流。他的睿智和风采，令人记忆犹新。

对于这位"老兄弟"，奚志勇倍感温暖的，不仅仅是创业过程中的长期相伴，而且对于自己瞬间即兴产生的火花式灵感，华山能追根溯源，补充丰富，归纳成比较系统的理论表达。

我跟他俩有过无数次交流，深感两人的思想你中有我，我中有你。虽然性格、阅历不同，各有优势，但在亲和源的建设思想上，两个人的脑袋仿佛是互相连通的。这真是少见的现象！

我认识华山后，几乎每天收到他发来的一条微信。内容是他在"今日头条"App上连载的亲和源创业故事。虽然一篇篇文字很短，但字里行间分明能感受到他对养老事业的挚爱、对亲和源创业过程的熟悉、对领路人奚志勇的尊敬。

也是在那个时期，传出了他"身体不好""不得不在家休息"的消息。病中的他还天天写"头条"文章，记叙生动。直到有一天，连载戛然而止，我感到奇怪，怎么回事？结果噩耗传来。华山老师在瑞金医院遭遇"突发"情况，才70多岁……

熟悉他的人都不相信，一个没有身患绝症的人会遽然离去！更感佩于他生命不息，工作不止，几乎为养老事业奋斗到了"最后一刻"！

心中的劳模

华老师的生命，以遽然离世的方式画上了终止符。

噩耗传来，亲朋好友十分愕然。奚志勇得知消息，顿时泪如雨下。

他怎么也不愿相信，这样一个并肩战斗的战友撒手人寰了。前不久，他们还在"中印文化艺术夏令营"的开幕式上见过面。那天，尽管华老师身体抱恙，却面色红润，思路敏捷，谈笑如故。

不少朋友也意识到，华山不仅仅属于亲和源的高管，他的眼界、思想、责任，使得他能够立足一个企业，却不断地思考着整个行业面临的共同问题,甚至对于如何推进现代养老产业,也有自己的特别思考。他身为"老三届",经历了各种曲折,为社会奉献了青春和壮年。但不得不承认,他生命里最灿烂的一段时期,是退休之后参与了中国市场化养老事业的探索实践。他的经历,诠释了一个人在生命的"第三年龄",也就是奚志勇一直倡导的"快乐养老"的过程中,实现了再作贡献和再创辉煌。

"如果他身体不被病魔击倒,他还会全身心投入养老业的开拓和思考,还会活跃在许许多多场合……"奚志勇说起华山的忘我工作,真的分分钟让人感觉到他的"肝肠寸断"。

他们是共同走过一段道路的"老兄弟"!

华老师的治丧工作,由亲和源组织相关人员紧急筹备。老朋友周正康等都赶来帮忙。奚志勇仔细审看所有方案,包括治丧公告、追悼会挽联、会场布置等。

追悼会那天,来自上海、外省以及国外的好友亲朋,都赶到龙华,为华山老师送"最后一程"。我留意到,养老界众多朋友的微信里,都转发了他去世的消息并作留言。可想而知,他在中国养老业方面建立了难以磨灭的影响,堪称行业元老之一。

而奚志勇参加追悼会,从家里出发到追悼会结束,他始终戴着一副深色墨镜。熟悉他的同事们都知道,他一直流泪不止,不断用纸巾擦拭眼泪。他真不舍得战友这么快走了啊!

追悼会举行后的第二天,奚志勇便召集副总裁和顾问开会,专题研讨如何为华山申报"劳动模范"或者相应的一个称号。一说到华山走得急,奚志勇又情不自禁掉泪。

他几乎哽咽着问大家:"谁有什么路径,可以做成这件事情?"

一开始,大家沉默。因为没有一个人愿意在这个时候,说"不"或"没有"。"这太难了!"看到现场寂静得有点儿尴尬,侯坚副总裁如此表示。

侯坚与"老华"共事多年，甚至在筹备亲和源项目之前，他俩已经互相熟悉，相识、相知多年。她也认为"老华"是个出色的行业开拓者，也是一个劳模型人物。但对于评奖与否，她实事求是地说：体制内外有别，每年的劳模评选，对民营企业高管而言太难了。

这个说法，与会的几个人都认同，奚志勇失望地叹了口气。

他转而提议："能否邀请本市的报纸，给华山写一篇长篇报道？"大家面面相觑，都流露难色。那一刻，我理解奚志勇的心情，读懂了他的心思。

人生自古谁无死。但诚如毛泽东在《为人民服务》里引述的司马迁名言：

人固有一死，或重于泰山，或轻于鸿毛。

在奚志勇看来，战友华山，就是一心一意为老人服务，"生命重于泰山"的人。

为此，他几乎执拗地想做成一件事，希望有人写一篇有关华山的事迹，在报纸上发表，给这位为养老事业奋斗到生命最后一刻的战友一个告慰，也让世人知道，中国养老产业有过这样一位"元老级人物"。

奚志勇对待事业伙伴，肝胆相照，情如手足。

第二十一章 文养交融

歌唱老年

每个人身体里或多或少都有文艺细胞。

生活中,我们不难发现,无论单位还是社区,有人群的地方总有潜在的民间歌手、舞蹈家、朗诵达人,甚至小时候学过口琴、二胡、小提琴、钢琴、民族舞的人。只不过,有的小时候遇到了"对的时机"和"对的老师",被发掘了才能;有的囿于家庭经济条件,没有继续学下去;大多数则被埋没在上学后日复一日的功课里,一路忙到毕业上班,与文艺隔河相望。到了退休,老人不复有学业或职业的压力,是不是可以重拾梦想呢?

奚志勇看待"人性""能力""天赋"等,常有新奇的角度。

他发现,喜欢唱唱跳跳的老人,很少患有阿尔兹海默症。而老人这方面的能力,存在明显的差异。有的老人靠青少年时期积累的教养和内涵,自发地追求"老有所为"或"老有所乐"。但大多数老人,自身的快乐因子或动力随着年龄增长而日趋不足,就像人体缺少维生素,老了需要来自外部的诱因和补充。因而,他主张"文养结合"。文艺和运动是最好的"青春宝""不老药",唱唱跳跳,能让人忘记年龄,驱散低落,有时疾病也不治而愈。

"追求梦想,什么时候都不晚,老人也可以随时再出发!"他说,"套用一句电影台词:道路千万条,快乐第一条;再学总不晚,亲人喜出泪。"

有一次,他跟我聊起,中国式人生有"三难":

一难,刚刚踏上社会,要为婚房奔波劳碌。好不容易凑齐了首付,接着是漫漫"房奴"路,少说还贷十年,也有二十年乃至三十年的。二难,35岁左右,熬到发稀头秃,当上了单位"小领导",上有老,下有小,学区房,补课费,压得喘不过气。三难,好不容易挨到孩子大学毕业,结婚生子,自己也尝遍人间百味,倍感世态炎凉。所以,子女放心地将他们挚爱的父母送到亲和源住,因为这里是"老人的乐园"。

奚志勇说,来亲和源的老人,他们的子女大多在国外,无法做到经常探视,所以我们日常首要的服务,是让老人快乐,要让老人没有一丝一毫"被遗忘"的感觉!

于是,亲和源住区总有着浓浓的文艺气氛,经常有人唱唱跳跳。逢年过节,积极分子更是有了用武之地。有的在退休前的单位不唱不跳,住这里后,文艺细胞得到激发,居然发现自己"很行"。会员里也有许多文艺界名家。他们热心参与节目排演,也令亲和源的演艺活动变得"星"光璀璨。

不久前,亲和源策划组织了全国老年才艺大赛,声名远播。来自几省一市的数百位老人热情高涨地报名参赛。大赛搭台,老人唱戏,你方唱罢我登台。"快乐",花一样绽放在老人的脸上。

"老年的文艺活动嘛,是最好的'歌唱老年'。"他说。

我一愣,头一次听到这样的"新奇说"。

他解释:一个人到了老年,纵然没有疾病缠身,也会日趋衰老。快乐不快乐,精神气质完全两样。心胸开阔的老人,比忧郁计较的老人会更多地享受到希望和美好。他们在看似平凡的日子里,悠然自在地散步、骑车、玩健身器械、自发进行运动比赛。而热爱文艺的老人，也特别喜欢三五成群，结伴找乐。从他们身上，我看到了养老世界青松傲立、夕阳醉美的画面。文艺与运动，恐怕是人间最牛的抗衰老法。

"这也是亲和源的文化基因"。奚志勇要求，亲和源主办的一切文化活动，都应该达到这样的层次。它是品质，是高度，也是我们倡导现代养老生活的立场和态度。

庆典综艺

亲和源十周年的庆典，印象最深的是两个。

一个是全国养老专家汇集上海的直播论坛，对于十年的养老变革，不仅有总结，更有反思和展望。另一个是亲和源的综艺的"能级"，发挥到令人惊叹的程度。

主持人来自央视和上视。登台表演的成年人，清一色是老人会员。

庆典，在尚德实验学校孩子们稚嫩而纯真的诗朗诵里掀开序幕。

沪上长者，功成名就，全身而退，愿访天下亲和之地、安乐之源……

这是亲和源创始元老之一华山创作的。孩子们的朗诵，将人们带入桃花源般的意境，让人们看到，亲和源的初心，是创建陶渊明笔下"世外桃源"那样的动人社会。

随即，轮番登台的，是老人自己排演的诗朗诵。这完全是以老年为主角的活动啊。

舞台布景、灯光升降、现场访谈、视频穿插，市面上大型综艺节目盛行的声电光等各种手段，这一次都使用了。现场自始至终，洋溢着专业综艺的色彩和气氛。

音乐一起，不老的大叔与不老的淑女从两侧缓缓步入聚光灯下。

他们表演的诗朗诵《我的亲和"缘"》，将发生在老人会员中的真实故事，串编成四段朗诵剧，讲述了老人会员和秘书，犹如原本不同轨道的行星，如何相遇相识。

"众人亲护有加，和爱相守无异于家人；坐行起居各有司职人员相伺，更不复往日寥落……"他们的朗诵，再现了老人生活里发生的一幕幕，引发在场会员嘘嘘不已。

会员里的艺术家的表演，带着深厚的专业功力，总是令人为之倾倒。

那天，耄耋之年的乔榛先生再次登台，朗诵了一首《小草》。当他充满质感的浑厚声音一响起，全场立刻安静。所有人的情绪、视线被他牢牢抓获。他不愧"声音雕刻大师"之誉。人人熟悉的一首诗歌，在他的演绎下令人回味无穷。

乔榛先后有过八次与死神擦肩而过，但他瘫倒后再次爬起来，重新回到舞台上、话筒前，正是得益于亲和源养老住区的精心护理，以及他的妻子的长情陪伴和无微不至的照顾。他的命，是劫后"捡回"的，因而他的每次朗诵，都是生命的赞美诗。他由衷地讴歌生命，讴歌理想。他最让我感动的是，他主张并实践的最美养老，是"老有所为"！

那一天，著名歌唱家任桂珍，电影艺术家牛犇，都激动万分地"登登登"跑到台上，以自己美妙的歌喉，或动人的"故事"，算是赠给奚志勇十年创业的特别礼物。

说到庆典综艺的成功举办，得说说一个身材略壮的北方小伙。

他叫胡子珩，先后在中央电视台、光线传媒等单位任职。有一次，他与奚志勇偶遇，立刻被奚志勇专注的老年事业所感染，于是从京城南下，加盟亲和源团队，主要负责老年文化板块的发掘和策划，承办综艺庆典，筹拍老人题材的电影、电视剧等，忙得不亦乐乎。

不得不说，奚志勇眼界很阔，对文养交融独具眼光。他让胡子珩将一台老年晚会搞得如此壮观和专业，再次印证了他一直挂在嘴上的那句话："老了，那又怎么样？"

　　一颗不服老的心，强劲地跳动！

第二十二章 高知老人

"老圣约翰"

亲和源一度有"三高"之誉。

此"三高"非彼"三高",不是高血压、高血糖、高血脂,而是高官、高富、高知。

据统计,入住亲和源的离休干部和局级干部前三年即达7%;高富涉及敏感的"身家",在此不便透露,但实力雄厚者众多。"高知"呢,享有国务院专家津贴或拥有教授、博导、高工、编审、主任医生等职称的,比离休干部人数要多出数倍。

"高知老人"对生活品质的讲究,说来别有情趣。

我第一次听说亲和源住着不少燕京、圣约翰、沪江等大学校友,颇觉"不可思议"。在我的印象里,那些著名学府存在于泛黄的"历史文献",非常久远了。

1952年,中国高校进行了大规模的"院系调整",当年跻身世界名校行列的燕京、圣约翰、沪江、大夏、东吴、辅仁、齐鲁、震旦、之江、金陵、岭南等名校均被拆分或并入其他院校。所以,当今天听说于20世纪四五十年代就读于圣约翰大学的知识分子"扎堆"在亲和源,我有点儿惊奇:他们至少也有八九十岁了吧?

好奇之下,我认识了一些。

圣约翰的校友居多,其次是燕京、沪江等。有人笼统地戏称他们是"老圣约翰",或简称"老约"。

"老约"能说一口流利英语,对于英语歌曲的热爱几乎到了执拗的程度,聚集一起,要唱就唱英文歌,极少唱中文歌。他们与喜欢搓麻将的老人基本谈不到一块儿。

"老约"的第二代、第三代里不少有留洋经历,或工作生活在国外。他们对于老人入住亲和源,十分安心,因为亲和源是"老约"们的一个据点。

住在4号楼的徐孟琼阿姨,是一个讲究生活品质的老人。

她1929年生于上海,1951年自上海圣约翰大学毕业,经历过"三门干部"、下放劳动、十年"浩劫",以及之后的留沪难、工作难、住房难等动荡生活。她骨子里保持着高雅品位,搬入亲和源之前,住在市中心一个绿化蛮好的小区。喜欢天天练"回春功"的她,讨厌小区周边的交通要道上,整日车水马龙,空气质量不佳。

她和老伴相中了远离喧嚣,空气好、绿地多的亲和源社区。

秘书们记得,她刚入住亲和源不久,遇到了圣诞节。"这么重要的节日,怎么可以随便度过呢?"她决定过一个别致的节日。

她向朋友们发出邀请函,还邀请圣约翰大学校友会的"闺蜜"来亲和源,为老人会员们演唱圣诞歌曲。朋友们大老远赶来,得准备些礼物吧。可是,从市中心"上只角"搬到城郊接合处的老年社区所在地,一时半会儿,去哪里能买到合适的圣诞礼物呢?

正当她万分焦虑之际,准备下班的秘书朱丹彤知道了。小朱毫不犹豫对她说:"我陪你去买!"彼时突然下起了雨,小朱陪她冒雨赶到周浦镇,不厌其烦地逛了一家又一家店,直到买好中意的礼品,将它们都包装得精致又漂亮，并将徐阿姨送上车，才回家休息。

徐阿姨患白内障期间，视力极差，对于社区和楼栋里张贴的"温馨提示"看不清。得知这一情况，秘书们耐心地带着她，将提示牌上的内容逐条讲解给她听。

徐阿姨与丈夫周伯伯的钻石婚庆，也是在亲和源度过的。当然也不想"随随便便"，而是希望搞得别致又热闹。

果然，在"快乐秘书"的帮助下，一场五彩钻石婚庆给许多人留下了美好回忆。那天，彩色气球缀点着背景板上巨大的英文单词"LOVE"，营造出浪漫、祥和气氛。一对儒雅的老人穿戴一新，在婚礼进行曲中，像结婚一样步入会场。身边的老人们也穿戴整齐，撒着手里的五彩花瓣，秘书们为他们献花。他俩为答谢嘉宾而献唱一首英语歌时，全场几十个老人异口同声，用掌声拍着节奏，陪他俩唱完这首温暖的歌曲。

圣约翰校友献演了自己排练的小组唱。紧接着，又有男女独唱、沪剧表演、民乐演奏等节目。其中，三个老人自编自导朗诵的《无怨无悔，相伴一生》，以诙谐的诗词，表达了在风风雨雨的人生道路上，爱情是什么？婚姻是什么？夫妻是什么？老夫老妻是什么？

如此原创节目，令人忍俊不禁。

一位身披红色围巾的阿姨随着新疆歌曲跳起优美的民族舞蹈，三位鹤发童颜的老教授登台演唱英文歌，都给人印象深刻。还有"老克勒"陈伯伯，身穿深灰西服，头发一丝不乱，端坐在黑漆光亮的钢琴面前，深情地自弹自唱了一首英语情歌，博得掌声阵阵。

随着他的十指飞动，老人们成双成对，缓缓步入舞池，跳起"慢三""慢四"。

周伯伯和徐阿姨，是首批入驻亲和源的老人，也是最活跃的一对会员。他俩经常以主人翁的精神，关注老人住区的建设和管理，也会直率地"建言献策"。

有一次，徐阿姨给奚志勇写了一封公开信，我看后忍俊不禁。

原来，她搬来亲和源居住后，特别钟情于SPA会所，几乎每天去"洗一个舒服的澡"。每周平均做五次"水按摩"。逢会员生日，那里推出的优惠"套餐"，包括带有音乐、按摩、水床功能的浴缸泡浴、兼顾头、肩、背、腿的局部按摩，颇得她的欢心。她列出一个表格，详细地告诉奚志勇，由于SPA会所的存在，她享受了近五年健康服务，以致过去有过的头痛、慢性支气管炎、颈椎腰椎增生、血脂和胆固醇偏高等，都神奇地消失了。她将自己身体的一切"良好变化"，归功于亲和源小区里的SPA服务。但是，听说会所要改建并调整服务项目，也收到了给每家每户的"意见表"，她急了，不希望自己喜欢的服务设施被"砍掉"，于是向楼里的会员理事孙伯伯提出疑虑，出于"不放心"，还直接上书给奚志勇。

在信里，她满心希望，SPA会所一定要保留。与此同时，她还真诚地表示对奚志勇的关心：我们刚进亲和源时，常在会所见到您在锻炼，现在很少遇见了。希望您能坚持锻炼，注意饮食，保重身体。"为了建设美丽的亲和源，让我们共同努力吧！"她呼吁。

清华同学会

住在2号楼的张伯伯，是1952年考入清华大学建筑系的，在清华园一共待了六年。

据张伯伯介绍，同学们都非常优秀，个个属于学业拔尖的学霸，而且德智体全面发展，"几乎未曾受到什么污染"。六年里，他们经历了"肃反""反右"运动，班里也曾被摊派了不少右派指标，但同学之间没有因此反目为仇，退休后情谊更深了。老了，最快乐的事情是同学聚会。

"一开始是十年聚一次，后来改成五年一次，再后来，可能意识到来日不再方长,多见一次是一次,于是众人一致决定:每年举办一次聚会。"

聚会由同学轮流坐庄。老人也是"好面子的"。几年前,有个家住家住杭州,轮到这位同学承办聚会的时候,他情绪高涨,调动了妻子、儿子、女儿、女婿全体出动,将一场"同学会"搞得内容丰富,有滋有味。"轮到我承办的时候,考虑到子女都不在身边,靠自己怎么才能做得别具一格?"张伯伯想到了自己的强大后援——亲和源的秘书们。

他找到秘书吴秀娟商量,吴秀娟一口答应:"没问题,包您满意。"

这是2013年的事情。这一年夏天酷暑难熬,连续多日气温达40摄氏度,被媒体称为"百年一遇"。等高温退去,近三十个1952级清华大学建筑系同学从大江南北聚集到上海,下榻在亲和源住区内的老年度假酒店。一晃,大伙儿都到了八十岁上下的年纪,有的心脏装着起搏器,有的膝盖换过了关节,有的戴着腰托,有的支着拐杖,有的摇着轮椅。

怎么过"同学会"呢?说起来,真出乎常人意料。

第一个内容是讲座——张伯伯邀请自己的中学好友,也是亲和源会员的杨远龙,讲"哈勃望远镜"。当屏幕上出现了一张张宇宙深空图时,这些清华工科生们受到了震撼。

自从"发现号"航天飞机把承载人类梦想的哈勃望远镜送上近地轨道,"超级万里眼"拍回了大量宇宙图像。这些图片实在太美了,一幅幅放映,令人屏息凝气。

特别是一幅"上帝之城"的图片,引发巨大争议。

那是1993年12月3日,在近地轨道的哈勃望远镜传回的一张图片。图片中,一片浩瀚的星系里,出现一些有规则光点。光点中,貌似有一座矩形城市,像极了古代城池。

在上百光年的超远距离外,"城市"的轮廓如此依稀可见,引发人们想象：在地球之外，是不是存在一个体积壮观的外星文明之地？俗称"上帝之城"就是这样的来历。

这也令建筑系同学们对外星人产生遐想。

有的高谈阔论，有的陷入沉思，也有的质疑"外星人"的存在。不管如何，杨远龙会员的讲座别出心裁，激发了大伙儿思索：渺小如地球上的生命，意义何在。

带领同学们遨游神秘宇宙后，随即，张伯伯安排一位因病不能如愿赴聚的女同学的姐姐郭慧秋，与大伙儿见面"聊几句"。本以为她会讲讲妹妹的近况，谁也没有料到，这位姐姐可厉害了，不仅风度优雅，而且伶牙俐齿，现场一口气说出妹妹班级里不少同学的名字以及当年的趣闻，引得大家连连惊呼。

郭慧秋聊毕，还带领亲和源会员里的圣约翰校友，自己弹着钢琴，一连演唱了《送别》《平安夜》等好几首英语歌……小组唱表演也不俗，体现了老"学院派"的趣味。

"这都是以往历次同学会从未有过的内容。"张伯伯聊起这些，手舞足蹈，开心得像孩子一样。他还对一项"活动内容"特别满意，那就是"吃"。

"以往同学会，都安排在外面的餐厅吃饭。聊在兴头上，就被催着要打烊或休息。在亲和源餐厅，我为午餐预订了每人100元的餐饮标准。结果呢，花式品种毫不逊色，分量也足。看到我们年纪大吃不多，餐厅师傅主动帮助我们收拢起来再加工，又做了一顿免费的晚餐，这在外面餐厅怎么可能呢？同学会，大家吃得也非常舒坦……"张伯伯说。

既然来到上海，全班同学相约第二天出去转转。

谁料，第二天同学们外出玩乐，张伯伯却忘了登记当日的晚餐。等到他们外出归来，饥肠辘辘的时候，餐厅的米饭卖光了，菜也所剩无几。师傅们看见一帮"清华同学"又回来了，一句抱怨的话也没有，赶紧下面条,烧浇头。别看同学们个个是耄耋老人,一想到翌日行将道别,于是在餐厅里又疯开了,又唱又跳,拍照留念,个个成了"老小孩"。

直到夜晚9点,餐厅经理始终陪在一旁,看着老人们闹腾撒欢。

事后,建筑系全班评价这次聚会,给了"三最":最经济、最别致、最安全。最安全,是因为亲和源里有个24小时待命服务的医院,让他们疯而毫无后顾之忧。

"沪上四大"

说完"老圣约翰"、清华同学会,也该说说"沪上四大"了。

在上海滩,大名鼎鼎的高等学府是复旦大学、上海交通大学、同济大学、华东师范大学。在一些老人口中,它们被称作"沪上四大"。"四大"的离退休教授,或从那里毕业后散布在各条战线的专家学者们,也有不少十分青睐亲和源,纷纷选择入住,一时蔚然成风。

住在15号楼的秦伯伯,毕业于复旦大学医学院(前身是上海医科大学),退休单位是同济大学医学院。退休后,他住在原先的小区,遇到最大的问题是苦闷、空虚。

当然,他在原先的社区居家养老时,也积极参加公益服务,经常以热心人和志愿者身份,定期为居民量血压,聊保健,传播预防疾病、公共卫生等知识。有一次,他参加同济大学退休支部活动,听到老同事祝寿嵩教授、卢玉韵教授都搬去了亲和源养老院,意识到自己是退休职工里的"小干部",决定抽空去探望老同事。

不料,原本毫无二意,只想看看老同事的,到亲和源一看,竟然心生羡慕。

祝寿嵩、卢玉韵两位教授,在老年公寓过得多么舒心啊,唱歌组、读书会、摄影沙龙以及门球、钓鱼、游泳健身等,活动丰富多彩,让秦伯伯感叹不已。他看到祝教授身上挂着一块小卡片,是一张多功能的"一卡通",去餐厅吃饭、去阅览室借书、进出大楼和自己家,去社区医院看病,只要"刷"一下,统统搞定了。卡上还有个紧急呼叫按钮,只需轻轻地一按,所在定位瞬间传输到"值班中枢",立即会有健康秘书会飞快地跑来"急救"。太美妙、太神奇了,不只是"一卡通",还有住区的环境和各项服务。

秦伯伯毫不犹疑,也很快申请入住亲和源。

据他介绍,他认识的复旦校友和同济同事,在亲和源做邻居的有四十多个。大家原本都分散在各个院、系、部、所,如今"扎堆"住到一块儿,感觉回到了校园时代。

"这是我从来不敢奢望的养老,太有意思了。"

一帮老同学,老同事,抬头不见低头见,经常呼朋唤友,一块儿去健身、唱歌、购物、聚餐,或一块儿去体检、看病、旅游,形影不离,说说笑笑。

成长背景、价值观念差不多的"老小孩"聚住一起,感觉"非常舒服"。

上海交大、华东师大的退休学者,每每走过社区,也别有一种派儿。

洪本健,华东师大中文系教授,一个专注于研究欧阳修的著名学者,系中国欧阳修研究会名誉会长,中国古代散文学会副会长。他说,欧阳修先生之风,山高水长,虽不能至,心向往之。这样一位清瘦、儒雅之士,十多年前就对亲和源的古雅和恬静一见钟情。

一晃十年过去了。他自称"亲和居士"。他认为,好的养老,应当能帮助自己延续治学生涯。他和夫人搬入亲和源后,研究、讲学、生活十分融洽。

> 我喜欢这一片乐园,游泳,漫步,思考,做研究,一切照常。

拍摄纪录片时，他如此赞叹。

夫人形容洪本健，是个地地道道的"书痴"，每天钻在书堆、书稿里。家里的书常常突然间冒出许多，书桌、餐桌上都摆上了，令她"烦恼"怎样才能不影响生活。

夫人也直言："亲和源小区里有医院、会所等，将后半生托付给这里，放心。"

半个多世纪前，洪本健还是个青涩小伙，从福建考入华东师范大学中文系。时逢"三年严重困难时期"时期，生活过得十分清苦，但能够在上海的著名学府念书，他认为是"一件不容易的事情"，故而非常珍惜。回忆大学时代，他说，当时讲授古典文学的是叶百丰先生。每次轮到叶先生上课，教室里总是座无虚席。一百多个学生听他讲课，个个都竖起耳朵仔细听。叶先生讲课风趣，有一次，他牙痛，去医院拔牙后来上课，嘴里有些不适，就在讲台上说："刚刚拔掉了牙齿，现在我成了'无齿之徒'啦！"

台下一片笑声。

一个优秀的老师，会深刻地影响学生一生的治学道路。叶百丰对于洪本健，正是如此。

当然，洪本健与欧阳修结缘，是更早的事情。他念中学的时候，迷上了古典文学。所写作文，经常被中学语文教师当做范文来读。有一年，他无意间读到过王安石的文章《祭欧阳文忠公文》。有一段写道："其积于中者，浩如江河之停蓄；其发于外者，烂如日星之光辉。其清音幽韵，凄如飘风急雨之骤至。其雄辞闳辩，快如轻车骏马之奔驰。"这样的描述令他震惊：王安石如此形容的文章，究竟有多美呢？崇敬、好奇在心里萌发了。

年少时与欧阳修的纸上相遇，彻底改变了洪本健的道路。

洪本健从青年时代起，为研究欧阳修开始编纂《资料汇编》，每日往返华东师大图书馆和宿舍之间,醉心于抄录卷帙繁复的古籍。手抄不辍,六易寒暑,辑录了从北宋至"五四"时期九百多年间、六百多位作家撰著、散见于约七百部书中的有关评述上百万字。其中的"曲折",在我策划拍摄的纪录片《腹有诗书气自华》里有更多的表述。我想说一点,像洪本健这样的著名学者,选择一个"归宿地"养老,更注重什么呢?

在亲和源,他的研究不仅没有停歇,而且似乎过得更舒心了。他著书立说,四处讲学,带博士生,脸上总是洋溢春风和畅之气。他经历丰富,看淡名利,精神潇洒。他满足于"藏书一万,金石遗文一千,琴一张,棋一局,酒一壶",故而,对外号称"亲和居士",其实更是"六一居士"。所谓"六一",他说,"五物之间,还有一翁,故谓之六一"。

洪本健与夫人在亲和源的晚年生活,优哉游哉。

自由,不拘,豁达,在向欧阳修的醉翁精神靠拢。

奚志勇很欣慰看到这一点。

亲和源,藏龙卧虎,人才济济。会员中那么多"高知",来自不同的领域,不同的行业,如今聚集一起,依然能尽情地"做自己",还能成为"新搭子",一同寻欢作乐,唱歌,跳舞,摄影,绘画,打桥牌,吹乐器,远足游学,好不潇洒!

"饱学如洪本健先生,何其多也!"他说。

这一批老年会员,特别钟情于阅读。有人提议成立"读书会兴趣组",结果一呼百应。每周一次的阅读分享,起初是"无主题变奏"。每个人可以介绍自己看的一本书,谈谈心得。有时,谈着谈着,就"脚踩西瓜皮",谈到了自己知道的"新、奇、乐"。

当然,老教授们是不满足于鸡毛蒜皮瞎扯的。他们个个想"献宝",当读书沙龙的主讲。理由是"不断提高读书会的文化层次,让其成为亲和源的人文交流闪光点"。

  有一次,年近90岁的曹教授"抢"到主讲机会。他说他一次讲不完,需要连续讲两次。于是,他两次给会员开设《兰亭集序》及其书法的讲座。老先生宝刀不老,思路敏捷,讲授过程中不断爆出"笑点"。他不但站着讲,还写一手漂亮的"板书",风趣幽默的表达,让满堂会员仿佛坐在潺潺小溪边,体验到文人雅士边酌酒边吟诗的美妙。

第二十三章 智力输出

首创 2.0 版

作为中国市场化养老的先行者和探路者,奚志勇一直在摸索创新和壮大规模。但前进的道路上有一个"凶猛的拦路虎",它就是养老土地的获取路径。

中国,直到今天,养老项目想拿到土地是非常艰难的。几乎没有直通道路,只能走曲里拐弯的小路。亲和源自第一个养老社区成功建成之后,再想拿到七十年产权或五十年使用权的土地,压根儿就没什么机会。更多是时候,他们是千方百计从别人开发的工业地产、商业地产、住宅地产里面"分一杯羹",然后针对不同性质的用地和租赁期限,创造新的服务模式。

其中的辛酸和委屈,三言两语也说不清楚。

在这样的情况下,奚志勇通过模式创新、升级迭代,化劣势为优势,从中获得战略价值和整合价值。亲和源在各地的老年公寓,有的属于全国第一家会员制养老社区,有的是"一站式持续照料养老项目",有的是旅居游学老年基地,有的是当地的精品养老标杆项目……至少六七种,不一一而足。总体而言,奚志勇将会员制养老社区模式视作1.0

版。类似的还有亲和源海宁老年公寓以及亲和源象山老年公寓。而2.0版，标志性项目是亲和源迎丰老年公寓，比较完善地体现医养结合。

酝酿中的3.0版，是什么呢？大致的方向是，进一步实现老年价值、有一定规模的养老综合体，充分体现老年群体"自治、自助、自理"精神。一切尚处于待孕阶段。

在此先说说亲和源2.0版，也是我去过多次的公寓。

老人会员习惯称它是"迎丰公寓"。它坐落在康桥，与亲和源旗舰社区相距不远。

国家尚未明确"医养结合"是养老服务发展方向的时候，在亲和源内部，"医养结合"早已引发热烈讨论。他们不仅在养老社区内开设医院，还根据单体建筑的地理位置和空间特点，开创"一站式持续照料"医养结合服务。其标志性项目就是"迎丰公寓"。

这是外观像写字楼或酒店的独栋建筑，建筑面积近2万平方米。

一走进大堂，给人感觉是五星级酒店。室内装修堪称豪华，四周的墙面使用漂亮的大理石装饰，使得挑空的大堂显得格外气派。在一角的休闲区，摆着绿意盎然的各种室内植物和宽大舒适的沙发。老人三三两两坐在那儿，轻声细语地聊天。

外人一眼看不出"堂奥"。其实，它既有公寓房，也有照护单间，楼里还有医院，非常适合那些有特殊需求的老年夫妇入住，是一座"康养"公寓。

如果老年夫妻有一方失能或半失能，需要24小时全天候特别护理，他们需不需要分开居住？不需要！住在这里，失能的一方，吃喝拉撒、看病用药，都由专职护理人员"全包"，而未失能的另一方，每天照常轻松地"做自己"，更不需要麻烦子女。用奚志勇的话讲：

解放老伴，也解放子女。

"康养"公寓一推出，客流源源不断。显然，社会上有一大拨特殊家庭，很需要这样的服务公寓。

记得是夏天的时候，我带着纪录片导演、制片等去拜访马科、童正维夫妇。

马科，上海京剧院国家一级导演，一个一生都在"战斗"的人，先后执导了《曹操与杨修》《盘丝洞》《红楼梦》等10余个剧种的80多部戏剧，被誉为"一代戏剧家的缩影"。他曾被瑞典斯德哥尔摩学院聘为客座教授，多次在国外讲学、导演剧目等，也曾获第25届上海白玉兰戏剧表演艺术奖特殊贡献奖。他的妻子童正维，话剧演员出身，是一个家喻户晓的影视艺术家，因在电视连续剧《编辑部的故事》扮演耿直的"牛大姐"而深受影迷喜爱。她先后参演过《从头再来》《上海红美丽》《婆媳情》等影视剧，塑造了无数个精彩的角色。

他俩便是一个特色的家庭。一方身体健康，能唱能跳；另一方身边离不开人，必须有人照护。但他俩入住迎丰老年公寓，相依相守，生活依然多姿多彩，在亲和源传为佳话。

说说他俩的故事吧。

据童正维自述，他俩第一次见面，在上海戏剧学院。当时，她是话剧系学生，马科是进修生，但马科当年是校园的风云人物。由于他在莎士比亚戏剧《无事生非》里演一个胖警官道格培里，人气高涨。连续多日公演，只要一有马科的表演，晚上八点一刻左右，宿舍里就有人喊："马科要准备上台啦。"然后，一帮学生"丁铃哐啷"地奔跑下楼，专为看马科表演。

周恩来总理看过演出，也接见了他们。有一次，朱德总司令看完演出，特地提出，我要看看剧中的"那一头驴"。"那一头驴"，便是马科扮演的角色。

童正维认识马科，是在学院礼堂开会的间隙。中间休息，同学们围着马科,说他怎么样怎么样,一个劲地夸他。等他们走了,一旁的童正维发话了:"马科同学,这么多人围着你,奉承你,自我感觉如何?"一听这句话,马科愣住了,心里被人"戳"了一下。结果,马科主动跟她约会。那时约会不敢让同学们知道,于是两人约在学校外边。沿着路的两边,他俩各走一边,一直走过美丽园,走过静安寺,到了外滩公园才牵手。谁知道,在那里被一个同学撞见。随即不得了了,传开了,师生都知道了:"马科在追童正维!"

马科年长7岁,童正维当时暗暗地怀疑他在乡下有老婆,一度竭力回避。

得知情况,马科索性将自己十多年的日记全部上交给她"政审",证明了自己的清白。1960年,童正维快毕业时,班里公演剧目是由巴金小说改编的《家》,她演李瑞珏。观众留言簿上对她是一片赞扬。马科及时奉上"马屁",说:看来,一树的枣儿就红了你一个。

童正维听了晕晕地,堕入了情网。不久,两人结为夫妇。

马科年轻的时候做导演,嗓门大,凶巴巴,被剧团的人起了绰号"恶霸导演"。他谁都敢骂,很多人见了他会害怕。他对表演要求很严,运用斯坦尼斯拉夫斯基的理论对演员进行训练,每次排练之前都让演员做小品,要求演员深入角色。他还要求舞台上每个人要有自己的"想法",哪怕演一个士兵、丫鬟,也要表现出角色在"此时此刻"的心情。

他俩生了两个孩子,各自要贴补家里的老人,家境不算富裕。但马科经常招呼团里的人到家里讨论剧本,从下午一聊便聊到天黑,然后当众吩咐童正维"烧饭待客"。有几次,碰巧是月底,米缸底朝天,家里压根儿没啥吃的,只能简单地弄弄。此时童正维会故意大声指挥:"马科,去拿碗筷!"人家一看,哎哟!原来"恶霸导演"在家里像小绵羊。

马科也告诉我们:"那个时候,家里面事情,都听她的。我喊她'政委'。家里遇到什么事情,她也会一本正经地说:'马科同志,这事儿你不应该这么做'！"

  1991年，电视连续剧《编辑部的故事》一经播出，反响热烈。童正维将耿直、顶真的"牛大姐"演得惟妙惟肖，一时享誉大江南北。这是童正维演艺生涯里一个重要角色，演这个角色的时候，她54岁。她很珍惜机会，每天苦练台词，每句台词都背，不是她的，她也背。当时在拍摄现场，谁台词记不住了，导演就说，去问"牛大姐"，她都记得。

  当童正维声誉鹊起，马科感慨地自责："我真是一个蠢丈夫。她为了我，为了这个家，默默奉献了这么多年。退休了，她才有机会出演《编辑部的故事》，而且一下子红了。真没想到，我家里还关着这么一个艺术家。我竟然把她给埋没了。"

  童正维心里倒坦然，她说：那个年代，生活不富裕，请不起保姆。马科在外面忙事业、冲锋陷阵。我除了应付日常的话剧演出，在家多待些，搞后勤，顾孩子，理所应当。

  他俩互相配合，将一双儿女培养成才。女儿马朵，跨媒体文化人。她所编辑的崔永元《实话实说的实话》两度荣登《亚洲周刊》畅销书排行榜首。儿子马良，摄影艺术家，作品多次在美国、法国、澳大利亚、新加坡等摄影展和艺术节上亮相，且屡屡获奖。他以爸爸马科为原型创作的奇幻装置舞台剧《爸爸的时光机》，也赢得了交口称赞。

  正当他家一切顺顺当当，童正维也准备多接影片的时候，她突然发现了一个严重问题：马科对于日常事务的反应变得越来越慢，记忆力也明显衰退了……

  当夫妻一方变得生活无法自理，童正维又一次选择"回归"，一次次婉拒拍摄新剧的片约，在家悉心照料马科。很偶然，有一天他俩经人介绍专程来亲和源2.0版的迎丰老年公寓参观，感觉非常符合心意。于是，他俩选择卖掉原先的住房，搬居于此。

公寓和护理院就在楼上楼下,大大简化了马科的就医和护理需求。

童正维和马科在这里过得格外舒心。

我经常遇见他俩一起参加社区公益活动。看得出,马科被照护得很好,精神焕发。而童正维是亲和源的"劳模"会员,各种场合都能看到她的盈盈笑脸。

他俩坐在社区长椅上的一幅"亲热照",被制成海报,到处悬挂。

奚志勇说,医养结合的老年公寓,是一项充满人性的功能设计。千千万万个老人家庭里,并非家家户户都是双双健康。如果夫妻一方失能又不想分开居住,或双方失能而子女不在身边,虽是不幸,却也不会陷入"混乱"。迎丰公寓康养项目的落地,使得亲和源的养老服务多了一个精准定位的服务"产品"。它在上海市场委实不多,因而深受欢迎。

养老真经

"对于大多数时间在家里转悠的老人而言,最远的距离不是生离死别,而是我在轮椅上,却打不开面前通往卧室的门……"亲和源老年建筑研究院负责人说。

其言外之意,我一听就明白了:无障碍设计是老年公寓的基准要求。

老年公寓,无论建筑设计还是服务设计,往往外人看热闹,内行看门道。外行看到的永远是一鳞半爪,内行洞察的才是无穷奥妙。

亲和源首创会员制养老模式在上海一炮走红后,各地的开发商、保险公司以及养老机构纷纷前来"求取真经"。一拨又一拨参观学习团走马观花后,往往学了表象丢了"魂"。

的确，可触可摸的物质形态，用手机随手拍些照片，加上一叠文字材料，以为依样画葫芦，复制一个看起来环境和建筑高端、大气的养老社区，似乎八九不离十。其实，亲和源里"不易察觉"却直击老人内心柔软之处的东西，想偷师也不易。

我听到这样的故事。

一家实力非凡的企业派员前来悄悄打探，"暗探"回家跟上峰直拍胸脯，说：亲和源的高端养老，我们也完全能做到，而且还能做得比他们更加豪华富丽。因为我们"不差钱"，可以去国外再考察考察，建一个中国、甚至世界最昂贵的养老公寓。

对于此类"最贵说"，奚志勇听后付之一笑。

"越来越多的资本和企业加入养老行业，共同做大养老市场，是好事。"奚志勇说。但他对一些大企业出手"阔绰"，一味地追求建筑环境的超一流，感到不以为然。

他坦言，养老的"硬核"在于养老文化和服务精神，如果凭借雄厚资本只盯着外在的皮毛，本质上暴露了"地产思维"，对养老不专业。买房有个原则：地段、地段、地段；养老也有个原则：服务、服务、服务。服务的确与硬件有关，譬如环境是否优美，设计是否人性、建筑是否新颖且符合老人生理和心理等，更重要的是服务功能设计是否科学、极致，是否有全面的养老精神文化。"老人不可能被忽悠的。一个企业如果单凭崭新的建筑和现代的装修而狠命抬高会员价格，服务上没有先进的理念，老人最终会用脚投票。"

那么，亲和源有哪些"真经"是别人没有或被忽略了呢？

真的很多。

老有所学、老有所乐、老有所医、老有所为，是人们耳熟能详的一句话。许多人背得滚瓜烂熟，却不知，四个方面既需要齐头并进，也需要分出伯仲。

伯仲？怎么区分？

亲和源的老年会员能感觉到，却不一定说得清。生活舒适、就医便利，忙着开心，忙着被他人、被社会所需要，老人都有所感，而说不透"之所以然"。奚志勇心里是清晰的。

"老人离开职场后，一旦脱离社会久了，习惯了在家带孙子、看电视，养花弄草，久而久之，心理上的暮气会挥之不去，消极地等待阎王爷来叫。"奚志勇认为，"现代的积极而时尚化的养老，老有所为至关重要。这一点，依赖外力激发，也需创造氛围。"

在老有所学、老有所乐、老有所医、老有所为里，为何特别在意"老有所为"？

"老有所为"，是对老年价值的再度发掘，在养老中能起到"纲举目张"的作用。当老人在步入退休后再次"出发"，又一次感受到被别人、被社会需要，其生命不仅变长了，也变宽、变厚了。"创造成就感，符合现代养老方向，能让老人更加快乐。"奚志勇说。

亲和源一向倡导老人学点东西，做点事情，引导或推动老人走出小家，走向大家，摆脱"报废"心理、"边缘"心理，提升"被需要"的价值。

这是他们"真经"之一。

丰富的专业积累，使得他们有底气将目光放得更远。

2010年起，他们开展"一站式"养老咨询业务。咨询内容"事无巨细"。谁想创办现代老年公寓，找他们，能少走弯路，实现"高起点"的发展。

我从亲和源官网查知，截至目前，他们的咨询项目遍布全国22个省市自治区，与30多家企业签订战略合作协议，为近百家企业提供了咨询顾问服务。由于涉及"商业秘密"，这方面我不展开叙述了。

但有一点可以透露：亲和源之所以能成为老年公寓研究基地，能为近百家企业"传经送宝"，提供咨询顾问服务，归根结底，是基于一心一意追求"专业上的精准和极致"。毋庸讳言，这也是他们摆脱土地的制约，反思发展模式的结果。

亲和源开拓"智力的变现"，致力于项目咨询等相关业务，或许是意识到，以往定位为"开发＋运营"的重资产模式，一方面因为公寓建设需要大量的资金，短期内回笼的资金不足以支持周转运营；另一方面，市场土地的政策对于人口老龄化加重导致的养老业发展并无实质性的倾斜，亲和源很难通过原有的模式复制而实现事业发展。这是事实。

在这样的情势下，亲和源想加速快跑，着力点是输出服务。通过以轻资产输出品牌、提供专业咨询等服务，创造新的盈利板块。事实上，他们在这条道路上已经跑得很欢了。

"专业的精准和极致"，从字面不难理解，但"道行"很深！

亲和源老年生活形态研究中心、老年建筑研究院等，专注于研究老年服务模式，收集了全世界老年公寓的成功案例，也将在中国大地上探索的各种养老公寓做了理论归纳。根据奚志勇提出的"长者想选择什么样的生活方式，亲和源必须尽量去满足"的要求，他们从实践到理论，又从理论到实践，将"智力的变现"，作为战略发展的重点之一。

"外人"看来，亲和源在上海、杭州、青岛、桐乡、象山、三亚等地的老年公寓，模式都差不多，环境优美，住房像酒店标准间，提供老年生活照护。这么理解真的很肤浅、很低端。深入探访，细细辨识，你才会恍然：噢，原来这是这，那是那，有许多不一样！

是啊，唐僧师徒踏遍千山万水，方能取得天竺真经。

欲创建一个现代老年公寓，必须"吃透"不同的地块、楼房、小区、环境，针对细分市场的养老需求，提供精准的专业服务。看似面孔相似的老年公寓，个个都有魔鬼细节。

第二十四章 纠结与迷茫

试水融资

任何商业项目的发展，离不开资本的推动。

当亲和源销售蒸蒸日上，入住会员越来越多时，奚志勇分析认为，从2010年起，未来五年是亲和源发展壮大的关键五年。他想抓住这个五年，布局全国市场。

如此判断的依据是什么？他是从"独生子女"身上看到了机会。

1978年，中国开始实行计划生育政策。第一批独生子女也在这年出生。三十年过去了，独生子女们已过而立之年，他们的父母步入了65岁左右的年龄。

"这些人不会马上想到进养老公寓，但随着生理老化、心理不安，渐渐地会产生机构养老的需求。因为再过五年，他们年届70岁，养老需求将愈发凸显，而且人数将爆增。"奚志勇分析认为，"我们必须未雨绸缪，提前布局，迎接'独一代'的父母入住。"

奚志勇的"前瞻"不无道理。

但全国布局，无疑需要巨额资本。这笔钱去哪儿弄？运行两年多的会员制养老，其商业模式、成长空间，在资本市场是不是得到认可？

诸如此类，都是未知数。

奚志勇心里是忐忑的。

他亲自率队出动，游走于各种资本之间。资本方也有各种各样，他们对于养老业比较陌生，希望亲和源提供的"商业模式"不仅清晰，可复制，而且在三五年里具有成倍增长的想象空间性。资本天然地追求利润，就像凶猛动物嗜血食肉。

那么从商业模式看，亲和源打造的养老服务平台,有没有诱惑力？

仁者见仁。亲和源探索的商业价值，包括几个方面。一是物业本身价值。随着附近地产价格的扶摇直上，亲和源也搭上了这一趟快车，其持有的十多栋养老公寓是一笔巨大的财富。二是它的会员制养老。它通过资源整合，将餐饮、健身、医疗、物业管理等多个供应商提供的服务整合成适老化的系统服务，是有可持续发展和稳定的现金流收入的。由于他们将会员本身也发展为"利益共享"者，所以这部分的两块收益，会员卡收费以及每年的服务费，都是相当稳定的。三是品牌收益。亲和源已经成为行业的领头羊，美誉度很高。如果进一步开掘老年科技、老年文化、老年旅游、老年理财等方面的业务，"前途"不可限量。

如果"复制"亲和源模式，在各地生根，市场土壤不完全一致，但高品质的养老需求是高度近似的。因此，奚志勇心里还是"有数"的，就看与哪家有缘分了。

在资本市场兜兜转转，他们很快与挚信资本相互吸引了。

2010年12月25日，奚志勇午宴时多喝了几杯酒。

他由衷地感到高兴，不是因为西方的圣诞节，而是这一天，亲和源与挚信资本（Trust Bridge Partners）正式签署了合作协议。后者注资1亿元。

1亿元在今天看来不怎么令人咋舌。但彼时，迈出这一步，奚志勇可谓"心花怒放"。因为它意味着，国际级的金融投资机构对亲和源商业模式的高度"认可"。

我查知，挚信资本是由原盛大CFO李曙君于2006年创建的，是一家专注于投资中国市场的境外投资基金公司。它的资金主要来源于几部分：一是美国著名的大学基金会，譬如哥伦比亚大学、斯坦福大学、纽约大学等；二是包括新加坡淡马锡控股、香港嘉里集团控股等在内的国际著名的投资机构；三是一些具有国际影响力的私人投资者。

挚信资本与亲和源签订协议后，奚志勇在博客专栏里表达了"百感交集"。

他创办亲和源，经历了几个"被认可"。第一阶段是会员卡的销售。经过三年爬坡，亲和源会员卡销售节节攀高，前景喜人。这说明销售价格在老人会员心里"物有所值"。

第二阶段，是资本融资。资本融资不是自己说了算，而是企业战略家、投资家说了算。一般而言，资本方都比较"冷"，不会凭着头脑发热下赌注，而是看重"投资与产出"。

投资一个重资产的养老项目，周期长，收益慢，现金流压力大，短期想挣钱，特别难。但挚信资本首席合伙人李曙君，在莅临亲和源老人住区考察，细细了解服务内容和盈利模式后，当即表示：我都愿意让父母到这里来。它的条件比我家里的还好。

挚信"出手"并不属于冲动。他们也是专业的，权威的。挚信公司自成立之初开始关注国内的养老产业，也遍访了国内外养老机构。当看到上海有这样一个完全是在一片荒地上为老人"度身打造"的现代养老社区，不仅环境和建筑适老，一整套服务体系包括为老人配备生活秘书、健康秘书和快乐秘书，几乎能解决老人生活中的各种问题，而且在社区内设有的护理医院、颐养院、健康会所、配餐中心、老年大学、图书馆、文体活动室、咖啡厅、门球场等，也是宜老的。他们感到欣喜。

李曙君表示：亲和源老人的精神面貌以及老人之间的互动，非常好。

当然，作为战略投资，凭"感受"不足以立项，还看产权归属、潜在风险等。

产权归属是清晰的。五十年产权，与公寓住宅无异。

潜在风险在哪儿？彼时，有人担心，会员支付几十万购买了会员卡，如果企业经营不善怎么办？诸如此类的担心，投资方有，也引起上海市高层领导的关注。有一段时间，政府有关部门"三天两头有人来调查，调查得非常细致"，最终没有发现"风险问题"。因为万一公司经营不善，公寓产权还在，使用权还是属于会员的。

的确，亲和源与会员的合同中明确规定了：

> 如果企业因故破产，则按照国家相关的法律，由政府负责处理清算或者交给其他同类的公司继续运营。

对于这种情况，目前法律并无明确的条文规定。但是按照学校、养老院等公益性机构的破产清算精神，清算后的剩余财产可以继续用于"社会公益事业"。这一点与"养老"不悖。

打消投资方顾虑的，还有亲和源会员卡的增值属性。

以A卡为例。2008年销售价是50万元/张，而2010年已经涨到75万/张。这样的投资产出效应，不仅显著，而且"未来空间"也难以限量，很可能"继续走高"。

归纳起来，亲和源的增值模式是：地产＋服务＋生产。

这样的商业模式比"一锤子买卖"的普通地产更让人心潮澎湃。

反复比较国内众多的养老机构之后，挚信资本确信，亲和源的商业模式以及管理现状，使得"整个经济效益进入良性的循环，我们想象中的事情都已经实现了"。

他们投资1亿元,意味着国际金融投资机构开始迈入中国的养老产业;也意味着亲和源的商业模式被资本市场认可。亲和源由此跨入了企业可持续发展和扩张的新阶段。

好事成双。在亲和源与挚信资本签订协议的两天后,在北京钓鱼台,亲和源与北京万科也签订了战略联盟合作协议。这意味着,国内"头部"地产企业也高度认可亲和源。

说回到挚信资本。奚志勇拿到他们的注资后,加快了全国布点的脚步。

海南三亚、安徽黄山、辽宁营口、浙江海宁、山东青岛、湖北武汉,一个项目接着一个项目洽谈。用奚志勇的话来讲,亲和源赢得了"研究"各种不同老年公寓的机会。

"会员制养老是一种运营模式,具体到各地的项目,需要因地制宜,可以照搬上海亲和源住区'快乐养老'的理念,但根据各地建筑项目的不同结构和体量,需要创造不同的养老模式。"奚志勇说。"亲和源品牌像个大花园,服务模式是丰富的,里面百花盛开。"

在各地开拓合作中,一个个新的运营形态出现了,有独立投资兴建,也有双方合股投资兴建,还有单纯的输出管理服务。其中,输出管理服务模式,在中国养老产业发展中属于"第一次"出现。它相当于国际酒店管理公司,受托管理他人投资建造的养老院。输出管理服务所收取的费用,按照不同的规模测算后,大致是每年所收服务费的10%—20%。

"轻资产、重管理,也是未来亲和源的一个发展方向。"奚志勇说。

奚志勇探索多种服务模式,并在各地开花结果。在中国,各个行业都有这样的现象,谁开拓或创建了一个"钱"景广阔的商业模式,会引发一哄而上。资本如猛兽,时刻环伺。这不,当亲和源的商业模式频频出新,并在各大商学院和社会上传播,实力雄厚的国有企业、有保险金融背景的财团等纷纷跟进,行业竞争因此日趋白热化。这也验证，奚志勇开创的若干个养老模式，备受"认可"。

宜华收购

如果说，亲和源与挚信资本签约属于"试水"资本合作，那么跟宜华健康牵手便是深度"潜水"了。这一次，他们与资本完全融合为一体，用市场的话讲："被收购了"！

2017年，资本市场传出消息：亲和源股权被整体收购了。

对同业而言，这是个大新闻。因为养老公寓"上市"，此前闻所未闻。

宜华健康在2018年半年报中，谨慎地作了表达："会员制养老的商业模式正在逐步得到消费者的认可和市场的肯定。会员卡销售热度持续上升，经营成效处于明显的上升阶段。"

而深远的意义在于，中国第一个养老企业亲和源"借船出海"了；宜华健康的"大健康"产业拓展也加快了步伐，尤其向养老运营领域"大跨步"迈进。

宜华健康，早在2014年就加快了向"大健康"产业的全面布局，连续收购了多项医疗资产。2016年，他们首次将亲和源集团作为宜华健康养老社区投资及运营板块的旗舰，完成第一轮收购。彼时，双方先是于1月签署了关于购买亲和源股份有限公司（以下简称"亲和源"，系亲和源集团前身）58.33%股权的框架协议。同年6月底，双方正式签署收购协议。宜华健康拟以支付现金的方式购买康桥资产、周星增、TBP合计持有的亲和源股份1.17亿股，占亲和源58.33%的股权。各方同意本次58.33%标的股权交易价格协商确定为4.08亿元。

此轮收购完毕，亲和源公司股东结构变更为：

宜华健康持股58.33%，亲和源置业有限公司持股30%，奚志勇持股11.67%。

第二轮收购，是2017年。宜华健康通过前后耗资7亿元，最终将亲和源的100%股权完全收入囊中。市场人士分析，这是双方互惠、双赢的结果——

做地产和家具产业出身的"宜华系"，在养老产业方面迈出了一大步；而专注于做养老的亲和源曲线"上市"，一举解决了融资渠道。

我从公开的年报得知，宜华健康为了解决亲和源集团子公司宁波象山亲和源养老投资有限公司经营发展过程中的资金需求，向浦发银行申请贷款总额3亿元，期限六年，并提供项目所属地块土地使用权的抵押担保。宜华健康为象山亲和源此次贷款提供连带责任保证。

类似的提供连带责任担保，还包括亲和源集团向光大银行申请贷款人民币6000万元和1亿元，期限均为十年。

在目前看来，亲和源与宜华的"联姻"，使得亲和源在多地的布局和布点打通了"融资渠道"——银行授信明显提高了。同时，宜华承诺会加大投资力度，督促亲和源多收购项目，增加资产量。

计划不如变化，后来许诺的资金未能到位，导致了不少"麻烦"。

八年对赌

亲和源与宜华健康合作，给奚志勇带来的最大压力，是"八年对赌"。

资本市场上的项目收购，最惊心动魄也莫过于创始团队与资本方的对赌风云。

宜华健康以往收购项目，与标的公司的管理团队签订的对赌协议，年限较长的不过五年左右。譬如，据2017年1月公告，宜鸿投资以9590万元收购玉山县博爱医院有限公司70%股权及对应70%医疗资源权益。对赌协议要求，2017年度税后净利润应不低于950万元。2018—2020年度的业绩，则以交易对手方承诺的2017年度净利润950万元为基数，连续三年每年在前一年业绩承诺基数基础上增长率不低于15%。此外，2021年度，实现标的公司合并税后净利润在2020年度承诺净利润基础上，保持年增长率不低于10%。

这一年7月，达孜赛勒康以现金6335万元收购并拥有昆山长海医院有限公司70%的股权。该公司设立的长海医院，系一家营利性一级综合医院。截至2016年12月31日，营收4676.63万元，净利润707万元。对赌协议要求，以承诺的目标医院2016年合并税后净利润707万元为基础，未来五年，2017年度、2018年度、2019年度、2020年度和2021年度实现的税后合并净利润分别不低于813万元、935万元、1075万元、1129万元和1129万元。

类似的项目还有不少。

这些医院企业规模不大，大多只有几百万元的盈利，后续整合比较难。但宜华健康通过一系列收购，与过去的地产业务"挥手作别"，实现了向医疗健康产业战略转型。它确立了以医疗产业服务和养老产业服务为主的两大业务方向，构建了医疗养老后勤服务、医疗机构专业服务和养老社区专业服务的"三位一体"服务体系，还延伸到医疗专业工程、慢性病及健康管理、护理康复、互联网医疗等领域，逐步打造一个医疗健康产业的生态圈。

而亲和源与宜华健康的对赌协议是八年。我从查到的上市公司公告中了解到，2016年、2017年、2018年亏损额分别为不超过3000万元、2000万元和1000万元，而2017年亲和源实现了净利润为3415.1万元。与承诺的亏损额相比，达成率非常之高。

当然，经营业绩是动态的。2018年、2019年，我感受到亲和源公司上下怀着铅一般的沉重。不过，从2016年到2019年的累计盈亏看,亲和源的业绩又显得"谨慎乐观"。

如今的亲和源像一艘巨轮,航行在资本市场的万顷波涛之上。有许多变数,外人很难预料。但"外人"告诉我,变数再大,"好过没有"。

听话听音,意思是:亲和源接受上市公司的"全资收购",对于自身作为民营养老企业而言,无疑将养老产品的"信任度"和"保障性"显著地提高了。

奚志勇每次开会谈及"对赌",似乎还算淡定。

要说他的不淡定,或纠结与迷茫,在"护理楼事件"上似乎更为浓烈。

护理楼之痛

有一天,我去董事长办公室见奚志勇,见他怒目圆睁,正冲邱绍华发火。

一向好脾气的他,缘何大动肝火?原来,为了与亲和源一墙之隔的原横沔乡卫生院搬迁一事。

我早听说了此事。它是栽在奚志勇心头上的一根刺,时不时令他隐隐作痛。

事情说来复杂。复杂的不是事情本身的来龙去脉,而在于一个民营企业在地方部门和一些官员眼里,它是"另类"的,有时不被信任,有时是"置之不理"。

从信息发达的网络里很容易查知,亲和源集团的前身,原名上海康桥公共事业投资有限公司,是由新建桥企业集团有限公司与上海康桥集体资产管理有限公司共同成立的。它们于2005年8月24日收到南府土〔2005〕114号"关于批准区房屋土地管理局为上海康桥公共事业投资有限公司(亲和源集团前身)建设康桥镇敬老院(即亲和源老年公寓)工程编制的《建设用地项目供地方案》的通知"。这份通知中明确表示,依法收回康桥镇国有土地0.3418公顷的土地使用权(原南汇县横沔卫生院用地)。这份通知同时抄送上海市房地局、原南汇区规划局、横沔卫生院。2006年3月25日,"亲和源"工程地块与上海康桥集体资产管理有限公司(政府企业)签订"关于征地土地价格的确认书"(下文简称确认书)。该确认书中明确,康桥卫生中心横沔分中心土地征用在内,待亲和源医院建造完成后,由上海康桥集体资产管理有限公司实施拆迁。2006年4月,通过国有土地出让,"亲和源老年公寓"以及"亲和源医院"取得南汇区1513、1514号地块使用权,总占地125亩。

2008年"亲和源"及"亲和源医院"完工并投入使用。按照上述确认书,上海康桥集体资产管理有限公司理应对康桥卫生中心横沔分中心的建筑实施拆迁,土地归还亲和源用于建造护理大楼。

但"无期限"的拖拖拉拉,一直延续至今。

对于该"事件"在十多年里来来回回,不断反复,我无意在此赘述,也没有资格做判官。

我只是深深地感到,在国家最高领导一再强调和要求,要善待民营企业,不要为民营企业发展设置重重路障的形势下,类似这样拖而不决的事情,反映了一个现实:人前风光无限的企业家,有时在地方行政强权面前,是多么的弱势。奚志勇为此愁白了头发,却仍然身陷沼泽。

我从有关资料里得知,为解决这一矛盾,有关部门多次召集会议沟通,一度已经达成一致的共识,并形成拆迁三方协议草案。然而会后不久,地方有关部门又从现卫生院产证面积2000多平方米使用面积层层加码,导致协议"胎死腹中"。

与奚志勇聊起此事,他长长叹了一口气,眼神里流露的是愤懑、痛苦。

在亲和源,没有一个高管敢去碰这根栽在奚志勇心头的荆棘。

不碰，鸵鸟心态，不等于解决问题啊。

尤其，当首批入住亲和源的老人，现在经过十多年，迫切需要搬入"护理大楼"，享受原先亲和源老人住区规划里就有的功能设施，但因为个别官员的"不作为"或者"没有时限的暂缓"，导致对于这一地块的使用，陷入了"等待戈多"式的命运。

原规划中的亲和源老年护理大楼，是2011年12月28日得到政府颁发的项目核准通知的，建设工程规划许可证办理却因土地被占用而被"搁置"。自2016年起，我查到的资料显示，有关协调动迁安置的专题会议，几乎年年都召开，有关责任部门对上峰的表态一直是"态度良好"。事实却是，从2008年至今，这块土地的使用被拖至今天，仍然悬而未决。

一桩并不复杂的事情，成为久拖不决的"马拉松"问题。亲和源护理大楼建设项目12年来始终"悬"在半空。奚志勇又能有什么办法呢？

奚志勇的无名之火，冲着邱绍华。

邱绍华一惊，汗水都急出了，流在太阳穴上，却什么也没说。他知道，董事长生气的时候，说什么也不能顶嘴，顶了也无济于事，不如沉默。

果然，奚志勇发了一通火，事后也没怎么"难为"邱绍华。

第二十五章 不断探索

自觉学习

每天早起后,奚志勇习惯了打开手机音频,学习锻炼两不误。

他喜欢晨光熹微的时候,一边大步疾走,一边收听喜马拉雅广播。

我常常不经意间发现,"微信运动"的两千多名朋友圈里,奚志勇名列前茅或勇夺第一。称他是"疾走达人",一点儿不夸张。或许,他心灵的强韧也与此有关。

关于他的大步疾走,有人说,长江商学院一向被人戏称为"长江体育学院",学员格外热衷运动,养成了习惯。他们倡导的"玄奘之路商学院戈壁挑战赛",吸引了多个院校 EMBA 和 MBA 学员的加盟。他们穿越茫茫戈壁,不为别的,只为砥砺意志,让自己变得强大!

奚志勇的晨走,是不是长江商学院带来的,我不太清楚,也没有跟他交流过。但多次在活动中看到他大踏步带风走路的模样,有一股虎虎生气。而听手机 App 音频,是他继过去酷爱纸质书刊阅读之后,养成的"新阅读"行为。他喜欢一个人在吃早饭前或晚饭后锻炼半小时,走五六公里。无论出差到哪里,可供步行的是山路还是海滨,几乎从不间断,下雨天就在室内来回走。他对当下盛行的、有别于旧日电台

"你播我听"的音频节目,爱不释手,认为大量内容全部隐藏在一个小小手机里,供人随时随地自主选择内容,能复合利用时间和精力。

"音频内容与一个随身携带的掌上手机相连接,真是高科技对继续学习、终身学习的巧妙安排。"他说。时代变幻无穷,新技术不断改变人们的阅读或生活方式。

他迷上了音频阅读,有时几乎同时期听几本书,换着口味听。

一些新名词,新思想,新玩意,是他从晨走阅读中获取和积累的。

我想,人的思维都被过往经验裹挟,这有好处,也有坏处。好处自不必说,经验也是竞争力,经验帮助我们将各项工作做得又熟又好。坏处呢,则是消极于创新,做事渐渐流于教条。而许多企业家特别善于自我充电,有着持续学习的能力,学的也不是商业技巧什么的,而是学习新思维,弃绝旧枷锁。从别的行业的成功做法里面,收获自己的领悟。

奚志勇也如此。

亲和源管理层的微信朋友圈里,常常能看到奚志勇的"转发"。有时是一篇书评,有时是一个商业案例,更多是一些观点。

显然,这些都是引燃他思考的有营养的资讯。

由此,我感觉得到,这个身处养老产业的中年企业家,思维一点儿也不保守,对新经验、新做法,抱以极大热情。我还看得出,他是"杂家",阅读内容既专又杂,犹如走在一条跨界的交叉小径上。他是思想派,更是行动派,无论想到什么,有时会立即在群里作一通布置。

> 从小小微信群里,很容易了解一个人的性格、兴趣、思考方向。

移动互联网时代,在线的碎片化、交互性,颠覆了以往的企业管理和工作方式,只要你随时瞄一眼微信,会发觉"老板又发声了",

而自己无时无刻不处于"线上办公"状态……

更直观的感受是：老板那么拼，工作没日没夜！

跳出窠臼

企业的发展道路常常呈曲线状。

在亲和源声誉卓著的某个节点，很可能是企业家最为头痛的时刻。

2018年，走过十年的亲和源遇到一个大坎——销售收入大滑坡。同年初秋，奚志勇策划举行了一次管理团队活动，说是"例会"，但他煞费苦心，邀请了零售行业"神秘大咖"讲授《在不确定中寻找确定》。

"神秘大咖"是奚志勇在长江商学院的师弟，关系甚好。

亲和源销售究竟遇到一个怎样的坎呢？我参加了这场"例会"，感到很难跨越。年初制定的预算目标，过了大半年"数据很不好看"。所以奚志勇想借助"外脑"，帮助大家跳出亲和源看亲和源，看清形势，廓清思路。而"神秘大咖"带来的不是"处方"，而是不同于养老行业的另一种商业逻辑。

他的开场白是：一个企业能走得远，一定有超乎寻常的企业价值。京东也一度跌入"垃圾股"，后来渐渐走出低谷，靠的不是销售技巧，而是超出短期利益的战略思维和价值观。

我印象最深的，是他从大名鼎鼎的家乐福（中国）被苏宁以45亿元收购以及一个网红饮料"喜茶"说起，分析了"确定的变成了不确定，不确定变成了确定"现象，说明：这是一个快速变化的时代，每天有许多新的变化在颠覆我们认知。

譬如，说到销售渠道，他说"此渠道非彼渠道"，传统依赖的市场路径被"快速迭代"的电商所取代。服装、手机、家电、鲜果、鱼肉等在应用移动互联网技术过程中，不断开掘出"内容电商""社交电商"等巨大潜能，导致以前看似在实体店销售走向疲软的无数商品，在线上借助"社交"手段再一次大卖。

他还谈到了微信、抖音、快手等一批社交软件上的商业奇迹。

一个当红"主播",一年销售额可以实现几千万乃至数亿元,他们所做的核心工作就是天天对着手机"叽哩哇啦",手舞足蹈的表演式推销,简直是"不正常的人"。但靠着他们"疯疯癫癫"的销售所形成的业绩,是传统思维主宰的销售所望尘莫及的。

这是不是说明,风头强劲的"线上销售"完全取代了传统的线下实体商厦店铺销售?

非也。他的观点是:各有所长,需要取长补短。

"内容电商""社交电商"满足了人们足不出户、碎片化、即时性的消费行为,而线下的实体店优势在于"现实体验"。世上确实有许多商品或服务的销售,是极度依赖于"现场"的。譬如,长春市中心有个网红商厦,叫"这有山"。步入商厦,感觉其像极了一座山城。如潮的顾客需要爬山才能游逛。许多人在上上下下的路途中享受餐饮、购物、娱乐。他们的"随手拍"被传上社交软件后,更引发了全国各地的人趋之若鹜。

无独有偶,长沙有个"文和友老长沙龙虾馆"。店招上写的重点是龙虾,其实是一个极度还原20世纪80年代老长沙社会风貌的"怀旧主题餐馆"。近5000平方米的超大空间里,你一边品尝长沙美味,一边通过搪瓷碗杯以及当年的发廊、录像厅、公厕等"标记"体验到时光倒流的"往昔岁月"。这些案例,将长久沉浸在虚拟社区的人们强有力地吸引到"身临现场"的体验快乐中,让体验者得到极大的身心愉悦。生意滚滚自然不在话下。

零售业发生了巨变。从迎合顾客,到吸引顾客追逐,奇招迭出,百花争妍。这方面,也冒出了许多经典案例,譬如Supreme,一个结合滑板、Hi-hop等文化的美国街头服饰品牌,大到行李箱、滑板、卫衣,小到墨镜、手机壳等,包罗服饰的各个角落,而它借助人气偶像,成为潮人们耳熟能详的"街头品牌",几乎每个年轻人都有几件Supreme服饰。他们每次蹭社会热点设计"伴生"的商品立即风行市面。他们研制的宇宙大牌&街头潮牌的限量款,因含有"破天荒的趣味感",引发了人们疯狂追逐,排队之长一眼看不到后尾。它让人反思,商品不仅仅是商品,而是文化符号。这样的认知在年轻人中深入人心。

"神秘大咖"从将社会消费人群粗粗分类为"五〇后""六〇后""七〇后""八〇后""九五前""九五后",对他们消费心理和消费行为作出一番分析后提出:要前瞻性地看待"代际动态"更迭,思考新形势下,针对老年公寓、老年时尚、老年才艺等,如何做一个适合当下和未来需求的"老年生活方式供应商"。

应该说,奚志勇精心安排、由"神秘大咖"主讲的互联网经济带来的颠覆性变化,以及精准流量、分布式中心化以及战略、组织、机制等着力点,为亲和源管理层开阔了视野,促使他们跳出窠臼,寻找新的角度,看清自己所处养老产业面临的机会和挑战。

大胆畅想

"什么时候,机器人成为老年公寓的快乐使者?"

奚志勇不止一次跟部下谈起这个话题。他也在管理层微信群里一次次转发了有关人工智能的报道或文章。有管理层干部告诉我,"2010年左右,奚志勇就提出了机器人养老;2015年前后,这个想法几乎被他挂在了嘴边。"

智能化养老,在他的脑里盘桓了十年之久。

有一次,他刚到办公室,读到朋友圈里有一条"人工智能机器人在博览会亮相"的消息,立即拎起电话,招呼"董办"的小徐、大鹏等跟他一块儿去看个究竟。

在宽阔的国际博览会展厅里,人来人往,熙熙攘攘。他们却兴致勃勃，一家一家仔细看，尤其盯着寻找有关人工智能机器人的摊位。日本、美国、以色列、意大利……各国的人工智能机器人技术产品几乎都看了。在场馆"暴走"一个多小时，他仍兴致不减，也不喊累。

但看着看着，他又感到丝毫不"过瘾"。现有的机器人，能够承担扫地、搬运、引导和解说等工作，但都呆呆的、冷冷的，不需要多久，就让人兴味索然。

譬如，有一款少女智能机器人，能够跟人简单对话。然而所有回答都是根据大数据技术的甄别和挑选，对话内容充满了程序味儿。说白了，就是缺少"人情味"！

出了展馆，他想：机器人介入养老是迟早的事情，布局要早，起点要高。

许多事情也不能想得简单，譬如"护理机器人"。这是养老行业谈论较多并且十分期待的产品。护理工作相对显得简单重复，由机器人替代人工，并非天方夜谭。问题是，有一天，老人想宽衣、涂液、冲洗、擦干、换上尿不湿、穿衣……如果一切都是摁一下按钮，然后在编程的控制下由"机械手"完成规定动作，老人们必然"不寒而栗"。

奚志勇告诉属下："我们眼下需要考虑的，不仅仅是解决当前的问题，也要构想十年、二十年后的服务。但我们想找的和要做的，是如何让机器人像老人的亲人、朋友、秘书、护工，而不是有着一副冷冰冰'铁面孔'的劳动力替代物。"

人工智能进入养老服务业，入口在哪里呢？

2018年5月20日，在亲和源开园十周年的盛大典礼上，奚志勇做了题为"畅想未来，共筑亲和梦"的演讲。聚光灯下，奚志勇自信地站立在舞台上，跟台下所有的人，包括上市公司宜华健康的领导、各个合作商、老年会员、传媒界朋友等，畅谈了"未来已来，我们迎接怎样的养老生活"。他从优化老人生活环境、提供更加舒适的服务，以及提高"人机协同"等方面侃侃而谈。那些似乎带有科幻性的预见，听起来却那么真实可信。

奚志勇说，人工智能机器人的阳光已经在地平线上冉冉升起。不用过多久，我们的老年公寓会有三类服务员：男人、女人、机器人。我们的服务，将出现全新的场景，拥有更多的体验。将来的服务也有可能设立两套"收费标准"：纯人工的、人工智能的。

从1.0版的养老住区，到2.0版的医养结合，再到3.0版的智能养老，亲和源创想的每种版本，都试图不断满足老人的多元化需求，提高老人的生活品质。

"听起来，好像很玄乎。"我直截了当告诉他。

他笑了，说："相信科技。有时候觉得不可能的事情，科技让它变成了可能。"

对于机器人，他做了不少"功课"。他一点儿也不担心，机器人根据人工智能芯片技术和五花八门的传感设备，模仿真人的体温、动作、会话等日常生活技能，相关的研发和设计已经大多被攻克了。但他担心的是，机器人能否与人的情感产生一定程度的交流。他想到，人本身不是万能的，有缺点甚至缺陷，而他预见的智能化养老，是"人机"协同式服务，给老人一种过去没过的有趣体验。机器人能满足一部分工作，具有相当程度的补偿性。

"也就是说，我更期待人工智能技术在情感和服务上能弥补人的'短处'。"奚志勇畅想。他说，如果定制的机器人，有着人们审美期望的颜值和身材，能最大化地满足人们的梦想，使得现实中的"绝无可能"在机器人身上得以实现，这将是有趣的。再有，定制的机器人，与人的交流和互动必定十分耐心，彻底摈弃了人类存在的懒惰、执拗、傲慢、冷漠或喜怒无常，那也值得期待。"

聊起这些，他眉飞色舞，像孩子般天马行空，无拘无束。他似乎恨不能马上与人工智能公司科学家、工程师等当面交流，将自己的种种想法和盘托出……

超现实

有了思想，就要化为行动，寻找操作性。

奚志勇布置了任务，希望尽快酝酿和研究，拿出一份人工智能时代养老解决方案。

这一次，亲和源众里寻他千百度，最后选定一家优秀的智能科技公司联袂打造"智慧养老"。

"这次想解决哪些现实痛点？"我问。

奚志勇说："作为产业，养老项目的运营普遍面临种种困境，而集中体现在三点，一是盈利模式亟待破解——运营成本高，回收周期长，入住门槛高，急需降本增效；二是服务水平成为软肋——受限于成本，难以给老年人提供个性化服务；三是专业服务人员缺乏——人员流动性高，老年社区中提供专业服务的合格人员严重不足……"

三大困境，导致老年人欲求更高品质、更人性化、更精细化的生活而不达。

市面上如雨后春笋冒出的养老公寓，有不少酷似地产项目的"孪生兄弟"，所建造的大楼是漂亮的，装修也颇具五星级酒店的气氛，硬伤却是无法提供真正符合老年实际需求、带有前瞻性或发掘性的养老新生活。"在注重硬件设施投入的同时，必须提升软性服务的内涵以及品质。这一点恰恰是目前一哄而上的养老项目的普遍软肋。"奚志勇看清了这点，也试图去"改变"。改变的着力点是：智能化和生命大课堂。

他回顾中国养老项目智能化发展的道路，大概经历了三个阶段：一是依赖人力搜集数据和人工干预的初级智能化；二是依靠传统安防设备被动式监控实现的弱智能化；三是融合人工智能数据学习＋机器人主动式服务，实现强智能化。

在此基础上，亲和源与智能科技公司反复切磋、"摸石头过河"的思路是：基于养老照护服务机器人的 AI+ 智慧养老服务，能不能将人工智能数据学习和机器人主动式服务深度耦合，形成 V3.0 版的强智能化服务模式。V3.0 版本，通过新一代人工智能技术，实现智能化系统的全新升级，协助养老项目全面打造智能化运营与服务体系，更加关注人的生命价值，更加注重客户体验，助力项目在养老商业模式的道路上引领行业潮头。

作为国内养老产业的先行者，亲和源在多地已经拥有成熟度高、知名度高、品牌美誉度高的养老项目。这次选择智能科技公司合作，奚志勇是希望，合作伙伴能立足于亲和源的实际服务"场景"，拿出当下最先进的智慧养老解决方案。据我所知，眼下，可供投入亲和源养老新项目、蓄势待发的"智能一族"有：养老照护服务机器人、公共服务机器人、清洁机器人、安保机器人和物流机器人，以及一些暂时不能说的"秘密武器"。它们将活跃在未来养老社区的屋里屋外，替代传统的人力。如此科技赋能，能不能帮助老年公寓降本增效，能不能为老年人提供更高品质、更多元化的照料，一切还是未知数，有待进一步论证。

我的直觉是，奚志勇一如既往地敢想敢干，努力"预见"常人之未见。

他将不远的将来万千老年快乐生活的希望，寄托在 V3.0 版的智能研发上，企望养老照护服务机器人，能像专业医护人员那样，从事安全看护、健康监护、生活照护、精神陪护，涵盖老人护理的若干核心功能，为老年创造高质量、高享受的养老生活。

他甚至给我描述这样的画面：一群擅长公共服务机器人，活跃在养老社区的阅览室、活动室、棋牌室等，为老年提供主动接待、带路指引、统计流量和主动提醒等服务。而另一群保洁服务机器人，来回在道路上、走廊里、地库等,提供路面清扫、走道保洁、地库清洁等。他的规划中,还有安保机器人、物流机器人等。

没有亲眼见到,我听了仍有"梦游"感。

据了解,亲和源还在搭建智慧养老管理的云平台,将涵盖居家安全系统、居家健康管理系统、机构智慧养老系统以及社区服务系统等,还将通过大数据分析,反哺养老业务,重构健康养老服务的价值链。

当市场化养老通过"会员制养老""至尊的家""秘书服务""旅居"等走过精彩纷呈的上半场后,在智能引领的时代,云技术、大数据、大健康、共有共享、非刚需、平台化、流量入口等来自科学技术、医疗护理、人文关怀的多股力量将引发市场化养老无比奇妙的下半场。其中,"科技+"养老助推养老服务,也是整个养老产业升级迭代的一致方向。

没有"异想天开",哪有"未来已来"的养老服务?

正因为如此,亲和源筹建中的"三灶"项目,正努力借助人工智能、移动互联网、物联网、大数据以及云管理等技术,瞄准养老服务的应用需求,演绎各种可穿戴健康设备、智能终端、服务平台以及信息系统等。这既提升服务效率,也弥补养老服务人员的不足。

无论人工智能机器人如何应用,奚志勇说过:我理想中的智能养老机器,不仅要打扫卫生,做饭做菜,陪伴老人聊天,还能进行情感沟通,真正像家人、朋友、秘书。

如此高级境界,简直是"超现实"。

你信吗?

第二十六章 仰望星空

学会告别

无论事业辉煌与否,财富自由与否,身处老境,人们常会自问:我还能活几年?三年还是五年?

有活得不耐烦的,像太宰治在《人间失格》里写到的那样,他们无法抑制:"我想死。比任何时候都更想去死。我已经回不了头了。无论我做什么,无论我怎么做,都是徒劳的,只会是丑上加丑,避开了坑反而掉入了井……"

更多的人是感到迷惑、惶恐。他们的子女早已翅膀长硬,飞翔在世界各地。他们自己啥也不缺,所积累的财富可以购买许多东西——这是他们一代在青壮年岁月无法想象的奢侈。但当下,他们的精神迷茫及生命惶惑接踵而至。一些原本就敏感于精神感受的人,他们最不堪忍受人死了,什么都烟消云散了,自己在世界上走一遭,无非就像飞鸟或池鱼一样。

亲和源提供的是全程服务,就包含如何体面而又又尊严地"告别"。

一位徐阿姨说,丈夫离世之前,表示哪儿也不愿意去,就想住在亲和源。于是徐阿姨的丈夫被安排在颐养院一间宽敞舒适的大病房里,很方便徐阿姨安心地陪伴。亲和源医院的医护服务比外面的医院更胜一等的是，让病人像住在自己的家里，却 24 小时有人值班、巡视。有一天，时任"董办"主任的姚慧得知徐阿姨与丈夫结婚六十周年，想拍一张合影留念，立即安排摄影师前来拍摄一组照片，还有心地制作了一本钻石婚庆纪念相册，作为礼物赠送给他们。

"摄影师幽默又风趣，惹得我俩笑声不断。"徐阿姨说。

"后来，老伴走了。每次想到我们俩相知相随六十年，我就万分悲痛，夜不成寐，对着他的遗像默默流泪。但公寓的健康管理部负责人郑新和，以及多位秘书天天关心我，鼓励我，给我勇气去克制感情波动，直至走出阴影。"

给已失去亲人的老人更多关爱，是亲和源诸多"生命关怀服务"的细节之一。

务实的服务很多，譬如公寓专门约请律师和公证处人员上门，趁老人头脑清晰的时候，为他们讲解如何办理有效的遗嘱，并为老人提供"保管遗嘱"以及"执行遗嘱"等服务，让老人安心"身后事"。

更重要的还不是此类技术活儿，而是精神上的"学会告别"。

有一个八十多岁的女教授，看起来是什么都想得通的人，有一天在饭桌上悄悄地对奚志勇说："奚总，我能问您一个私人问题吗？"

"当然，什么都可以，请说。"

女教授一脸严肃，说："我八十多岁了，看起来能走能吃，但我头脑里一直盘桓着一个问题：死亡什么时候降临。您有过这样的想法吗？"

奚志勇想说"没有"。这是想都不需要想的事实，因为自己还不老。但看着女教授真切探寻的眼睛，他将已到喉咙口的"没有"咽下了。

他反映迅疾地告诉女教授："我想过！"

"真的？"女教授睁大眼睛，有些惊喜。

"是的。"奚志勇点点头。

"我的大学同学多半都离开了,我不知道什么时候轮到我离开。一想到这个,我觉得自己太渺小了。在世上活到八十岁、九十岁,那又怎么样。生无意义,一死了之。"

"您可不能这么想。您是大学教授,成就显赫,桃李遍天下!"

"一切随着时间都会消散。"女教授有点儿消沉。

是啊,死是自然现象,个体所做的一切都会消散,谁不是呢?这是所有人的共同命运。所有人走向死亡后,在历史的长河里,都化作轻烟,无人能避免。奚志勇想这么说,却觉得无聊。这么说会加重女教授心里的疙瘩,何必呢?

所以,他安慰女教授,说:"活在当下,每天快快乐乐,做一些让自己开心的事情,就可以了。你不是喜欢旅游吗?什么时候去海南三亚玩玩?"

女教授抱持的问题,在老年人群并不少见。

奚志勇意识到:

> 中国老人绝大多数是"无神主义",也从来没有受过"死亡教育"或"告别教育"。他们对于"死亡"以及"告别"的理解完全是世俗化的。

老人缺失精神依赖并不少见。有的一生经历了艰苦曲折的磨砺,也取得了不俗的成就,晚年过得比较知足,有时也会纠结:活着的意义究竟是什么?自己为活而活?为了不想死而活?为了"作为"而活?为了传宗接代而活?当一个人赤裸裸地直面这类问题,往往会滋生"人生虚无"的消极思想,而且越是濒临老去,心里越是害怕。

怎么解决老年人群普遍存在的这类心理现象呢?奚志勇无数次地想过。

在与女教授饭桌上聊天后不久,一天,公寓主任匆匆找到奚志勇。

"奇怪吗,5号楼里的郑伯伯,以前窗户里、门缝里时常飘出交响乐,谁都知道他是古典音乐发烧友。最近奇怪了,家里天天播放和尚念佛打坐的音乐。"

发生了什么?公寓主任预感到有什么事情发生,于是咨询董事长奚志勇。

"就是那个设计院的高级工程师?"奚志勇问。

"是的,那个'老克勒'。"

奚志勇在办公室低首来回踱步,判断老先生可能是体检发生了什么。于是拨打公寓主任的电话,说:问一下健康秘书,郑伯伯前不久体检结果怎样?

果然,几分钟后,公寓主任带着健康秘书匆匆来到奚志勇的办公室,报告说:

郑伯伯体检报告显示,肺部左侧长出一个3×5毫米的阴影。医生建议一栏写着:马上复查。而前几天,郑伯伯没有告诉健康秘书,悄悄地去市内一家三甲医院复查了。

"为什么你们不主动陪他去?复查的结果怎样?"

"郑伯伯坚持一个人去,似乎不愿意让别人知道病况。"

奚志勇是熟悉郑伯伯的,他似乎永远穿着笔挺的西服或白色的衬衫,深色裤子熨烫平整,给人印象是略显刻板却不失优雅。他戴一副金边眼镜,面相温和,发丝不乱,行事严谨。

亲和源里不少老人,像郑伯伯那样威严、自尊,压根儿不会轻易跟别人聊自己得过什么病,或正面临什么。你可以说他们是保护自己的隐私,也可以认为,这是他们的生活态度。他们的心灵世界,是小心翼翼包裹起来的隐秘空间,与所有人,包括自己的丈夫、妻子或子女、父母也保持一定距离。越是有文化有地位的人,似乎越是选择这样。

奚志勇表示："不管怎样，要密切关心郑伯伯，随时提供帮助。"

公寓主任和健康秘书走后，奚志勇一个人坐在办公桌前，陷入了沉思。

死，说是自然现象，却也是多数人最大的恐惧。

其实，死，不能像世俗理解的那般，只是生命的终结。

奚志勇想，不少人将死亡理解成上天堂或下地狱，这种观念太陈旧了。

那么死亡，究竟有什么新说法呢？西方曾有人研究死亡现象。他们将不少身患绝症濒临死亡的志愿者放在带有体重秤的床上，不间断地记录他们体重变化。结论是，每个人死亡后体重都会骤然下降大约21克。有人解释说，这21克就是灵魂的质量。当然也有科学家反驳，这21克是人体内原先存在的三磷酸腺苷被消耗的结果。现在呢？"量子学说"对宇宙里的生命现象有了新的猜想：人的意识本质上是神经系统的电流，由无数电子相互纠缠而产生。人死后，作为电流载体的脑神经已经死亡，但电子仍在继续运动。人的意识就变成了无法通过脑神经输出的客观存在的物质。有人甚至想，哪天科学家发明出一种思维的容器来盛放濒死者的意识，人的意志是不是就能"永生"了？

这些"死亡说"，奚志勇认为，都不足于给以老人现实的力量。

什么说法更具说服力？他翻阅了许多书，历史的、哲学的、文学的，不一而足。

他倒钟情于一些先贤对待死的态度或说法。譬如，海明威生前为自己拟好的墓志铭是"恕我不起来了"；美国前总统富兰克林的碑文是"向苍天索要雷电，从暴君处取得民权"。

他小时候喜欢仰望星空，仰望遥远却璀璨的星河，充满对未来的好奇，向往对天体、哲学、科技的探索。现在，多少个晴朗的夜晚，他面向窗外的星空，思考老年的意义和归宿。似乎天上也有几百、几千双眼睛,期待他拿出不一样的思想,将老人"引渡"到快乐安详。

寻找力量

思考"生命告别"期间,奚志勇率领集团骨干考察缅甸,走访当地的寺庙、禅院、养老院。回到上海后,很显然,他一度显得非常兴奋,因为"找到了答案"。

他告诉我,那些地方的老人"不惧怕死,不忧虑告别"。

他们走访的缅甸老人,大多八九十岁了。有的是战乱中从中国云南等地逃难去的,有的是当地的华裔后代,也有缅甸原住民。尽管经历不同、环境不同、性格不同、财力不同,分别遇到过战争、灾难、家庭突变等,但在垂垂老矣、距生命尽头一步之遥的时候,他们丝毫不恐惧死亡,也不忌讳谈论死亡。死亡好像只是明天要去的一个地方而已。

"他们为什么不怕死、不担心向生命告别?"我也顿生好奇。

奚志勇一脸的神秘兮兮,微笑着卖个关子:"等几天你就知道了!"

他说的"等几天",原来是筹备一个"生命大讲堂",后来又改名为"读书会"。

那是深秋的一个夜晚,亲和源门庭若市,来自律师界、投资界、银行界、教育界、航空界、IT界、机电界等许多看似与养老不相干的宾客,让五楼会场"扑扑满",座无虚席。

原来,奚志勇将前段时间去缅甸仰光考察时结缘的净念法师请来了!

净念法师,缅甸国际佛教交流中心主席。她钻研佛学与慈善文化,对于"告别生命"的一番见解,深深地打动了奚志勇。

奚志勇想让净念法师打动自己的思想,也原汁原味地让更多朋友、老人分享。于是,有了这么一场题为"心清水现月,意澄天无云"的读书会活动。

消息发布后,亲和源内外报名踊跃,与养老"不搭界"的青壮年也来了。

奚志勇作了开场白:"我在缅甸养老机构看到,老人们脸上流露着十分平和的神情,交流时又表达出感恩生命、感恩社会的心声。发自心底的这种文化让我震撼,似乎有一种力量推动着我要做一个尝试,让中国内地的老人、准老人也聆听寂静,修炼'九分禅'。"

"九分禅",是一门禅修课。它无须一次花很长时间,而是随时随地抽出九分钟,静静地坐下来,聆听自己的内心。在会场,净念法师带领大伙儿,跟随心法口诀的引导,按照"调息－净心观照－觉知出入息－聆听寂静"的步骤,让参与者放松身心,去体验一场"聆听虚空的寂静,聆听山河大地的寂静,聆听无声之声"的禅修过程。

"人的一生,最精华的是修行。修行会遇到三大烦恼,即违犯、缠缚和随眠。"净念法师介绍说。对于如何才能解决修行的烦恼,净念法师从"戒""定""慧"三方面作了详细解答。读书会上,净念法师还郑重地推荐了索甲仁波切的《西藏生死书》。这是一本有关哲学与宗教,教人"一天一段灵性文字,活出真正的喜悦和自在"的畅销书。净念法师希望每个人从中得到力量,不惧死亡,走得安详,走时能够得到最有智慧、慈悲澄明的关怀。而奚志勇希望,通过禅修,让老人寻找到"终极快乐"。

"奚董不仅举办生命大课堂,而且发出号令要组织缅甸禅修之旅,我们马上行动了。"周安华告诉我。

周安华,一位高挑、漂亮的姑娘,是负责旅居业务的总经理。她介绍,亲和源很早倡导"N座城 N个家",开展各种形式的"旅居岁悦"游学活动,国内经常去的是海南三亚、山东青岛、浙江海宁等。那里有亲和源养老分支机构,环境优美,气候宜人,安排出游收费低,食宿实惠，很受老年会员青睐。当然，从开园至今，游学目的地不止这些地方。旅行路线遍布欧美、东南亚以及日本、南非等。这样的游学，还有一个原因：国内旅游公司普遍存在"老年歧视"，对70岁以上老人出游设置了很高门槛。有的合同条款简直是"苛刻"，让老人望而却步。其实，老人对于"诗与远方"的向往，毫不逊色于年轻人。抱以"世界那么大，我想去看看"的老人，在亲和源社区里非常多。

一旦想到有无边无际的大海等待自己，甚至有南极那般纯净的冰天雪地呼唤自己，耄耋会员都忍不住有浪漫的冲动。

最近几年，奚志勇与旅居岁悦事业部讨论游学"目的地"时，开始倾向于东南亚。

周安华介绍说，"奚董的深意是，东南亚国家和地区的经济发展水平多不如上海，但老人们的心境格外平和，犹如古诗所言：'一瓶一钵垂垂老，千水千山得得来。'人们沐浴着禅修、正念、冥想等灵性文化，在生命的最后一段时期，精神状态完全不同于多数中国人，这一点值得借鉴。"

人，总需要有点儿信仰。信仰宗教也可以是一种选择。世界上三大宗教，教义不同，却无不劝人从善，不畏死亡。如果老人有点儿宗教情怀，不也蛮好？奚志勇相信，组织老年会员去东南亚养老机构访问，与当地老人深入探讨，说不定会获得心灵的力量，转而赢得精神上的富足。他决定做这样的探索和尝试。

禅修，有着无限魅力。这一被乔布斯、松下幸之助等深爱的精神修炼，在亲和源一经推出，老人们的反响出乎意料。十六位睿智长者，包括牛犇、乔榛、童正维、马科等文艺界"老明星"，都报名参加远赴缅甸的"取经"活动。团员平均年龄76岁，最大的已有89岁。他们去的第一站就是灵鹫山缅甸国际禅修中心，净念法师亲自指导他们坐禅、行禅、冥想、参悟。之后还去养老院与101岁的老人面对面交流。百岁老人将自制的手工花赠送给乔榛老师，而乔榛老师将自己的座右铭"澄怀观道"赠予院方。他们还与一群年龄不足弱冠的当地"小沙弥"结对联欢。会员顾伯伯、胡伯伯表示，此行"心灵得到净化"。

快乐养老总是"在路上"。

我每次登录"亲和旅居岁悦"，欢乐随手指划出的一屏又一屏扑面而来。

年复一年，亲和源老人游学项目令人目不暇接。一年十二个月，四大主题的旅居产品，有40场国内外的旅居游学活动，大约有1100余人参与。

高龄出游，那又怎么样？

在探索"快乐养老""公益成就老年价值"的道路上，爷爷奶奶辈数不尽的活动不断刷新我对老年人、老年生活、老年价值的认知。唤醒生命意识的"养生辟谷"、洋溢亲子气氛的"跟牛犇爷爷'趣哪儿'"、酣畅淋漓的"嗨翻青岛扎啤之旅"、寻访大洋洲文化艺术的古迹游，冬季穿着短袖去清迈品尝自己学做的冬阴功汤……参加游学的会员大多是七八十岁的老人，有的接近90岁了。他们一路绽放笑颜，早已忘记了年龄，个个都是"老小伙""资深美女"。而老人的孩子们每每从微信上看到父母沿途发送的微信见闻，点上无数"赞心"。

新型养老，为老年赋能；世界再大，盛不下老人发自内心的快乐。

前不久，满载"超级梦想"的邮轮旅居，集结了二十多个老人登上了"海洋光谱号"邮轮。这次出游，迎接老人的是碧海蓝天，没有其他"景点"。航行本身就是目的。老人们对于"漂浮城市"上的舞蹈音乐以及各国美食，对于沿途领略的樱岛火山、雾岛杜鹃、冲绳岛屿等"异域桃源"，表现出孩子般的兴奋和喜悦。王伯伯、孔阿姨等会员恰逢生日，组织者精心准备了生日花冠和蛋糕。老人们一路欢笑的情景,也在东方卫视的节目中播出。

在天水一色、一望无际的环境里,聆听浪潮私语,仰望宇宙旷达,身心合一地体会生命的匆匆一瞬,所需并不很多,在稍纵即逝里便能感受到"存在的快乐"。

这的确是隽永而幸福的时刻,也是奚志勇孜孜以求的探索。

事实让奚志勇欣慰,老人们对于"告别"之类的问题,其实不那么执著。每天一睁开眼睛,如果有那么多好玩、有趣的事情等着他们,哪还有时间一味地沉浸在"问题"中呢?

怎么活

人应该怎么活?应该活多久?

世界上压根儿没有标准答案,却是一个没有人能够回避的问题。

最著名的说法来自美国的社会心理学家马斯洛。他提出,人的需求是分层次的,由低到高依次为:生理的需要、安全的需要、社交的需要、尊重的需要、自我实现的需要。从马斯洛的需求层次论出发,世上绝大多数人可能以为:这五种需要在他们进入老年之前,或者说在他们退出职业生涯之前,已经得到不同程度的满足。退休后,就不需要了。

奚志勇毫不客气地指出:"后面的"看法是错的。

他认为,退休之前,老人更多在乎"外在",譬如单位的评价、社会的评价等。退休之后,则转向家庭和自我,还时常情不自禁地反思自己的生命意义。

在经历了忧苦愁烦、大悲大喜后,老人不知不觉会"反思"过往,探讨意义,这不是坏事。诚如古希腊哲人苏格拉底所说:"一个没有经过反省的生命,是不值得活的。"言下之意,一个人从来不去认真思索一下活着的意义,则无异于行尸走肉,"吃饱饭等死"。

也有人说，普通人根本不必庸人自扰，想那些无比深奥的哲学问题，只要钱足够花，能随心所欲吃喝玩乐，忙忙碌碌，直到"两腿一蹬"，也算是快乐幸福的一生。

真这么简单吗，这不是猪一般的满足吗？

奚志勇乐于沉浸于有关世界、哲学、社会、生命的思考。许多问题令他兴致勃勃，却也深感无法穷尽其理。世上的草木飞鸟，生死无常。但从更大的范畴看，所有人的寿数并不掌握在自己的手中。

奚志勇聊到了发生在伊朗的民航飞机失事，聊到了世界各地的"新型冠状病毒"感染者的死亡。他说，所谓"人生无常"，本质上是指无常才是常态。一只蚂蚁可能死于偶然的一次踩踏或水淹；一头大象可能死于森林大火或饥饿；有的人夭折于疾病，有的人英年早逝于车祸。

从混乱的现实到浩瀚的经典作品，关于怎么活，林林总总，没有答案。

他越来越倾向于认为：死，是长阔高深的人文命题，也是无比深邃的思想和观念，没有非此即彼的唯一真理，任何学说对此都无法道尽。不同的学问家，从不同的角度和体系去观照生命之树，对于死，得出的思想果实，其实各有滋味。

奚志勇作这类思考时，常常令下属感到"有趣"。

"董办"主任徐琪倩告诉我，他常常像哲学家似的，做白日梦，独自坐在桌前，或站在窗畔，一副发呆的模样。结果呢，其实也没有结果。他思考的深奥问题，数千年的许多智者都思考过了。另一个下属告诉我，他非常执著地思考"人，应该活多久"，有时还跟我们"九〇后"探讨。我们哪有能力聊这个，我们忙着思考住房、汽车、孩子的奶粉和上学等现实问题。

其实，奚志勇也知道，大凡有关生命、生活的意义等，虽然无数智者思考过，但还是有必要用现在的语言，表达现在的思考。他发动几个非常年轻的下属,"八〇后"和"九〇后",鼓励他们与自己一起思考和收集有关的著作、文献、观点、案例。集中了两代人智慧和态度的书稿《人,究竟应该活多久》,前不久出版了。

奚志勇说,想得越多,思想也越开阔和丰厚。他认同,地球上的任何生命,无论白种人黄种人、老虎狮子、飞禽蝴蝶、树木花草,所有生物的生与死,都是一次次神奇的转换。当物质性的肌体消失了,生命微粒的能量不会消失,旋即以另一种运动形式,开始新的遨游……

世界也是这样循环往复运动着。他说。

他满心希望,自己倡导的生活看法,能给予老人与病魔抗争并坚强地活下去的力量,也给予他们不怕肉身消失,勇敢潇洒地走向未来和未知,从中感到生命的喜悦。

这是奚志勇的现实与浪漫。他说,当生命到了最后一段旅程,如果让老人们重拾童年对于天宇的好奇,将"死"看作是告别地球,飞向太空和宇宙的一次远行,岂不很棒?

第二十七章 寻求突破

内外变化

命运,给了亲和源宝贵的十年,这是他们创业启航的头一个十年。

这十年里,亲和源经历无数崎岖和艰险,但生存压力并不太大,说到底,那时作为中国市场化养老的先行者和引领者,难在存在许多"未知"。亲和源在探索老年新生活的会员制养老住区方面,的确创领了许多服务,不仅深受老人好评,也得到同行的高度认可。那时,竞争对手来得较晚,市场呈蓝海态势。但第二个十年开始后,市场情势骤变,大集团、大公司纷纷参与行业角逐,有的投资主体是金融保险资本,有的投资主体是实力雄厚的央企。由于新加入者实力强劲,跑马圈地,争夺人才,市场竞争已显红海局面。

这时候的亲和源,虽有上市公司宜华健康的背景,但实际获得的资本支持微乎其微。

新时期大潮滚滚而来。奚志勇感觉到,员工似乎有点儿麻木了,对于横空出世的强大竞争对手缺乏忧患和警惕。大家躺在"市场第一品牌"的美誉上,却没有看到,身边千帆竞向前,自己不进则退。

奚志勇深深地忧虑于此:公司竞争力显出疲态。

跟人家拼什么？资本？人才？综合实力？哪一样也不乐观！

ERP推行了十年，原本是行业领先的，眼看别人也纷纷建立，甚至赶超了！

我是谁？我们是谁？还是那个蓝海市场里一路领跑的探路先锋吗？

一次次沉思，伴随着忧心。

稍感欣慰的是，亲和源早已形成了深厚的养老文化。对于老年、老年服务、老年生活方式、老年的价值实现等，上下有着一致的认识。它渗透在企业的发展战略中，也体现在日常服务中。老人在亲和源，发自内心感到舒服，认同"这就是我的家、我的归宿"。

尤其，实力非凡的后来者在处理"硬件"与"软件"关系的时候，"两张皮"常常冲突，无法和谐。譬如，设计新颖的建筑和环境，让初来乍到的老人感到耳目一新，但试住后往往感觉到：高昂的收费与职业化的礼貌，使得他们摆脱不了住酒店的"客居感"。他们寻求温暖的家，但一些老年公寓将服务定价与服务内容弄成了"类似酒店"的错觉，商业味太浓的话，奢华也会带来压迫感。对此，奚志勇是清醒的、怀有警惕的。

故而，亲和源有一支伴随企业成长的服务队伍和管理队伍，从思想深处、从骨子里认同"代天下儿女尽孝，替天下父母分忧"。这看起来有点儿"土气"的语言，却是亲和源的精神文化。这是经历了多少磨砺，在妥善处理成百上千件老人问题、事事以老人满意为先之后，炼成的成熟心智，以及从容应对的能力和作风。呼吸这样的文化，老年会员的感受完全不一样。

有个阿姨告诉我："我也曾应邀去其他养老公寓参观体验。从外观看，他们的建筑、环境，相比亲和源并不逊色，可能更新颖、更漂亮，但那里缺乏一种发自内心将老人当作亲人的文化土壤。单单说收费，'门槛费'比亲和源翻了几倍。每年的管理费生活费加起来，也是亲和源收费的几倍。我们是知识分子，吃不消高价，那里不适合我们！"

还有一位教授伯伯说："我绝对不会再搬家了。一个人是否舒适，能否长寿，跟自己的心境、心态有密切关系。我现在住的地方，老朋友多，秘书体贴，生活、看病样样方便。这里有一种东西早已让我安心，这东西是什么呢？是你感到有需要的时候，能够得到恰如其分的满足，比如人与人之间的气场。对于我而言，有它足够了。我已经找到了！"

实际上，据我观察分析，亲和源还有一种显著的优势，是它早已形成的会员规模。它获取利润时，不像一些新创的养老公寓那样"急吼吼"地从单个会员身上算计投入产出。它早已实现连锁，拥有可观的规模，形成了行业领导品牌。它获取的利润，更多是从规模效益、资源整合、品牌输出上获得。它已经在"轻资产、智力输出"等收益服务中走出一条道路。

而奚志勇聊起他对未来养老社区的看法，也提出过另一个角度。他认为，无论对于亲和源，还是后起的养老社区，都需要解决一个根本问题，即终身用户问题。

终身用户

什么是"终身用户"？

一言以蔽之，就是老人买了会员卡，并不意味着像买产权房一样，给顾客交付了住房，一桩生意就宣告结束了。会员制的核心是服务，交付住房，才是服务的开始。而这样的服务，是一系列能够不断体验的、只有会员才拥有的尊贵享受。

亲和源创建之初，明确会员群体的定位是"高知、中富"，即高级知识分子、中等富裕程度。十年多的实践表明，定位是符合市场需求的。

事实上，按入住亲和源的会员人数进行归类，大致情况为：高知最多，干部也多，普遍为中等富裕程度。其中，为数甚多的高级知识分子，知识面广，喜爱社交，知道自己真正需要哪些服务，与亲和源文化十分投缘。干部中，最初几年离休干部委实不少，这与国家给予这部分群体优厚的待遇有关。他们退休后能获得超出普通从业者的医疗待遇和生活补贴。而普遍的中等富裕程度，恰恰实现了最初上海市领导提出的要求——"上海人要住得起"。

对于这些人群，亲和源制定了"下要保底、上不封顶"的服务原则。

所谓"下要保底"，即设计会员入住亲和源得到的普遍服务，包括生活、健康、快乐这三大服务主线的众多内容。在这方面，亲和源已经提供了非常丰富的服务，获得了会员高度的评价。"上不封顶"，则是通过不断推出升级的、个性化的定制服务，对于会员群体按照星级提供"上不封顶"的服务。在这方面，有所实践，仍在探索，空间无限。

无论是属于"下要保底"的普遍适用的服务，还是属于"上不封顶"的个性化定制服务，其本质还是"服务"二字。服务只有更好，没有极限。会员制服务，理念无数条，客户利益、客户需求永远属于"第一条"，要创造无穷无尽的服务，"黏住"会员，让他们真正感受到，会员身份带来美好的生活方式，带来无穷无尽的快乐。

"有些人有着无用之用的追求，譬如攀越一座高山，或去极寒地带。如果有几个老年会员，想结伴去南极，亲和源接不接？"我问。

"难吗？只要老年有这个梦想，就必须设法满足啊！"奚志勇说，"外面旅行社不敢接，我们应好好研究可行性，通过周密安排，结合得体的保障，帮会员圆一个伟大的梦想。"

奚志勇和太太姚桂仙前不久刚刚去过南极，谈及"南方至南"，他认为：

> 生活的意义绝不仅仅在于住得好、吃得好，也在于探索世界

的边缘、时间的尽头,理解大美河山、冰雪永恒存在的意义。

"南极,人生必去地方之一。有朝一日,我带一群老人去!"他对此信心满满。

"我们有先进的 ERP 管理系统,全流程互通互联的会员或用户交互体系,能精准地洞察会员或用户的潜在需求,从而提供权益丰富的极致体验。"

奚志勇解释,京东商城、天猫商城等都是会员制服务模式,它们努力解决了一个核心问题:一方面是让利于会员,让会员享受到比实体店更便宜的实实在在的好处;另一方面发挥了"手机按键 + 物流配送"的优势,让会员随时随地、坐在舒适的环境里跷着二郎腿也能实现快捷购物。

这是基于互联网时代的会员生活方式。

养老呢?以往的养老服务满足了老人的安心感——24 小时可以随时随地找到人;与趣味接近、阶层相似的一群人一起养老,也摆脱了孤独,实现了快乐。但这还不够!

"我们必须继续努力,让会员因为自己是亲和源会员而体会到更多的优越感。"奚志勇说,"这样,才能实现会员制的精神,使得服务不断提升境界。"

养老服务不能为了"境界"而"境界"。老年需求里究竟还有哪些痛点?

聊到这些,奚志勇说,会员的痛点不是一成不变的。过去是超越"一张床",得到隐私尊重,获得便利且有趣的生活方式。现在,需求也在迭代,尤其"六〇后""七〇后"将很快步入老年行列,他们不会马上想搬入养老社区,相反,他们想到处旅游观光,还想继续进修,甚至还想继续赚钱。这一代的养老新需求,我们必须想办法去满足。只有提前策划,及早拿出迎合他们需要的服务高招,他们才会对我们产生深深的信任和依赖。

奚志勇口里蹦出一连串诸如"有客户需求才有服务产品""客户导向""利益共同体"等术语,涉及市场营销学、现代管理学等。他像得了"强迫症",逼迫自己永远处于进步状态,不满足已有的知识储备。早在几年前,他曾研究过"如家"模式、"携程"模式,一度也想构建"老年如家+老年携程"的运营模式,以标准化的公寓及酒店产品,通过直营、加盟等形式,在全国实现连锁扩张。如今,他在琢磨新的模式,"互联网+养老"。他说:我们是老年生活的创造者,是老年健康的守护队,是老年快乐的供应商。这是我们的市场角色和商业逻辑。在"三灶"项目中,我们将与更多优秀的资源方建立合作,共同打造符合2030年需要的养老生活,让更多的新老年人来"一起玩"!

永不服输

市场的风云千变万化。

我多次旁听亲和源管理层会议,不得不说,感觉市场有点儿冷。

在老年公寓市场里,上海可能是全国最好的,销售始终强劲。若干外省市项目,体面的建筑有了,内部装修也堪称考究,但销售普遍"步履蹒跚",如乌云压顶。

2018年12月,我在亲和源杭州公寓"旁听"了年末业务会议。

那一天,气温低于摄氏零度,杭州的天空像结冰了一样。会场里的气氛也是如此。空调设备呼出的阵阵人工暖气,无法驱逐奚志勇和大伙儿心头的悲凉。

原来,这一年遇到了诸多不顺。最大的不顺,是财务总监王甫拉出来的业绩清单。这也是亲和源集团各个部门、各个版块的年度"成绩单"。盈利的部门、项目仍然存在,譬如,上海的旗舰公寓和迎丰公寓,业绩依旧傲人。一些输出品牌管理的下属建筑研究院、咨询公司,利润也比较可观。也有相当部分,数字是"挂了彩"的。好几个项目的销售收入连全年预算目标的三分之一还不到。直白地说,不少部门都是亏损!亏损!亏损!

会场里,各个部门、板块负责人轮流汇报当年的实际收入以及下一年的预算。在当年的收入远远没有达到年初预算目标的窘况下,下一年的预算该怎么做?

营收如"大山"般,压得大伙儿大气不敢喘。一些外地项目的"出血点",需要上海盈利项目去"输血",以致整个集团现金流捉襟见肘。现金流意味着什么?犹如人体内的鲜血,供血不足,危及生存。这道理谁都懂,问题是怎么解决?

奚志勇难煞。

集团想到的办法是短期融资。种种融资手段,能想的几乎都想到了。奚志勇带着财务总监王甫跑遍了众多融资单位,结果不容乐观。

处境不佳,怎么办?怎么办?怎么办?

乌云压顶,众人都很一致:看老板!看董事长!

顶梁柱奚志勇,坐在大伙儿中间,却无法不感到孤独。我坐在一边悄悄观察他,能感受到这一点。而所有人都看着他,相信他战无不胜。只要他在,天就塌不下来。

这是我近距离切身感受,企业家与职业经理人、高管等角色的天壤之别。

职业经理人玩不下去了,可以"闪身",另觅高枝;高管听命于上峰,进退有度。而企业家、董事长、老板,往往躲无可躲。他必须做最坏的打算,争取最好的结果。

此刻的奚志勇,我猜度,其脊背、其内心是阵阵悲凉的。这一年走来，无论对于谁而言，前进道路上的困难像大山，又像拦路虎。但坐满会场的管理层里，有几个是自己会主动想办法，绕过大山，或杀死拦路虎，从而继续前行的？遇到这样那样的难题，众人习惯"找老板"。躲无可躲的老板，心头无比沉重。

他也开始审视自我：我们有什么地方做得不对？企业规模扩张得太快了？对于项目盈利和现金流的考虑是否有欠周详之处？

他脑子里一闪而过创业之初的情景：每天上午一到办公室，几个"臭皮匠"凑成一桌诸葛亮，摊开再多的问题，总找得到办法去对付。如今，当年的"臭皮匠"里，有的去世，有的离开，这令他无比伤感。

步入"守成"阶段的企业，闯劲明显不足，按部就班成了常态。

伤感难免，但解决不了问题。他是一个意志顽强的人。海明威有一句话：

你可以消灭我，但不能打败我！

奚志勇骨子里也属于这样的人，意志坚定，永不服输。

多年来，亲和源发展磕磕碰碰，遇到再大的打击，他都打落牙齿和血吞。

这里插一个小故事：由于养老项目投资周期长，回报慢，资金紧张的情况，亲和源不止遇到一次。有一次，全国银根收紧，而亲和源从银行所贷2000万元面临到期。银行明明不想继续贷款，但给亲和源的"说法"是：你们只要还上上一年的贷款，下一年度的贷款随即再贷出。这种做法，用业内的说法，是循环使用信用贷款。但这一年，当亲和源如期还上贷款后，银行露出了"真面目"——按照银根紧缩的要求，决定不贷了！

资金告缺！资金告缺！财务总监找到奚志勇，神情紧张。

怎么办？难题如山，落在奚志勇头上。怎么办？2000万元不是200万元，也算是一笔巨款，去哪儿弄？

似乎"不可能完成的事情"，最终，他还是靠"借"解决了。

这也是他生来唯一一次向熟人借钱，凭的是做人的信誉以及深厚友情。谈到雪里送炭——分别借给他1000万元资金的赵金荣和张宁，事隔多年，奚志勇仍热泪盈眶，说："他们是我的恩人啊！在亲和源事业最需要钱的时候，他们伸出了援手！"

这一次，企业因为营销不力，再度面临现金岌岌可危。

奚志勇拿出的尚方宝剑——让大伙儿倍感意外，却为之精神一振。

他说："从2019年起，我自己不再拿一分钱工资，开始进入零工资的阶段"。与此同此，他还宣布，"所有管理层，收入也相应地做调整。所谓调整，是先做减法，在过去年薪的基础上做一定比例的减法。但也有增资，增资的部分，是运用KPI考核办法，对于当年业绩突出的人，给予绩效挂钩的待遇……"

毫无疑问，大难当前，共克时艰，是被历史一再证明的经验。

会场一片静默。人们难免会默默计算自己面临的得失，但只要公司能挺过最艰难的关隘，希望就在"明天"。因此，会场倒也没有出现什么怨气，沉默意味着接受。

而从奚志勇身上，我再次看到企业家精神。真正的企业家，有着一种追寻财富、声誉乃至自由之外的目标，或许是理想，或许是情怀，或许是变革，这些纯粹精神的力量引领他不畏任何艰难。

科学家说，这个时候，人体内的多巴胺会升高，会激发更大的勇敢和更旺的精力。心理学家则说，这个时候，人的内心有一种"自我效能"，即一种与工作任务相关的自信心和意志力，会变得异常强大。所有企业家都拥有不一般的自我效能。

奚志勇也是这样。当别人几乎觉得目标难以企及的时候，他依然昂着头颅，表示："不要总以为自己做不到，你必须去尝试各种努力，到时,成功就悄悄地来到你身边了!"

他试图唤醒潜伏在每个人身体里的创新性潜力!

果然,会后不久,我了解到,亲和源实行进一步调整,绩效挂钩更加紧密。按照新的KPI考核办法,几乎所有部门,无论是负责产出效益的还是负责控制成本的,一律都签订了"经营者持股"的考核协议。正如奚志勇所期望的那样,2019年,成为重新创业的元年。

从现在起,人人树立"归零意识",重新创业!

发令枪一响,所有人憋着一股劲,奋力向前奔跑。

这一年,我陆陆续续参加了几次亲和源管理层会议,发现亲和源的治理结构发生了变化,更加扁平化了。奚志勇的角色不仅仅是董事长,还身兼总裁、"首席营销官"等多个角色。他将自己再一次完全交给"创业",保持着超越"996"模式的工作状态。

冰冻三尺非一日之寒。在试图改变公司状况的过程中,我清晰地感受到,希望、纠结和再希望、再纠结始终缠绕在大伙儿心头。他们所处的行业,虽然说是朝阳产业,受益于整个社会人口老龄化的发展趋势,但政策滞后、缺乏扶持、盈利模式不被认可,都构成了严酷的考验。最大的考验,即市场的"养老产品"开始爆发性涌现,竞争对手越来越多,而对手里一时看不出有哪个企业领导像奚志勇那样一心一意经营养老,但它们依靠央企的背景和多业态的协同效应,将地产、保险、金融、教育等多股力量整合,体现了强大的体制优势。而新生的"准老年"——所谓"六〇后""七〇后"——他们的知识结构、心理需求,与上一代又发生了显著改变。他们具有强烈的自主意识,绝不愿意退休后"被圈养",而有更高的需求。

从资料上查到,亲和源曾有一个梦,即有朝一日,在全国的连锁店做到30—50家,发展会员数至2万,年度销售总额,包括服务费收入,实现年收入 15 亿元。

　　事后，我跟奚志勇聊起这些，他有些无奈，坦然表示：在养老业中，爱心、情怀、责任，永远是第一位的。只要服务到位，规模会做大，收入也会来。但是，困难确实很多。我在想，要不要引入"狼性文化"提高营销业绩？可是养老这一行，不能将利润看得比情怀还高……当企业濒临生存之危，必须拿出切实可行的办法，激发所有人斗志，止亏为盈。

　　"若不这样，亲和源的事业随时可能葬送！"
　　此时的奚志勇，脸上掠过一丝伤痛，态度却是决绝的。
　　后来，我再去亲和源时，有的"熟面孔"不见了，原来是被"高薪挖走"了。一般的管理人员走，奚志勇多少也胸闷气短，而身为总裁的高管被同业觊觎并最终挖走，硬生生在奚志勇心头扎进一根刺，想到就隐隐作痛。
　　奚志勇不久还是释然了，我看到的他恢复了高昂，乐呵呵的。或许他想，一心想跳槽的人，即便挽留了，也留不住心。他深信，更多的管理层骨干会与自己同甘共苦，风雨同舟。

　　日子就这样，一天天书页般翻过去。
　　前不久，我再次遇到奚志勇时，他兴致勃勃谈道："最近找了几个基金公司，有戏！"
　　企业家就是这么厉害的角色，永不服输！也不失"野心"！当上市公司一时无力给予亲和源雪中送炭，甚至自身面临四面楚歌的困难时刻，亲和源努力寻求"自救"，走向更好的未来。
　　"这一次，不再想找简单的财务投资者，而想找到带有产业资源的战略合作者。这样的投资者才是今天的亲和源真正需要的。"他的态度非常坚定。

孕育"亲和谷"

也正是那时候,我得知亲和源的"三灶"项目,在紧锣密鼓地建设。

三灶,地名有点儿土里土气,却与"智能、未来"相联系。

"三灶"项目起名"亲和谷"。

一谈到"三灶"或"亲和谷",奚志勇的眼睛会发亮,比谁都兴奋。熟悉他的人都知道,只有当创造一个崭新项目的时候,他的状态才达到如此"疯癫"。显然,他依然满怀雄心和梦想!

聊到"亲和谷",他时而目光深邃,时而滔滔不绝。他构想的"面向未来"的老年公寓,目标很大——力争成为目前全中国甚至全球也没有过的。那是怎样的老年公寓?

大范围运用互联网、人工智能、大数据等智能技术,重点突出"生命大课堂"和持续教育,让人人尽情发挥"自我",开启一个全新的养老生活方式。

这是亲和源正在倾力打造的3.0版老年社区。

它与1.0版的亲和源养老住区、2.0版的"医养结合"公寓,究竟有哪些不同?

奚志勇说:"我们不是为了产品而产品。我们打造的是快乐小镇。归根结底,是让老人通过切实的'快乐'获得感,认同并享受到智能化时代养老的乐趣。"

目前,他们正在马不停蹄地寻找合作伙伴洽谈。

他们希望借助定制手段,要求所有的服务商围绕打造"全球第一座智能养老机构"的目标要求,提供专业服务。譬如,所有室内设备都是智能化的,采光、排风、温控、湿控,等,都根据老年生理特点实现自动控制;入住老人也能满足这样的玩法,将自己掌握的专业知识和技能,在这里继续奉献给他人,并因此获得相应的"亲和圆"(一种内部虚拟纸钞),可以换购食品、日用品以及其他服务。

"我们的工作人员,也就是生活、健康、快乐秘书,负责引导培训入住老人发挥特长,互相服务,在机器人能够承担的服务项目之外,类似陪伴聊天、理财讲座、看病发药、运动教练、钢琴培训、书画授课等,鼓励会员自告奋勇,各尽所能,提供服务。"

奚志勇描绘了这样的场景:在"三灶",所有入住会员的角色,是不断转换的。会员与会员之间的服务交换,就跟社会一样。收入分配也是按照能力的高低、服务的多少、贡献的大小获得相应报酬。

"在那里,我还要倡导一种的新的公平。"奚志勇说。

他举例说,去年,市政府推行垃圾分类,我们双手赞成。但具体操作上,亲和源要求每家每户负责将自己家垃圾倒入指定收集点。这是一种公平。但老年人有时像小孩,对于小区贯彻落实垃圾分类,一度愤愤不平,联合起来找奚志勇投诉:

"我们九十多岁了,年纪这么大,你们还要求我自己去倒垃圾?"

"你们将七八十岁与我们一视同仁,哪里还体现至尊养老?"

"我们无力自己倒垃圾,也不愿意支付额外的服务费让人代理……"

奚志勇认真地听,微微地笑。暂时,他推行了志愿者服务化解了矛盾。但这真的是最佳方法吗?他在思考,未来的"亲和谷",遇到类似的问题,需要建立更加公平的机制。

所谓"公平",不完全是"对价服务",而是"商业+公益"。他想。

"亲和谷",一个前所未有的老年社区。它能不能如奚志勇所愿,成为世界首例智能化养老的标杆?能否成功地凝聚颠覆、创新的力量,再次实现智慧养老变革?

我不确定,却非常期待。

第二十八章 迈向明天

未来已来

天呐,这是怎样的时代?!

从工业革命到信息革命,人类出现了此前千百年没有出现过的东西:火车、飞机、大炮、坦克、电脑、互联网、可以毁灭地球家园的超级核武器……

而今天,从信息革命到数字革命,一度人们在《十万个为什么》书里读到的"异想天开"的"遥远未来",已然照耀了今天的生活。

火星探索、仿生机器人、无人驾驶、基因编辑、人脸识别等等,一切看似进步的新生事物不断涌现;与此同时,环境恶化、气候反常、食品危机、娱乐至死、隐私暴露等等,无数看起来"不好的事物"也接踵而至。

时代超速运转,人的寿命越来越长,"人性"普遍因科技而变得稀薄。世界是走向更加文明,还是走向"赛博朋克的末日",谁也闹不清。

《华尔街日报》称:2020年或是中国跨越中等收入陷阱的关键一年。对于这类预测,奚志勇通常看过拉倒,因为这样的说法如同"狼来了",已经叫了多年。

他在意的是人口老龄化的速度。有数据显示，2016年、2017年、2018年，中国出生人口分别为1786万、1723万、1523万。而截至2019年11月，当年出生人口为1016万。这预示着2020年出生人口会不会首次跌入1000万水平线？与此同时，也有数据显示，2016年、2017年、2018年、2019年，中国60周岁及以上人口为23086万、24090万、24949万、25388万，分别占总人口的16.7%，17.3%，17.9%，18.1%。

中国老龄协会发布的《需求侧视角下老年人消费及需求意愿研究报告》指出：自1999年进入人口老龄化社会到2018年的二十年间，中国老年人口净增1.18亿，成为目前世界上唯一一个老龄人口超过2亿的国家。虽然欧洲以及日本的人口老龄化程度更高，但由于中国人口基数大，老年人口数量是"世界之冠"。它将给经济带来一定的消极影响，包括劳动力减少、赡养率提高、国内生产总值（GDP）增速减缓等。

全国老龄工作委员会办公室、中国老龄协会2019年发布的《奋进中的中国老龄事业》称：中国积极应对人口老龄化，确立了"一个战略"——将积极应对人口老龄化确定为国家一项长期战略任务。国家的重视，在"两个事关""三个结合""四个转变""五个着力"等方面有所体现。而奚志勇希望看到，国家在老年社会保障体系、老年健康服务体系等方面能有更多看得见、摸得着的政策和法律的阳光。

老同学、老朋友、老同事，但凡一搞聚会，便发现身边的人几乎都越过了"花甲"，由早秃、孤独、失眠、焦虑、疾病等导致的负面情绪相当普遍。

为什么人们的困惑、焦虑明显高于欣喜、宁静？身处这样的时代，如何走出精神困境，找到快乐的真谛？

奚志勇竭力想弄明白。

活多久

  一个国际研究团队发文称：从现在起，人只要活过这二十年，就可能面临"死不掉"。理由是，基因科学技术能够帮助人们改变或替换导致衰老、病弱等基因。

  这看似荒唐，在大众看来，却是符合逻辑推理的。

  人的生老病死，源于身体内部器官功能的老化。而先进医疗科技如果能将衰老的器官替换成克隆的新器官，或通过改变人体基因程序，将导致衰老的基因替换，"长生不老"不就可能了？暂且不论这一说法的科学与否，反正，老人对于这一话题是格外敏感的。

  亲和源老人曾专门围绕"活过百岁不是梦"，有过热烈的交流。

  他们相信，不远的将来，人活100岁不是奢望，更不是神话，即使活到120岁也是有可能的。这是营养科学、医疗科学发展的结果。资料显示，1953年，上海仅有一位百岁老人；2017年以及之后，每年的百岁老人稳定在2000人以上。其中，创下最长寿纪录的老人叫李素清，出生于1899年，活到117岁，罕见地跨越了三个世纪。眼下的亲和源里，耄耋之年的老人为数众多，在他们眼里，"百岁不稀奇，破纪录才稀奇"。

  活到120岁！老人就敢于这么想！甚至，它成为一群人的共同意愿。

  保持益智的玩乐，是比任何治疗和营养管用的长寿秘方。亲和源里玩得最"嗨"的，当数四个加起来超过360岁的老先生。98岁祝老和94岁周老是一对牢固搭档，牌友多次想拆散他们都没有得逞。他们全年无休，几乎每天相约在活动室打桥牌，互相切磋牌技，交流养生经验，畅谈人生感悟，其乐融融。我看他们完全是一群不服老的"老小孩"！周老94岁还乘飞机去加拿大旅游，并看望女儿。为了他的暂别，牌友举办了饯行宴会。席间，有个老人即兴对加拿大民歌

《红河谷》歌词作了改编,为周老演唱,表达了恋恋不舍之情。周老动身前,他们还抽空举办了一场欢送周老的桥牌赛。人们称这是"高寿(手)对决"。

还有一位年近90岁的寿星葛伯伯,生于1931年,是一位著名学者。"文革"结束后,他在中国大百科全书出版社负责编制《中国百科年鉴》的"索引",发表过一系列有关索引的历史和理论研究文章。他发起成立的中国索引学会,是继哈佛大学燕京学社引得编纂处之后的索引学术团体,成立之日得到王元化、罗竹风、胡道静、蔡尚思等先生致函祝贺。葛伯伯退休后依然一心钻研索引事业,所撰论文发表于英国的《索引家》杂志。"解甲归田"后,葛伯伯没有"归隐",而是变成了"生活家"。入住养老社区后,他找到一批志同道合的老友,一起迈向"第二春"。他引用"今年欢笑复明年,秋月春风等闲度",表达了对养老"自由王国"的满足。闲来漫思,他想起康德讲过"老年时像青年时一样高高兴兴吧!青年好比百灵鸟,有他的晨歌;老年,好比夜莺,应该有他的夜曲",于是在散文《乐年,往何处去》中写道:"鬓微霜,又何妨?愿夜曲长鸣,人长久!"

老年会员还比较热衷于坐禅。不少老人自发地组成一个"禅学会"。他们经常十几个人坐在一起,一个个轮流低诵禅语,譬如:"不要因为小小的争执,远离你的至亲好友,也不要因为小小的怨恨,忘记了别人的大恩。""感谢上苍我所拥有的,感谢上苍我所没有的。""学佛不是对死亡的一种寄托,而是当下就活得自在和超越。"

诵读禅语的老人是不是真的想通了:人应该活多久?

而奚志勇"操心"的是,老年生活越来越积极,生命普遍变得长久,但究竟"活多久"才是最佳选择?地球上的人口结构或者生态结构,会发生怎样的变化?如果人人都活百岁,地球更"老"了,身处那样的社会,人活着的意义与现在又有哪些不同?

有一阵子,奚志勇久久徊徘与此:

人活多久为宜？如何面对死亡意识？

这涉及知识、教养，也事关灵魂的拷问。

世人都求长寿。俗话说，好死不如赖活。这几乎成为"普世观念"。

奚志勇却辩证地看待。身为养老工作者，他满心希望老人一个个都高寿。与此同此，他也扪心自问：无论谁，如果一味地追求生命的长度，是不是太过"贪婪"？"贪婪"正是一切烦恼的根源。

他还思索，当一个人在床上瘫痪十多年，长久占据公共福利资源，是不是"浪费"？"活多久"的意义，根本上是被社会和他人需要，这才是"活着"的最积极的意义。

聊到"活多久"，避不开"死"。

多数人对"离世"都心存恐惧。这对不对呢？

中国人似乎都缺一堂"死亡教育"课。大学、中学、小学的课堂里未曾专门谈论。来自社会的"说法"七七八八非常繁杂，塞满了人们的思想，却并没有有效地帮助老人减少对告别世界的恐惧。到了晚年，他们对说教普遍抱以怀疑，有些老人表现得十分极端，忌讳、害怕直面有关生命"油尽灯枯"时的一切话题，还有的老人则服膺于"听天由命"，倍感世界的荒诞和存在的虚无。所有这一切心理，又深藏心底，从不轻易示人。

有一次，与几个老伯交谈，好不容易才把话题引向这个敏感问题。

其中，一个老伯的说法出乎我意料。

他说，人都是怕死的，哪怕坐上轮椅而无法自由行走，在那样不堪的状态下，你让他每天泡上一杯喜欢的茶并晒晒太阳，他都会依恋"活着"。世界上最不怕死的人是那些留下"不朽"东西的人。因为成就非凡，彪炳史册，甚至会被后人矗立一座昂然的纪念碑，他们得以"永生"。也有老伯立即反驳说，受到"大誉大毁"的人属于极少数。绝大多数人死后都变成一抔土。生前无论做过什么或没做过什么，活得长或活得短，结局都一样：做了一回地球上的过客，像鸟飞过天空，什么都不会留下。

亲和源会员里，来自高校、机关和文艺界的人士居多。丰富的阅历和思想的高度，使得他们中的大多数人崇尚"大道至简，心地澄明"。这些老人较少"担心"，不惧"到站"。但毋庸讳言，也有不少人穷尽一生的价值追求比较单一，以职位、财富、孩子有无出息等衡量人生的成败。当面对死亡，缺失信仰的他们往往深陷迷惘：人死等于一切完蛋、永恒"消失"？

一旦头脑里燃起这样的意识，经历再丰富、再非凡的人都可能感到深深的失落，全然忘记曾经有过的理想和乐趣，跌入黯然的情绪。

向死是必然，也无法回避，主动叩问"死亡的意味"是不是更好？

奚志勇一头钻入这个世界性的难题中。

从"活多久"想到"死亡教育"以及"如何告别"，这些原本都可以不被视为养老住区的服务内容。但奚志勇跟自己"干上了"，非要弄明白不可，他并想在自己弄明白后，"帮助"更多老人。

他指导安排了一系列公开课，如"生命唤醒""最好的告别"，在帮助老人科学养生的同时，也巧妙地灌输"理性告别"的思想意识。他一直在探寻更好的"说法"。

他的长江商学院校友告诉我，老奚身上的这种气质，在商学院其他同学身上也比较明显。他们习惯地，甚至天然地将企业家精神与人文精神相结合，喜欢仰望星空，探讨终极意义。其实，人类历史上的确有许多智者想过类似的问题，路径也无非两条：寄希望于阅读，向几十年、几百年前哲人探讨答案；或者自己总结社会人生，得出结论。

眼下，奚志勇似乎抱持这样的想法："个体生命的死亡，是人类整个生命延续的一个环节。人虽死犹生，也是因为个体价值融入地球生命的整体性中。"但他知道，如此直白地告诉老人，并没啥用。

他觉得自己必须做点什么。他构建亲和源的未来养老服务，提出要办一座"人文大课堂"，吸引更多智者来帮助老人"搞透"问题，不再盲目地幻想"长生不老"，也不再恐惧"最后的告别"。

多年来，他编撰出版了不少有关"中国养老""生命意义"等内容的图书。前不久，他又拿出一叠书稿给我。我惊讶，一个企业家，哪来那么足的动力和那么多精力，去思考和研究严肃的"生命哲学"，却又理解，他觉得自己研究并回答此类问题，是义不容辞的，这是他意识到的使命和责任。

写到这里，我恰好从微信上看到一个演讲视频。

那是哈佛大学的一项有关人生的持续 75 年的研究项目。

老外有时很轴。他们会专门针对一项看似不可能有科学答案的问题，进行长达几十年的研究。这项有关"幸福人生"的研究，核心是"什么样的人会活得最幸福"。

研究始于 1938 年，最初的研究者还是哈佛的在校生。后来，他们有的参军，甚至战死疆场，有的改行，不少人转入了其他领域或行业。但坚守在哈佛的人像跑接力赛一样，历时 75 年，先后跟踪研究 724 个人的"一生"——整整一生。从他们的少年时代一直跟踪到步入老年，年复一年，观察他们的工作、生活、家庭的不同变化。被跟踪研究的人员里，有的从天真少年变成了贫穷醉鬼；有的成了受人尊敬的医生、律师、教师、老板等人士；有的人不断发达，青云直上；有的跌落云端，一蹶不振。75 年里，世界也跌宕起伏，有过战争、屠杀、自然灾难、经济萧条、思想解放运动、物质狂欢，其间无数研究项目"随风而逝"，而恰恰这项研究被一群头脑"很轴"的人坚持到今天！

演讲视频谈到，75 年来，接受跟踪研究的对象绝大部分去世了，至今只剩 60 人在世，还在继续参与研究。而他们的子孙后代有 2000 多人。研究人员采取的是问卷调查，辅之以验血、头颅扫描等生理分析,最终得出的结论是什么呢?

良好的人际关系,包括与同事、邻居、家人、同学、朋友等一直有着良好的相处,而不孤独,这样的人快乐最多,也是最为幸福的!

我没有办法核实网上这段视频内容的真伪。但从演讲者的素质以及专业化的表达看,我选择了"相信"它是出自哈佛大学的研究报告。因为他们跟踪调查所得出的结论,与亲和源十多年孜孜以求的"快乐养老"的实践结果高度吻合。

学术是学术,实践是实践,这是两码事儿。但对于"活多久"的问题,我所持的想法,借用电影《无问西东》的一句台词:只问自由,只问盛放,只问深情,只问勇敢……

奚志勇听了呵呵一笑。他表示,生命也包含长度、宽度和厚度。漫长的人生里,每个人都有过各种小目标,赚钱、立功、升职、爱情、友情、健康等。随着时间流逝,境遇变化,一切终将飘逝。但追求过,付出过,才称得上无怨无悔。

阻击大疫

2020年新春,新型冠状病毒感染的肺炎疫情凶猛来袭。

北京、上海、天津、安徽、重庆等同日启动重大突发公共卫生事件Ⅰ级响应机制后,城乡立即处于"最严防控"状态。对重点疫区来沪人员实施14天的居家或集中隔离观察,全面实行各类进城交通道口卫生检疫,取消各类大型公共活动。

像亲和源这样的大型老年住区也转入联防联控,大门进出更严,平时开放的食堂、阅览室、活动室一律关闭。老人们顿时成为"笼中鸟",他们接踵而至的困难更多。

老人密集生活的住区,是新冠病毒最容易侵入的地方,也是一座城市最脆弱、最需要保护的重点。但春节期间,一部分护工回家过年,人手原本就紧张,疫情一来,任务更加重了。

家属那头,有的一整年在外奔忙,盼着春节期间与长辈见面,叙叙亲情,但望眼欲穿之际,遭遇"封院"。有的家属起初意见不小,认为亲和源"封院"不通情理。秘书们则一一晓之以理,竭诚争取理解、谅解和配合。

而会员那头,问题更为严峻。老年心理原本比较脆弱,加之信息相对又比较闭塞,容易产生情绪波动或心理不适,更需要服务人员耐心解释、安抚、照顾。

在得知疫情的第一刻,奚志勇立即部署亲和源的"严防死守"措施,指出:大疫当前,老人属于易感人群,来不得半点松懈,一旦漏进一个疫区访客引发传染,后果不堪设想。

众所周知,老人大多患有基础病。新冠肺炎病毒最容易伤害老年人群。面临来势汹汹的疫情,老年社区需要比普通居民区采取更多的防范。

要确保会员每天能吃到新鲜的食物,要做到每天派人上门替1500多个老人早晚测量体温,发现发热或干咳病人,立即联系医院及时鉴别和救治;要确保老人在食堂、阅览室、活动室等一切活动场所均不开放的时期,能够在家"摒牢"(上海话,意为忍住)而不闷,就必须主动了解老人收看电视、上网的情况,必要的时候,指导他们在室内进行适度的运动,步入园区散步要戴口罩;还要确保电梯、大堂、走廊每天进行消毒或通风。显然,在一部分公寓秘书、护理人员回乡过年的情况下,代购代送任务加剧。一开始,秘书们拿到订单,去附近的"大润发"去统一采购,然后一一分发,送到老人家里。后来,听说有确诊新冠肺炎病例去过"大润发",老人们人心惶惶。为了打消老人顾虑，他们改去更远的超市代购。

与此同时，老人每天从网上订购的食品、物品，数量也倍增，每天小山一样堆在大门口，从那儿搬运送至每家每户，路途较长，既要仔细核对收件人，还要拼体力……

所幸，亲和源早就有一整套服务系统。秘书们临危不惧，将疫情裹挟来的服务需求增量，处理得有条不紊，细致周到，让政府放心，让老人称心，让儿女安心。疫情防控期间，外省许多地方封城、封路、封村，儿女们无法按计划接老人回家吃团圆饭，也难以插翅飞入亲和源探视老人，只能通过小小的掌中物，或电话或微信，向老人拜年，嘘寒问暖。

春节期间一派静寂，是往年少见的，但亲和源处处张挂的福字和春联，依然营造着温暖的气氛。住在亲和源的千百多个老人，身处大疫却无一人慌乱，纷纷跟儿女们通报：丰衣足食，一切都被安排妥帖，啥也不缺，丝毫没有被病毒感染的危险。

一场大疫考验着社会经济生活的方方面面。集社区养老、机构养老、居家养老为一体的亲和源，在这个时候反而凸显了服务模式的优势，以及俱乐部会员制服务的优越性。每年365天、每天24小时，秘书服务从不间断。这样的服务机制，无论在平时还是在战"疫"时期，都让老人切身感受到安心，丝毫没有"无处呼救""叫人不应"之忧。

一位伯伯感慨道：亲和源好就好在，永远能叫到人，随时获得帮助。

是啊，亲和源服务系统犹如一架高质量运转的精密机械，有效运转全年无休。即便遇到新冠病毒感染的肺炎疫情，它也有一套应急服务机制，可以应对各种突发形势。

在揪动亿万民众之心的这场战"疫"里，浦东新区在上海各区中的确诊病例是最多的，但地处浦东腹地的亲和源无一例感染，所有被服务的老人保持愉快的心境。这是老人的幸运，也是亲和源服务系统充分发挥"联防联控"作用的结果。

在这场没有硝烟的战争里，有人向生而来，有人奔危而去；有人在前线治病救人，有的在后方守望相助。传统的春节假期，原本也等着与家人一起喜乐、团圆和聚餐的亲和源秘书们，在家里也是儿子、女儿、父亲、母亲等，但疫情就是命令，他们在危急时刻纷纷放弃休假，投入到服务一线工作中，令人欣慰。

在路上

路是一步一步走出来的，就像万丈高楼是靠一块块砖垒砌出来的。今天，亲和源所取得的成就，也是将一件件事情踏实做好的结果。回望十多年创业道路，他们尝遍了梦想、努力、贡献、牺牲、奋斗、抱怨、不满、沉淀、希望、失落等各种滋味。

对于奚志勇这样致力于道路探索、未来开拓的行业领袖，绝不是一句"勤奋努力"就可以概括的。他身上卓越的素质是，带领团队奋力拉车的同时，从来不忘抬头望路，时时刻刻提醒自己：亲和源犹如一艘大船，自己最重要的职责是把握航向。如果航向有偏差，通往目的地的路途就会遥远，或多走弯路。

他在研究"航向"的过程中，越来越意识到：

> 老龄社会，不单纯是老年群体，而是社会、经济、政治与文化的统一结构体。

奚志勇解释：一味地、简单地将老龄问题看作是老年群体的问题，永远会停留在"头痛医头、脚痛医脚"的初级阶段。要想真正做好老龄事业并切实解决当下遇到的各种"痛点"，需要以系统的眼光和方法去对待老龄社会这一社会结构。

在老龄化的社会结构中，老年人占人口总数的四分之一，他们的一切理应被放在核心地位之一，做好老龄工作也应被视为推动社会和谐发展的主导。如果以这样的视角看未来，养老事业绝不应是经济社会发展的"拾遗补阙"，而应是经济社会发展的主体。

时代的车轮滚滚向前，对老龄化问题的着力点，是扎扎实实地做好养老保障，包括生活照料、临终关怀等基础性服务。但更迫切的、更有长远意义的是，如何促进经济结构、政策结构与文化结构的转变，使之与老龄化的社会结构相匹配。

因此，对于当下乃至未来养老产品的设计创新，从思路上要实现这样的突破：不仅竭诚满足目前"快乐养老"的多元化需求，而且要成为一座"桥梁"，在养老需求、养老公益、消费结构以及整体经济社会发展之间形成良性的交互作用。

这是养老产业发展的基础，也是养老产业发展的价值所在。

养老服务需要多层次、多模式相互促进，但根本上，只有市场化、产业化，才能真正化解中国社会老龄化日趋严重时所遇到的种种矛盾和痛点。既有过公务员生涯也有过丰富的下海经历的奚志勇，是坚定的"市场派"。他相信政策的力量，也坚定不移地相信，市场与产业所带来的效率与创新，是福利模式无法想象与超越的。

老年会员俱乐部，是亲和源多年以来精心打造的养老服务模式，它也是拥有庞大会员的社会组织、文化组织以及商业组织，独立于一个个实体项目之外，具有自身超然性，又与所在的各个项目形成战略性的契约关系。这一新思维，将带来新的"养老革命"。

下一步，他们将进一步招募老年会员，并整合全国各地所有的项目与资源，运用大数据、智能化等技术，努力满足与激发老人不断发展变化的服务需求和消费需求，使得老年会员俱乐部成为养老项目与养老产业之间沟通的桥梁，构建产业发展的基础框架。

在建构这样的基础框架基础上，亲和源将努力扮演怎样的角色呢？

奚志勇谈论了微观、中观、宏观三个方面的思考。

微观层面，他们将以会员的生活模型为统领，成为养老生活方式的设计者、咨询者、指导者；以对老年人的需求研究为基础，成为老年产品的开发者、生产者、推广者。

中观层面，以主题活动的组织为基础，成为老年新生活的倡导者、教育者、推动者；以养老文化的传播为动力，成为社会观念的探索者、影响者、变革者。

宏观层面，以理论研究为指引，成为社会政策变革的倡导者、实验者、推动者；以项目的建设与开发为基础，成为产业发展的示范者、建设者、引领者！

当然，对于一家企业而言，忧虑无时不在。

在我写到这里的时候，亲和源似乎加剧了这样的"迷茫"：养老社区在上海，早已实现了"政府放心，老人称心，家属安心"，而且经营状况相当平稳，无论会员卡价格以及入住后服务年费，相比同行，性价比之优"看得见，摸得着"。问题是，它的几个外地项目销售业绩跟不上，需要上海项目源源不断地"输血"。

"迷茫"之下，奚志勇推出了一项重要改革，从身边的"董办"入手，将集团层面最重的几块业务全部并入，譬如投资、审计、品牌管理、市场战略、新产品研发等，并且调整了综合服务部的部分职能：原会员管理、筹开运营等调整为运营管理。

"重点"是，撇开资历、职级、职务，以项目召集人的方式，推行改革。

我看到，张鹏飞、周安华、姚慧、吴秀娟、顾方懿等分别担任几个版块的召集人，他们个个都是年轻的面孔。其中，刚满而立的四川小伙张鹏飞，在美国旧金山州立大学国际贸易系完成本科学业、在约翰霍普金斯大学获得金融学硕士后，没有去华尔街闯荡，一心投奔上海的亲和源。他通过猎头公司的安排，见到了奚志勇。"初次见奚董，一下子被奚董身上天然的亲和力所吸引。奚董对养老事业的无比热爱和长期坚持，对于社会尤其老人的大爱情怀，深深地感染了我。我当时心潮澎湃，立即决定，与其在人头攒动的金融业打拼，不如在留学生相对短缺的内地养老业实现抱负。"张鹏飞说。

带着"抱负"，"小海龟"张鹏飞于2016年入职亲和源。三年多来，他从奚志勇身上感悟到"不一样的人生意义"——被千千万万老人需要，是责任，也是幸福。他也意识到，市场化养老在中国，犹如航行在汹涌的波涛上，传统的、落后的观念，致使道路充满无法言说的各种"磨难"。所幸，所有险阻没能击退奚董。他一直带领团队奋勇向前，其人格魅力像一道强光，照亮了张鹏飞的成长道路。他的理想和意志也经历了磨砺，却初心不改。"我愿意像奚董那样，为信仰去奋斗！"他说。

一群怀着理想的"新人"被推到了产业前沿。奚志勇打破常规的组织架构，打破过去的价值评判，试图通过精简人员，去激发一批新锐骨干的主动性和创造力。

"从现在起，集团里'人'的价值，以在实际项目中是否被需要、被认可来体现。"

这次变革是激烈的。从此往后，集团只认做事结果，不认资历和职级。这让不少"老同志"感到压力陡增。几个板块的项目"召集人"也可谓"压力山大"。毕竟，职级不明，单凭"召集人"身份想调动资源齐心协力，很可能十分吃力。

面对众说纷纭，奚志勇说：改革总伴随着利益调整，也可能带来"不适应"。

是啊，不改革，大家已经看到了危机：一架运行十多年的"机器"，似乎依赖于按部就班的惯性力运转，创新力严重不足，销售业绩也不再傲人。改了，胜过"不改"！或许许多人这样想，从而获得释然。

亲和源是一个大家庭式企业，员工心目中的"奚爸爸"受到无比敬重。无论企业处于怎样的危机时刻，只要"奚爸爸"在，所有人心里压根儿就不慌。

奚志勇今天这样改革，或许能带来企业活力和业绩提升呢。有人说。退一步而言，万一这次改革不成功，或结果不够理想，完全可以继续调整。重要的是，团队精神要振作，以积极的心态和斗志迎接越来越残酷的市场竞争。

在我看来，奚志勇身上还有个魅力是，在整个养老行业呈现千帆竞过的激烈竞争中，60岁的他依然抱有强烈的自信和丰富的想象。他没有故步自封，一直在寻求变革，以致亲和源集团有一种难能可贵的可塑性，在有过光辉岁月后，可能再度领跑行业，创造新的辉煌。

我想，优势和劣势往往是一枚钱币的两面。

亲和源在继续发挥"统帅"高瞻远瞩、定海神针作用的同时，如何进一步完善治理结构，通过充分的授权，调动各个板块、部门"一把手"或"召集人"的积极性和创造性，如何通过奖惩分明的激励机制，让上上下下焕发出一流企业组织的决策力、行动力，则是需要思考和解决的根本问题。

养老企业未必不需要"狼性文化"，公益也需要商业支撑。

中国养老产业从无到有，从孱弱到壮大，身为产业"第一代"领军人的奚志勇，已经为改变中国机构养老做出了显著贡献。放眼未来，"英雄辈出"，会涌现出更多的新时代领军人物。

愿他过去的成就没有成为今天前进的包袱，而今迈步从头越，再度扬帆远航！

2020年2月20日初稿
10月20日二稿于上海

跋

在我出版了《激情不灭：艺术隐士陈钧德的成长史》和《河的对岸：画坛怪杰钱培琛的人生逆旅》后，总有热心的朋友和读者问我：接下来准备写谁？

"奚志勇！"我毫不犹豫地回答。

听者一脸疑惑和惊奇："奚志勇？哪里的艺术家？"

"不，他不是，但他像艺术家一样有趣。"我肯定地说，"下一本书，也是写给天下的父亲、母亲以及会变老而心不老的朋友看的，其实跟每个人都有关系。"

听者无不睁大了眼睛，流露着疑惑和期待。

我报以微微一笑。

说起来，当产生"我想写奚志勇"这个愿望的最初，也是心存疑虑的，怕内容不够丰富，也怕写了没人看。

有意识地留意老年世界后，"察觉"到在当下中国，城市、社会变老的速度异乎寻常，银发潮犹如滔天巨浪。许多人却跟之前的我一样，对身边、街角、商厦、小区等环境里，"三四人行必有一个老人"的现象乃至背后的深层次影响十分木然。太多的人，为自己的体面生活或三房两厅日日奔忙，却很少花时间关心被他们"忽略"的边缘老人；也有不少人财务上独立和自由了，给父母买的食物或保健品堆成小山，却依然不清楚自己的至亲究竟缺什么。人们身处温水煮青蛙般的混沌状态，对于人口老龄化问题不甚了了。从中我看到了写这本书的"普遍意义"。

我与奚志勇相遇偶然，却胜似奇遇。

那时，我刚刚辞去一家杂志社的社长职位，倍感"一身轻"。一方面想"世界那么大，我要去看看"；另一方面也在琢磨，"值得一过"的生活是什么？即便是漂泊，漂往哪里？

不知不觉中，邂逅了奚志勇，一个浑身洋溢着理想和激情的中年大叔。他几乎不由分说，将我一把拽进了他打造的"老年王国"，带领我领略到了过去五十年加起来也没有见过得那么多、那么精彩的"老年风景"。他第一次见我，便问：

"你知道，天下的老人，最害怕的是什么？"

我脑海里立刻浮现住在"鸽子笼"里的一幅幅香港长者的悲惨图片，以及日本NHK拍摄的纪录片《老后破产：名为"长寿"的噩梦》，又想到了《复乐园》以及《老人心理》等作品。

我犹豫地回答："是死吗？"

"的确，许多老人害怕死，甚至忌讳人们在面前谈论死。但排在一连串老年问题之首的，却不是这个，而是：孤独，不快乐！"他呵呵地笑了，说："你留意一下身边的老人，无论有没有老伴，无论有没有实现财务自由，不少人身上总淡淡地散发着落寞气息。"

他淡淡地说："我这十年做了一些事情，所有努力，根本上是为了帮助老人走出孤独，变得快乐！也让社会重新认识老年，重视老龄化社会应该有的改革。"

他言简意赅，却直指社会的"痛点"，令我一震！

从那时起，我开始关注老人如何"养老"以及人们如何看待"养老"。我渐渐认识到,"养老"二字,约定俗成的一个常用词,含义丰富,包含了绵延千百年的"孝文化",也体现了当今人们对于老年人群的认知和态度。老人是需要奉养和照护的。但如何养老,世界上不止有简单的几种方式,而是因人而异,因文化而异,可以说有无数种。历史上有两个作家提供的"情境",被较多地用来形容老年人的理想生活:一是陶渊明,一是梭罗。他们倡导的养老生活和精神依归,都是远离喧嚣、遵从自然的简单生活。

老人们真的只是喜欢山河田园般的宁静吗?带着这样的问题,在大约两年时间里,我在亲和源,也在社会上,有意无意地接触了许多老人,以及为老人服务的年轻人。

显然,老人喜欢的生活方式非常之多。有一千个哈姆雷特,就有一千种养老方式。老年,是个硕大的黑匣子,是一个无穷的谜团。许多问题和困惑不是三言两语概括得了的。奚志勇,可能是脑子里装了最多老年问题的人。像他那样一心一意钻研老年问题的人的确很少。他试图从老年社会、老年世界的五花八门的问题里,找出最大公约数,提供最合乎理想的解决方案。他在精神上是理想主义的,在工作中是现实主义的。他眼光高阔,时常灵感的火花四溅,在战略布局上表现出异于常人的超前。我每次跟他聊,一聊开了,他的嘴里会蹦出各种新鲜的说法,而且大多是具有前瞻性的。而亲和源,与其说是老年公寓、护理院,或者说老人扎堆的大型住区、老年产业的标杆企业,不如说是"老年研究基地"。

这一特点,十分显著。

奚志勇和亲和源所作的一切努力,更大的价值不是扩大了养老产业的规模,而是探索了有别于传统养老的诸多可能性,并且在一定程度上影响了社会、政府、市民对老年人、老年生活方式、老年价值的看法。当然,这不是尽头,是从一片森林中开拓出一条以往没有或曾经模糊的道路,一条直指人性追求、快乐养老的道路。远方有什么,并不了然。目前能确定的,是在中国以福利思想观念和行为模式主宰养老"一面倒"的情况下,奚志勇率领一批人闯出了一条市场化养老的发展道路,也在老年服务、老年公益、老年文化等方面做出了丰富研究,从而使得"快乐养老"产生了广泛影响。通过"中国养老产业联盟"主办的多届高峰论坛和大大小小的养老思想文化探讨,奚志勇的眼光、实践、立场得以在行业里实现精准传播。后起的机构养老,或多或少接受和继承了"快乐养老"的思想基因。

若从个人生活方式观察奚志勇,他对养老业的专注如疯魔一般。他是事业狂,全身心地投身养老工作,摒弃了生活中自认为不需要的一切。我曾经问过他,您算是身家不菲的富豪了,个人的各种花销全部加起来,大概每年多少钱?他想了想,说:50万元,50万元足以保证我和太太的生活所需,包括所有外出旅游、购物、社交、娱乐。他的全部乐趣几乎集中在工作本身。偶尔打高尔夫,更多也出于维护人脉关系。他和妻子姚老师经常一起参加养老公益活动。看得出,姚老师非常支持他的事业。夫妻俩对于养老的专注和深入,演变成一种简单的共同生活。生活内容只围绕着"养老"这个中心。

世上但凡取得突出成就的人,都在万事万物之中找到了属于自己的一片天地。老年世界,是奚志勇的星辰大海。在他眼里,那是迷人的世界。他不知疲倦地沉浸其中,探寻思想的钻石,研究养老的方法。他以热情、敏锐、细致的工作,让周围的人和许多素不相识的人,意识到这个领域十分有趣,也充满了未定之数。目前中国的政策、法规,相对于市场化养老这一观念和需求,仍然显得比较保守,有的还徘徊在计划经济时代。整个社会对于养老的看法和养老事业的运作,依然受着"福利性"这根指挥棒的支配。

罗马城不是一天建立起来的。现代养老思想也不是一蹴而就的。社会经济的发展,老人不断发展的需求,给了奚志勇机遇。奚志勇依靠大胆的实践和摸索,获得了新的思想积累。其间,长江商学院发掘、催生了他体内潜伏的创业细胞和企业家精神；王振耀、比尔·盖茨、莫迪等人提升或丰富了他的公益意识和觉悟。他取得今天的养老成就，一方面源自天资出众、思维敏捷；另一方面也基于他身上保持了一种持续学习、不断接受新生事物的能力。正是这样的特质和精神，使得他敢于跳进市场的汪洋大海中搏击风浪，保持了"养老变革者"的先锋姿态。

今天的时代，科技高速发展，社会日新月异。走向未来不需要很久，我们的后代，那些新人们，或许会吃惊于他们的祖辈或父辈遇到的种种问题，譬如：买东西曾经受到各种票证的严格限制；高考在中国被取消过十年左右；养老经历过一"床"难求；房价曾经离谱到，出自"北清复交"等著名学府的毕业生即便拿着不低的收入，二十年不吃不喝也买不到上海中环以内的一套二居室商品房。所幸，青年永远朝气蓬勃，大步走向他们的未来。他们不会因为眼前的一些羁绊而失去对明天的希冀和向往。在社会老龄化发展中，"前辈"奚志勇以其颠覆和创造，留下了进步的足迹。未来人们如何养老，对此我是乐观的。

我曾应邀为老人筹拍系列纪录片。最多的收获是认知的改变。以往存储在我脑海里的对老年的认知，一次次被刷新了。刷新的力量，既有在亲和源的类似"田野调查"的深入考察，也有自己结合纷繁阅读所进行的思考。我感受到，弄明白社会、政府、企业、老年之间的关系，也有助于调整自己一天天走向老年时的心态，这个过程里多少还有点儿学术性的乐趣。

大约一年多的时间里，我将大部分业余时间花在了这部书的采访、思考和写作上。搜集的资料越多，我越感到主人公奚志勇既平凡又不平凡。他是卓越的！他在所处的时代里，于一个细分的领域——老年社会——作了有益的研究和探索，在一定程度上改变了人们的老年观。

但他的成就，根本上源于他有一颗爱心。对老人的爱、对社会的爱、对世界的爱。是爱，帮助他探索和发展了事业，从而满足了老人的需求，发掘了老人的潜力，让老人自信地面对"活力老年"以及"最后的告别"。

这便是我采写《颠覆与创造》的思想收获。

做养老还是做别的，事业做得大还是做得小，心之力莫大于爱。

这本书，是写给爸爸妈妈们看的，也是写给青年朋友看的。

人都会变老，心可以不老！

在此，向抽出宝贵时间接受采访的所有朋友致以诚挚谢意；并感谢资深出版人王瑞祥、朋友李君、摄影师周晓和老同事沈琳提供的帮助。特别声明，书内一些内容素材，包括数据，来自《中国养老》《大城养老》《亲和源故事》等出版物。对文汇出版社社长周伯军和编辑梅文革的辛勤劳动，也深表谢忱。

2020 年 10 月 28 日

本作品版权由文汇出版社所有。
未经许可,不得翻印。

图书在版编目(CIP)数据

颠覆与创造 / 丁曦林著. —上海:文汇出版社,2021.4
ISBN 978-7-5496-3492-7

Ⅰ.①颠… Ⅱ.①丁… Ⅲ.①报告文学－中国－当代
Ⅳ.①I25

中国版本图书馆 CIP 数据核字(2021)第 057133 号

颠覆与创造

著　　者 / 丁曦林
责任编辑 / 甘　棠
装帧设计 / 沈　琳

出版发行 / 文汇出版社
　　　　　 上海市威海路 755 号
　　　　　 (邮政编码 200041)
经　　销 / 全国新华书店
印刷装订 / 中华印刷有限公司
版　　次 / 2021 年 4 月第 1 版
印　　次 / 2021 年 4 月第 1 次印刷
开　　本 / 890×1240　1/32
字　　数 / 237 千字
印　　张 / 13

书　　号 / ISBN 978-7-5496-3492-7
定　　价 / 75.00 元